U0067354

學校行政

（第八版）

吳清山　著

▓▓▓ 作者簡介 ▓▓▓

吳清山

現職：國立暨南國際大學教育政策與行政學系榮譽講座教授
　　　臺北市立大學教育行政與評鑑研究所名譽教授
　　　111 教育發展協進會理事長
學歷：國立高雄師範大學教育學士
　　　國立政治大學教育碩士、博士
經歷：高雄市立三民國中教師
　　　臺北市政府教育局科員、秘書
　　　臺北市立師範學院秘書室主任、初等教育系主任、所長
　　　臺北市立大學教育評鑑與研究所教授
　　　臺北市立師範學院校長
　　　高等教育評鑑中心基金會（首任）執行長
　　　臺北市政府教育局局長
　　　國家教育研究院（首任）院長
　　　教育部國民及學前教育署（首任）署長
　　　美國紐約州立大學水牛城校區訪問學者
　　　俄羅斯教育科學院海外院士
考試：公務人員教育行政普考及格
　　　公務人員教育行政高考及格

第八版序

　　學校行政的有效運作，關係到學校經營績效和教育目標之達成，如何確保學校行政的運作效能，乃為教育發展的重要課題之一。

　　學校行政，有了理論指引，才不會偏離方向；有了實務推動，才能印證效果。因此，學校行政必須兼顧理論與實務，才能展現學校行政之功能，「沒有理論的學校行政是盲的，沒有實務的學校行政是空的」，其理在此。是故，本書除了詮釋學校行政的基本概念、相關理論與學理基礎，並就學校行政的實際運作層面進行完整地分析。

　　一般而言，學校屬於社會的縮影，必然會受到社會、經濟、政治、文化和科技的影響，無論在行政、課程與教學等方面，必須要有所調整與改變，才能因應社會變遷需求，並幫助學生有效學習，負起人才培育責任。而學校行政人員和教師在學校的發展與變革中，扮演著重要角色，若彼此能相輔相成，學生才能成為學校教育的最大受益者。

　　學校行政人員必須要有正確的認知，就是不能「為行政而行政」，行政應建立在「協助教師教學和幫助學生學習」的基礎上，做為師生強而有力的後勤支援，則學校行政人員必然會贏得師生和家長的支持，因而行政人員的正確心態、服務理念和專業知能顯得格外重要；而教師本身若具有一些行政的概念和知識，相信就更能體會行政人員的辛勞，以同理心看待行政。希望透過本書的內容，能增進學校行政人員和教師的專業知能，並能「為學生」而相互努力。

　　本書雖已發行多年，但會配合社會脈動和教育法令更新，進行滾動式修正，提供學校行政新知，確保本書能符合現場學校行政人員，或未來有志擔任學校行政人員之需求。近年來，隨著十二年國民基本教育制度的實施、學校教職員退撫新制的執行、十二年國民基本教育新課綱的推動、少子化趨勢的日益惡化、新冠肺炎疫情的世代浩劫等，在在都衝擊到學校行

政的運作，而身為學校行政人員必須有所了解，才能做好有效的因應。

　　本書在此次修訂過程中，仍維持十四章的架構，但在內容上則有所調整，並增加「教育相對論」單元，提升讀者的批判思考能力；同時，也增加「教育充電站」、「教育加油站」、「教育補給站」等補充資料，提供學校行政新知。此外，每章之後增加的「案例討論」，皆為近幾年來學校發生的教育現場實例，希望透過案例的透視、解析和討論，增進對實務現場的理解能力，深信有助於提升學校行政人員的專業素養。

　　為了追求卓越的學校行政，學校行政人員必須與時俱進、持續學習，才能開創學校行政新局，發展有特色的學校，本書亦是基於此一觀點，期盼能夠提供現職或有志擔任學校行政人員者持續學習的題材。本書能夠順利修訂，在此特別感謝國家教育研究院助理研究員王令宜博士的校正和協助，以及臺北市葫蘆國小蔡新淵校長和臺北市信義國中陳麗珠主任，對本書的實務部分提供具有建設性之意見，做為修正之參考。

　　本書雖力求嚴謹，難免有需改進之處，敬請教育先進暨讀者們惠予指正是幸，謝謝大家的支持與愛護。

　　　　　　　　　　　　　　　　　　　吳清山　謹識

　　　　　　　　　　　　　　　　　　　2021 年 8 月

　　　　　　　　　　　　　　　臺北市立大學教育行政與評鑑研究所

■■■ 目次 ■■■

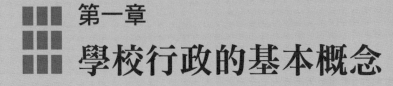

第一章
學校行政的基本概念

　　《國民教育法》第1條規定：「國民教育，以養成德、智、體、群、美五育均衡發展之健全國民為宗旨。」欲達成此一目標，需賴有效的行政配合，方易奏效。因此，學校行政在達成教育目標方面，扮演著極為重要的角色。以下將分別從學校行政的意義、功能、原則和探討主題說明之。

第一節　學校行政的意義

壹、行政的意義

一、文字的意義

（一）中文的字義

「行政」一詞，依《辭海》的解釋，「行」即為也，見《墨子・經上》。《論語・述而》：「吾無行而不與二三子者。」今云施行、行為並此義（臺灣中華書局辭海編輯委員會，1986，頁 3950）。

「政」即正也，如《左傳・桓公二年》：「政以正民」；又有官府所治公事之義，如《國語・晉語》：「棄政而役」（臺灣中華書局辭海編輯委員會，1986，頁 2025）。因此，「政」可視為「政事」。基於以上字義解釋，「行政」即國家所行之政務。

（二）英文的字義

「行政」一詞，英文有 administer、administration 等字，係來自拉丁文 ad + ministrare，ad + ministratus + ion，依《韋氏新國際字典》（*Webster's Third New International Dictionary*, 1986）之解釋，該字有管理或導引事務（to manage or conduct affairs）之意。基於以上字義解釋，「行政」即管理或導引事務。

由此可知，英文的字義要比中文的字義更廣，它已不限於國家的事務，私人機構或單位所處理的一切事務亦可涵蓋在內。

二、一般的意義

近代學者對行政的解釋，則從政治、管理及公共政策等層面解釋，迄今仍無一致為各方所接受的定義。茲從此三方面來說明。

（一）從政治層面解釋

就政府分工情形來說：所謂「行政」乃係行政機關所管轄的事務，立法與司法機關所管轄的事務不包括在內。《辭海》曾將「行政」解釋為：「國家所行之政務。凡立法、司法以外之一切統治作用，總稱行政」（臺灣中華書局辭海編輯委員會，1986，頁 3952）。

就涵蓋的範圍來說：政治的範圍較廣，層次較高；行政的範圍較狹，層次較低，例如：古德諾（F. J. Goodnow）在其所著的《政治與行政》（*Politics and Administration*）一書中曾提及：「政治是國家意志的表現，行政是國家意志的執行」（引自張潤書，1990，頁 2）。

（二）從管理層面解釋

自從「科學管理之父」泰勒（F. W. Taylor）於 1911 年出版《科學管理的原則》（*The Principles of Scientific Management*）一書以後，很多學者即以管理的層面來解釋行政，例如：

費堯（H. Fayol）認為，行政工作乃是由計畫（to plan）、組織（to organize）、命令（to command）、協調（to coordinate）和控制（to control）等五種功能所構成（Fayol, 1916）。

葛立克（L. Gulick）與烏偉克（L. Urwick）認為，行政就是計畫（planning）、組織（organizing）、人員（staffing）、指導（directing）、協調（coordination）、報告（reporting）、預算（budgeting）等之持續不斷的歷程（Gulick, 1936）。簡言之，葛立克和烏偉克創造了一個「POSDCORB」的字來解釋行政。因此，從管理層面解釋「行政」，特別著重於利用適當的方法，如計畫、組織、協調、領導、控制、預算等方面，以有效處理事務。

（三）從公共政策層面解釋

「公共政策」（public policy）常與政府或公共團體的活動有關。戴伊（T. R. Dye）認為，公共政策就是「政府選擇作為或不作為的行為」（Dye, 1975, p. 8）。持此觀點的學者，都把「行政」視為「政府政策規劃與執行結果的一連串歷程」。

基於以上解釋，筆者試著將「行政」定義為：「一個機關利用適當方式，有效管理人、事、財、物等行為，以達成目標的過程。」詳言之：

1. 行政的主體：是在任何一個機關或單位。
2. 行政的內容：人、事、財和物。
3. 行政的方式：有效的管理，必須運用計畫、組織、領導、溝通、協調和決定等各種方式。
4. 行政的本質：行為、目標與過程並重。

貳、學校行政的意義

「學校行政」，簡單而言，即學校所處理的一切事務，舉凡人、事、財、物等各方面都包括在內。這種說法雖然簡明扼要，但未能完全掌握學校行政精義所在。換言之，僅指出學校行政的內涵，對於學校行政的方法和目的則不夠明確。因此，更嚴謹的說法則是，學校行政乃是：學校機關依據教育原則，運用有效和科學的方法，對於學校內人、事、財、物等業務，做最妥善而適當的處理，以促進教育進步，達成教育目標的一種歷程。

詳細來說，學校行政的本質具有教育性和服務性，在於導引和支援教與學，為師生服務，而其所使用的方法，乃是採用有系統、有組織的方法，處理各項業務，以提高工作績效。至於其內容則含括學校教務、學務、總務、輔導、人事、主計和研究發展等業務。最後的目的，在於促進教育進步，達成教育目標。所以，學校行政不僅是目標的達成，而且也是達成目標的一種歷程。

第二節 學校行政的功能

學校行政是達成教育目標的必要手段之一，因此必須提供師生最佳的教學與學習環境，方能發揮教學效果，其功能主要可歸納如下。

壹、提供學生接受適當的教育

英國教育學巨擘鮑爾福（G. Boulfour）曾說：「學校行政的功能，在於使適當的學生，在國家財力許可與學生最能受惠的條件下，從適當的教師，接受適當的教育」（引自黃昆輝，1980，頁129）。因此，學校各種行政措施，例如：課程編排、教學實施、生活管理、團體活動、安全教育等，其最主要的功能亦在使學生能夠接受最適當的教育。

貳、協助教師教學活動的進行

學校行政本身是一種服務性、支援性的工作；而學校教育的主體，一是施教者（如教師），另一是受教者（如學生），施教者為使教學活動順利進行，除了依賴自己的專業知識與技能外，學校行政的支援是不可或缺的要件。因為在教學過程中，需要教學設備或學習環境的提供時，則有賴學校的行政支援，才能使教學活動順利進行。

參、增進學生學習活動的興趣

學生來自不同的家庭環境，其能力、興趣和需求亦不盡相同，每位學生需加以尊重與關懷，使其潛能都能夠發揮出來。所以，如何引導、啟發與培養學生的學習興趣，便成為教師的教學重點，也是學校行政工作的重要目標。因此，學校行政應該配合教師教學活動的進行，提供學生最佳的學習環境，使學生能夠快快樂樂地學習，則學生的學習興趣自然提高。

肆、協助政府社會教育的推動

學校行政除了協助教學活動外，對於政府各種政令的宣導，如交通安全、戶口普查、治安及選舉等方面，也要儘量予以協助和配合，使得政府各種政令的宣導能夠真正落實，讓師生和民眾都能了解到施政的方針和重

點。因此,學校行政能夠擴大其服務範圍,則社會教育的功能將更為彰顯。故《國民教育法》第 58 條特別規定:「學校應配合地方需要,協助辦理終身學習,促進社區發展。」

第三節 學校行政的原則

學校行政是教育行政的一部分,與其他行政(如公共行政、企業管理等)仍有相異之處,此是因為學校是以育人為目的,而其成效最不易評估,不像一般企業機構,可由其利潤來了解績效。但是,任何組織必須兼顧效率(efficiency)和效能(effectiveness),才能發揮功效。所以,學校行政的原則可以歸納如下。

壹、專業化原則

所謂專業,必須具備下列條件:(1) 提供獨特的服務;(2) 接受較長時間的養成教育;(3) 不斷接受在職教育;(4) 具有相當的自主權;(5) 遵守倫理信條等(Campbell et al., 1975)。學校行政主要目的之一,在於協助和支援教學工作,進而提升學生學習品質。是故,學校行政人員必須具有專業知能與素養,才能提供師生最有效的服務。為加強學校行政人員的專業化,除了人員應具備政府所規定的任用資格外,也要定期讓人員有接受在職訓練的機會,並賦予相當的工作自主權,以培養其優秀的專業能力,俾有效履行其所負責的行政工作。因此,學校行政績效高低與否,行政人員的專業化程度,實居於重要的關鍵地位。

貳、科學化原則

學校行政工作經緯萬端,甚為複雜,因此需要採用科學的方法,才能馭繁為簡,提高績效。目前處在資訊的社會,學校行政已紛紛採用資訊化

系統來處理學校各項業務，例如：學籍、課程、人事、設備、財務和圖書等方面，以減輕人力、降低成本、提高績效，故辦公室自動化也成為時代之所趨。當然，資訊化只是科學方法的一種，運用有組織、有系統的方法，處理學校各項業務，使其能夠順利有效地運作，亦為科學化的方式之一。

參、學術化原則

科技發展，日新月異；教育知識，亦是如此。學校行政人員必須隨時進修與研究，方能掌握教育動態與訊息，成為時代先鋒。目前，學校行政在處理各項業務時，經常發現存在著許多問題，有些是上級行政機關法令規定未能符合實際需求，有些是未符合時代潮流和民眾需求，若要有效解決這些問題，行政人員不能閉門造車或只憑經驗判斷，必須借助於學術研究，或本身進行行動研究（action research）作為基礎，才能可長可久。

肆、民主化原則

學校行政的推動，光靠一個人的力量是不夠的，必須群策群力、集思廣益，方能收到最大效果。身為學校行政主管，處理任何事情，不可存有「唯我獨尊」、「獨斷獨行」的心態，否則將會得到反效果。在一個開放和多元的社會，應讓同仁們有充分表達意見的機會，俗語說：「三個臭皮匠，勝過一位諸葛亮」，其意在此。所以，在處理學校行政時，多運用會議方式廣泛聽取同仁意見，或者私下請益，才能收到良好的行政效果。

伍、整體化原則

學校是一個小型的社會，為求學校能夠健全發展，學校行政的推動必須從整體著眼，因此要去除各單位「本位主義」的觀念。目前，各級學校業務推動常會發生很多難題或摩擦，其中一個主要癥結所在，就是本位主

義作祟，各單位不是認為自己的業務最重要，就是認為業務事不關己，不予重視，例如：環境教育的推動，常見各單位互踢皮球，就是最好的例證。所以，處理學校行政的基本原則之一，就是各單位要放棄「本位主義」觀念，一切為大局著想，彼此相互協調、密切合作，謀求學校整體的發展，才能實現教育目標。

陸、彈性化原則

學校事務處理必須保持充分的彈性，才能適應學校環境可能的變化和發展。因為學校行政所涉及的因素相當多，除了學校內在環境本身的因素影響之外，同時也會受到外在社會、政治、文化及經濟等環境的影響。所以，處理學校事務，有時在法令許可範圍內，適時作彈性處理，不要拘泥形式，一成不變，才能適應環境之所需，藉以收到事半功倍之效。

柒、績效化原則

學校行政最根本的目的，在於追求績效。換言之，學校行政必須是以最少的人力、物力和時間，而得到最大的利益。當然，學校行政的好壞，不只是視每位學生花費了多少成本，最重要的在於是否培養出學生健全的人格。是故，學校行政績效化原則，不僅是追求經濟效益，更重要的是追求教育效益和社會效益，以培養出對社會有用的人才。

教育補給站

行動研究

行動研究，顧名思義，係基於實務改進或問題解決所進行的研究。在學校場域中，無論是行政人員或教師，都可能遇到待決定的問題，例如：學校行政運作績效欠佳、學生霸凌行為偏高、親師關係緊張等，都需要透過有系統的方法加以探究，以謀求解決之道。

　　行動研究，不在建立理論，然在研究過程中，仍須對相關理論進行探討，以理論做為研究支撐基礎，讓結果更具說服力。基本上，行動研究過程是一種初步計畫、採取行動（方案）和形成結果的循環過程，具有彈性，期間可以適時修正，但仍須透過觀察或資料蒐集的方式，取得實用資料進行分析，再透過研究省思，歸納出訊息，提出研究結論，以做為建議的主要依據。因此，行動研究可謂是相當重視實務性、互動性、適應性和反思性的研究。

第四節　學校行政的探討主題

　　學校行政探討的主題，主要可從理論和實務兩方面來說明。

壹、理論方面

一、學校行政的基本概念

　　主要在探討學校行政的意義、功能及原則等方面。

二、學校行政的理論基礎

　　理論引導實際，學校行政有了理論基礎，才不致使學校行政缺乏方向，所以學校行政的理論基礎，常可從哲學、社會學、心理學、管理學及法學等相關領域來探討，俾供學校行政處理業務的準繩。

三、學校行政的理論發展

　　學校行政的理論發展，要比工商管理及公共行政的發展為遲，主要原因不外學校行政偏重實務而忽略理論，但若能參考其他行政的計畫、領導、決定、溝通等理論，對於學校行政仍具有參考價值，運用得當，將可提高工作績效。

貳、實務方面

一、學校教務工作

其範圍包含了學籍保管與整理、學級編制、課表編排、擬訂教學進度、學生作業處理、學生成績考查、學藝競賽及成績展覽、圖書設備充實與供應、資訊教育等。

二、學生事務工作

其範圍包括始業輔導、常規訓導、級務處理、家庭聯絡、健康指導、導護工作、安全教育、課外活動、慶典節日活動及生活教育等。

三、學校總務工作

其範圍包括文書處理、經費運用、財產管理、校舍修建、工友管理及其他庶務工作等。

四、學校輔導工作

其範圍包括輔導計畫的擬訂、輔導活動的推行、特殊個案的處理、輔導工作的諮商與協調、親職教育的實施等。

五、學校人事工作

學校人事工作相當繁瑣，舉凡遴用遷調、教師登記、敘薪待遇、服務、操守、考核、獎懲、差假勤惰、退休、撫卹、資遣、生活津貼、福利互助等都包括在內。

六、學校主計工作

學校主計工作主要是以編製預算決算、經費支用簽核和執行內部審核為主。由於它必須具有主計專業知識，因此學校主計人員係專任，不像其他行政工作可由教師兼任。身為行政人員對於主計工作有所了解，將有助於校務的推動。

教育加油站

十二年國民基本教育

　　我國倡導延長國民教育已經有一段時間，早在 1983 年即規劃「延長以職業教育為主的國民教育」，開設延教班，距今達三十年之久；期間歷經國民黨和民進黨執政期間，至 2011 年行政院核定「十二年國民基本教育實施計畫」，並規劃自 2014 年開始實施，才確立十二年國民基本教育實施時間。

　　之後，立法院在 2013 年 6 月 27 日三讀通過《高級中等教育法》，總統隨即於 7 月 10 日公布施行。依《高級中等教育法》第 2 條第 1 項規定：「九年國民教育及高級中等教育，合為十二年國民基本教育。」復第 2 項規定：「九年國民教育，依國民教育法規定，採免試、免學費及強迫入學；高級中等教育，依本法規定，採免試入學為主，由學生依其性向、興趣及能力自願入學，並依一定條件採免學費方式辦理。」而成為實施十二年國民基本教育的重要法源依據。

　　十二年國民基本教育是以「適性揚才」為主軸，透過適性入學、適性教育、適性教學、適性學習、適性輔導和適性評量，發展每個孩子潛能，進而實現「成就每個孩子」之目標。十二年國民基本教育可說是繼 1968 年實施九年國民教育之後的重要工程，亦是教育發展新的里程碑，對未來教育發展將具有深遠影響。

邁向行政之路

　　雲龍肯奮發向上、學習也很認真，在學期間積極參與各種服務性社團，自我期許將來取得正式教職之後，有機會能夠走上行政之路，無論學校行政或教育行政都不排斥。

　　「老師，我有一個問題，學校行政和教育行政工作有何不同？」雲龍很好奇地問老師。

　　「基本上，學校行政工作，就是在學校中由幹事、組長、主任和校長所從事的工作，主計人員和人事人員也算是；至於教育行政工作，就是在教育部、地方政府的教育局（處）所從事的工作，例如：科員、股長、專員、科長、專門委員、主任秘書、局長、處長等。」老師很有耐心地回答。

　　雲龍繼續問：「從事學校行政和教育行政的人員，需要具備什麼樣的資格呢？」

　　「學校行政人員通常有兩類：一類必須具備公務人員的資格，例如：幹事、事務組長等；另一類是由教師兼任，則不必具備公務人員的資格，例如：教學組長、資訊組長、輔導組長、教務主任、學務主任、輔導主任等，其中組長不必經過考試，但主任必須經過地方政府教育局（處）的主任甄試通過取得資格並儲訓及格，校長也必須通過地方政府教育局（處）的校長甄試並儲訓及格，方有任用資格。至於教育行政人員，則必須通過公務人員教育行政類的高考、普考或地方特考之考試，方具有教育行政人員任用資格。」老師詳細說明。

　　「謝謝老師指點迷津，學校行政或教育行政工作我都有興趣，我要再想一想要走哪一條路。」雲龍回答。

問題討論

1. 請比較將來從事單純的教師工作和行政工作，各有哪些優勢？
2. 請分析從事學校行政或教育行政工作，可能會遇到哪些挑戰？
3. 倘若你未來想從事學校行政或教育行政工作，目前要做好哪些準備事項？

本章摘要

1. 「行政」的中文字義為國家所行之政務；英文字義則為管理或導引事務。
2. 「行政」一詞，學者常從三個角度來說明：
   (1) 從政治層面解釋：就政府分工情形來說，是指行政機關所管轄的事務，而立法與司法機關所管轄的事務不包括在內；就涵蓋的範圍來說，政治的範圍較廣，層次較高；行政的範圍較狹，層次較低。
   (2) 從管理層面解釋：著重於利用有效的方法，如計畫、組織、協調、領導、控制、預算等方面，以有效處理事務。
   (3) 從公共政策層面解釋：政府政策規劃與執行結果的一連串歷程。
3. 「行政」可界定為：一個機關有效管理人、事、財、物等行為，以達成目標的過程。
4. 「學校行政」的意義，簡單而言，即學校所處理的一切事物，舉凡人、事、財、物等方面都包括在內；詳細來說：學校機關依據教育原則，運用有效和科學的方法，對於學校內人、事、財、物等業務，做最妥善而適當的處理，以促進教育進步、達成教育目標的一種歷程。
5. 學校行政的功能，主要有四：(1) 提供學生接受適當的教育；(2) 協助教師教學活動的進行；(3) 增進學生學習活動的興趣；(4) 協助政府社會教育的推動。

6. 學校行政的原則，可歸納為：(1) 專業化原則；(2) 科學化原則；(3) 學術化原則；(4) 民主化原則；(5) 整體化原則；(6) 彈性化原則；(7) 績效化原則。

7. 學校行政的探討主題：(1) 理論方面：學校行政的基本概念、學校行政的理論基礎、學校行政的理論發展；(2) 實務方面：教務工作、學務工作、總務工作、輔導工作、人事工作、主計工作。

評量題目

1. 說明學校行政的意義及研究學校行政的目的。
2. 為有效推動學校業務，應該遵循哪些原則？
3. 學校行政有哪些內涵，可作為將來研究的主題？
4. 試就您所知，說明如何培養一位優良的學校行政人員？

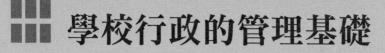

第二章
學校行政的管理基礎

　　自有人類以來，人們就懂得不斷地尋求滿足各種需要的方法，他們為了要在敵對的環境之中尋求生活與安全，老早就學會了結合團體，形成組織，以便有效地運用資源，達成共同目標（龔平邦，1984）。因此，乃產生了所謂的管理活動，使組織得以生存下去。喬治（C. S. George）將管理的起源追溯到西元前 4000～5000 年前，認為古代的文明，如政治的勝利或工程的成就，都是得力於一些組織和行政觀念的應用（George, 1968）。但管理成為一門學問，卻是在 19 世紀末、20 世紀初才開始，隨後受到專家學者及管理人員的重視，自二次世界大戰以後，管理學的研究便成為學術界和行政界的一股熱潮。

　　學校行政本身的目的是為了進行一連串的業務與活動，為了提高學校行政效果，必須藉助於一些管理學的知識，方易奏效。茲分管理的基本概念、管理理論的發展及管理理論在學校行政上的運用等方面來說明。

第一節　管理的基本概念

壹、管理的意義

管理的意義，各家都有不同的解釋，茲從字義和專家學者之看法兩方面來說明之。

一、字義的解釋

（一）中文的涵義

「管理」一詞，依《辭海》之解釋，「管」原係指樂器，後來引申有筆、鎖匙、樞要、主領（管）、拘束、包管等多種涵義；「理」，治玉也，今云修理、清理、料理，皆「治」義之引申，所以「管理」一詞可解釋為係依一定之尺度，就事物、動作或現象為必要之處置（臺灣中華書局辭海編輯委員會，1986）。基於以上的解釋，「管理」可界定為：根據一定的準則，就人、事、物做必要的處理，以達成目標的一種歷程。

（二）英文的涵義

「管理」一詞，其英文為 management。根據《韋氏新國際字典》（*Webster's Third New International Dictionary*, 1986, p. 1372）之解釋，man-age 最早期的字是 maneare，係來自拉丁文 marus，該字有「手」（hand）之意，亦指 mode of handling（處置方式）。後來引申為有控制和指示、使人服從、小心處理及執行業務，以達成目標等多種涵義。

二、專家學者的看法

（一）國內學者的看法

盧宗漢（1976，頁17）：「主其事叫做管，治其事叫做理。凡處置事物及對人的指導，使其循序漸行、以達到我們預定的目的，都叫做管理。」

《雲五社會科學大辭典》（雲五社會科學大辭典出版委員會，1989a，頁20）第七冊：行政學：「管理即經由他人或會同他人之努力，將事情辦成功的一種科學和藝術；所謂設法包括有規劃（planning）、組織（organizing）、協調（coordinating）、執行（actuating）與管制（controlling）等活動之功能。管理是一種和諧的、合作的、一系列的、繼續不斷的活動，要將每個人發展到最高的效率和最大的成功，以達成機關預定的目的。」

郭崑謨（1986，頁15）：「管理乃是運用組織資源，有效治理事物，達成組織目標之行為。」

（二）西方學者的看法

古德（C. V. Good）：「管理是對不同工作的計畫、組織、執行、控制，以決定和完成目標的歷程」（Good, 1973, pp. 348-349）。

海曼（T. Haimann）等人：「管理是利用資源，影響人員行動，和便於改變的社會與技術程序，以達成組織的目標」（Haimann et al., 1978）。

希特（M. A. Hitt）、米德密斯特（R. D. Middlemist）與馬蒂斯（R. L. Mathis）認為：「管理就是有效整合和協調資源，以達成所定的組織目標」（Hitt et al., 1986, p. 11）。

杜漢（R. B. Dunham）與皮爾斯（J. L. Pierce）認為：「管理乃是計畫、組織、指引和控制組織資源的過程，以達到組織的目標」（Dunham & Pierce, 1989, p. 6）。

基於以上的說明，管理至少具有下列的特徵：

1. 管理是一種歷程，或者是一系列的、繼續不斷的和動態的活動。

2. 管理涉及到組織目標的達成。

3. 管理為了達成目標，必須有效地整合人力和其他組織的資源。

基於此項概念，可把管理的對象、過程和目的分成以下三方面來說明。

（一）管理的對象——人、事、財、物和其他資源

管理要有對象，才有著力點，其對象主要有人、事、財、物和其他資

源（如資訊和時間等），這些對象並不是孤立存在的，而是彼此具有相互關聯性，所以有效的管理必須掌握對象彼此間的關聯性和不可分割性，因為某一對象發生了問題，勢必會影響其他對象。

（二）管理的過程——是一個動態的過程

管理本身不是孤立、靜止的，無論在計畫、組織、協調、執行與管制的過程中，都具有活動性。因此，在管理的過程中，才能掌握全局，不致產生功能固著現象，進而能使組織績效不斷地提高。

（三）管理的目的——達成預定的目標

管理的目的會因時、因地、因人而有不同，例如：管理的目的，有些是為了賺取更多的利潤，但有時則是為了提高工作效率。因此，在任何一個組織中，它會訂定各種目標，而管理的目的，就是為了這些預定目標的達成。

因此，學校管理的意義，從其廣義的範圍來說，可以視為：「學校管理乃是透過計畫、組織、協調、執行與管制等活動之功能，有效結合學校的人力、物力、財力和其他的資源，以達成學校教育目標的歷程。」所以學校管理不僅是一種科學，更是一種藝術。

貳、管理的功能

管理是一種歷程，而且也具有各種不同的功能。早期的管理學家，例如：費堯認為，管理具有計畫、組織、命令、協調、控制的功能；戴維斯（R. C. Davis）亦認為，管理具有計畫、組織、控制等功能；巴納德（C. I. Barnard）則認為，管理具有提供溝通的體系、獲得必要的努力、形成和確定目標等功能，如表 2-1 所示。

1980 年代，很多管理學者亦有類似的看法，例如：麥克佛蘭（D. McFland）認為，管理具有計畫、組織、人員、領導和督導、控制、協調、做決定等功能；孔茲（H. Koontz）、歐多尼爾（C. O'Donnell）與魏利琪（H. Weinrich）也認為，管理具有計畫、組織、人員、領導、控制等

表 2-1

1940 年代以前行政管理學者對管理的功能要素的看法

費堯（Fayol, 1916）	戴維斯（Davis, 1934）	巴納德（Barnard, 1937）
計畫	計畫	提供溝通的體系
組織	組織	獲得必要的努力
命令	控制	形成和確定目標
協調		
控制		

註：引自 *Introduction to management* (p. 5), by J. B. Miner & V. P. Luchsinger, 1985, Charles E. Merrill.

功能；紐曼（W. H. Newman）、沃倫（K. Warren）與薛倪（J. Schnee）則認為，管理具有計畫、組織、激勵、領導、控制等功能；海曼、史考特（W. Scott）與柯諾（P. Connor）認為，管理具有計畫、組織、人員、影響、控制等功能；米納（J. B. Miner）與盧克辛格（V. P. Luchsinger）更認為，管理具有計畫、組織、人員、影響、協調、控制、做決定、溝通協調的功能；而普蘭克特（W. R. Plunkett）與阿特納（R. F. Attner）亦認為，管理具有計畫、組織、人員、影響、指示、控制的功能；至於蒙迪（R. N. Mondy）等人則認為，管理具有計畫、組織、影響、溝通、控制、做決定的功能。因此，管理的功能歸納如表 2-2 所示，並說明如下。

一、計畫

　　計畫是以預測未來事件為基礎，所以計畫最簡單的概念是「對事件預為計謀」。詳細來說，它是一種歷程，涉及到目標導向和未來導向，它是準備一組未來行動的決定，以最合適的方法達成目標。因此，在計畫的過程中，常常會涉及到方案的設計、選擇與決定；而在管理的活動中，勢必要採取各種行動，應用各種可行的方案，此乃更顯示計畫在管理活動中的重要性。

表 2-2

1980 年代以後行政管理學者對管理的功能要素的看法

麥克佛蘭（McFland, 1979）	孔茲、歐多尼爾與魏利琪（Koontz et al., 1980）	紐曼、沃倫與薛倪（Newman et al., 1982）	海曼、史考特與柯諾（Haimann, et al., 1982）	米納與盧克辛格（Miner & Luchsinger, 1985）	普蘭克特與阿特納（Plunkett & Attner, 1986）	蒙迪等人（Mondy et al., 1986）
計畫	計畫	計畫	計畫	計畫	計畫	計畫
組織	組織	組織	組織	組織	組織	組織
人員	人員	激勵	人員	人員	人員	影響
領導和督導	領導	領導	影響	影響	影響	溝通
控制	控制	控制	控制	協調	指示	控制
協調				控制	控制	做決定
做決定				做決定		
				溝通協調		

註：引自 *Introduction to management* (p. 5), by J. B. Miner & V. P. Luchsinger, 1985, Charles E. Merrill. *Introduction to management* (pp. 8-9), by W. R. Plunkett & R. F. Attner, 1986, Kent. *Management: Concepts and practices*, by R. N. Mondy et al., 1986, Allyn & Bacon.

二、組織

　　組織乃是把機關內的工作任務劃分，並加以安排，使之成為一有機的運作整體。因此，它包括了四個部分：(1) 建立組織的結構；(2) 明訂各個職位的權責；(3) 依據職責任用合適人員；(4) 分配資源。所以，組織的目的在於統合為一個團結一致的整體。任何社會組織的基本功能，即是在創造一個團結合作的整體，是故在管理活動上，特別重視組織的功能，以期發揮組織的功效。

三、領導

　　領導會影響一個有組織團體的活動歷程，使能達成目標。早期的管理

學者，例如：費堯將領導視為指揮或命令（commanding）、導引，後來又有學者採用激勵（motivating）或影響（influencing）。近年來的行政管理學者更以較積極的「領導」，來代替命令、導引、激勵、影響等功能。領導可說是發揮影響力，集合成員意志，以達成組織目標。所以領導乃是管理活動中不可或缺的功能之一。

四、協調

現代的組織隨著功能的擴張，愈來愈複雜，協調也就愈來愈重要。協調的目的，一方面在避免組織內成員力量的抵銷，另一方面則在使各部門相互合作，達成組織的目標。一般常將協調分為程序的協調（縱的貫通）和實質的協調（橫的聯繫）。在組織的管理活動中，衝突在所難免，為取得共識，協調就更顯其重要性。

五、決定

在行政管理的過程中，對於人、事、物等各種業務必須有所決定，所以有人將行政管理的歷程視為做決定的歷程。在做決定的過程中，常常會涉及到計畫，因此做決定的適當與否，會影響整個組織的運作，為使組織所做的決定具有合理性與可行性，很多管理學者都把做決定視為組織功能最重要的過程。

六、溝通

溝通是任何組織的運作所必需，有效的溝通可促進工作執行的順利與人際關係的改善，以及增強組織中所有成員間之一致與和諧的行動。溝通之主要目的乃是藉著分享訊息、觀念或態度，使得發訊者與收訊者之間產生某種程度的共同了解，其所使用的方式，可用書面溝通，亦可用口頭溝通。任何措施在做決定之前，溝通是相當重要的，而在做決定後的執行階段，亦有賴溝通，藉以增進其工作效率。

以上乃是將管理的功能——計畫、組織、領導、協調、決定、溝通等方面，做一扼要的說明。事實上，上述六項亦是學校管理的重要功能，只

要學校管理能完全發揮這六項功能，相信必可提高行政效率。

第二節　管理理論的發展

　　19 世紀末葉以前，管理的觀念尚未成為一種專門的學問；直到 20 世紀初，有系統的行政管理理論方才慢慢建立起來，因而興起了很多的管理思想。有關管理理論的發展，乃以卡斯特（F. E. Kast）的觀念為依據，並參酌其他管理學者的意見，來闡述組織管理理論的發展（吳清山，1989），並結合新興管理理論，分為傳統理論時期、行為科學時期、系統理論時期、當代管理理論時期，分別說明之。

壹、傳統理論時期（1900 ～ 1930 年代）

　　傳統管理學派的產生，可以說是由於工業革命所引發對於複雜管理的需要。因為工業革命以後，工廠的組織愈來愈複雜，設備也愈來愈新穎，為有效運用人力、物力與財力，以發揮最大的生產效能，則必須講求管理的方法，於是有很多的管理學者從事此方面的研究，主要有以下三大學派。

一、科學管理學派

　　此派的代表人物為泰勒（F. W. Taylor），被認為是科學管理的創始者。1856 年生於美國東部賓夕凡尼亞州的城鎮，早年曾負笈德、法諸國求學，後又回到美國，在史蒂文斯學院（Stevens Institute）獲得學位。畢業後到鋼鐵工廠工作，由基層的工人做起，後來升為監工、機械主任、總工程師。

　　泰勒在擔任監工期間，仔細觀察工人的工作方法，認為妥善安排工人的日常工作是提高生產力的關鍵，於是從事「時間和動作研究」（time and motion study），以確定一個能力最強的工人在一定時間內所完成的最高工作量。

泰勒從其研究和工作經驗中，於 1911 年出版了《科學管理的原則》一書，提出下列四個原則來探討組織資源的有效運用：

1. 科學化工作分析：運用時間和動作研究，找出每項工作的最佳工作方法與最適當工作量，以取代舊式憑經驗的工作方法。
2. 人員選用：運用科學方法，遴選工人擔任適合的工作，並予以適當的訓練，以取代舊式工作者自選工作與自我訓練的方法。
3. 管理合作：將最佳工作方法與人選（業經適當挑選與訓練）作適當組合，以確保工作的進行符合科學精神。
4. 功能性視導：經理與工人各負有相當分量的工作與責任，並強調兩者間的密切合作。

由此可知，科學管理具有科學、協調、合作、效率等多種特性，但因過於重視工人的實際工作成果，把人視為生產過程中機器的附件，忽略了人性的尊嚴，此為人所批評之處。

二、行政管理學派

科學管理只是著重效率生產的偏狹範圍；然而更重要的，還有整體組織的管理問題。所以泰勒重視基層人員的工作方式之改進，仍無法解決管理的問題，於是有些學者乃注重管理人員的管理方法之講求，費堯就是代表性人物。

費堯為法國人，一生服務於科費德公司（Commentry Four Chambult of Decazeville），從高級職員一直做到總經理，曾於 1916 年出版《一般及工業管理》（*General and Industrial Management*），特別提出管理工作為計畫、組織、命令、協調及控制，成為說明管理功能的第一人。

此外，費堯也提出十四點管理原則（principles of management）：

1. 分工：人員的工作，依專業分成若干工作單位，以提高工作績效。
2. 權威和責任：經理人員依其職位和個人技巧享有權威，並應為權威負起責任。
3. 紀律：紀律應普及於整個組織，並由良好的領導來維持，與部屬具有清楚和公平的協議，以及適當的懲罰。
4. 命令統一：一個部屬所接受的命令，只有來自於其直屬長官。

5. 目標統一：組織內有各種不同的活動，但都有同樣的目標。

6. 組織利益優於個人利益：成員要把組織利益視為重於一切，並為達成這個目標而努力，而且始終保持這種堅定不移的信念。

7. 員工報酬：員工的報酬制度，應求公平合理、獎優懲劣、適度節制。

8. 集權化：權威感依組織大小、經理人員能力、員工素質而做適度的決定。

9. 層級節制：任何組織由上層至下級，宜有明確的層級和連鎖關係，以利指揮和溝通；而不同部門間的水平溝通，也是相當必要的。

10. 秩序：組織內的事物應有其位，人員應有其職，井然有序，毫不紊亂。

11. 均等：組織應以善意和公正的態度來對待成員，方能使成員表現出忠誠和奉獻。

12. 人事安定：組織內成員的工作，應力求安定，不要輕易予以調動。

13. 積極主動：組織內成員具有積極主動的精神，此為滿足和激勵的來源。

14. 團隊精神：組織內成員保持和諧關係，而不是衝突和紛爭，因此雙向口頭溝通要優於書面溝通，方能使成員發揮互助合作精神。

費堯所發展出的管理原則，其目的在於使管理功能可以充分發揮。法國政府曾將費堯的管理原則應用到郵政機構，獲致良好的效果。但由於費堯以靜態的組織為研究對象，忽略了成員的心理因素，遭受了許多批評。

三、科層體制學派

科層體制又稱官僚模式，為德國社會學家韋伯（M. Weber）所創。韋伯被公認是行政管理科學中最具影響力的一人。其影響力之廣，涵蓋了管理科學界、政治學、社會學、經濟學等各層面，故被譽為「近代社會學之父」。

韋伯於 1947 年出版《社會與經濟組織理論》（*The Theory of Social and Economic Organizations*）一書，認為層級組織係反映社會需要的產物，故科層體制乃是組織的最佳型態。依韋伯的看法，科層體制有六項特

徵：(1) 工作的分配基於功能專門化；(2) 有嚴密規定的權威階層；(3) 工作人員的權利與責任均有明確的法令規定；(4) 工作處理的程序亦有正式的規定；(5) 人際之間保持非人情關係；(6) 人員的任用與升遷基於專業技能和工作表現（Knezevich, 1975）。

韋伯以為這六項特性彼此相互運用，便可產生以下的預期效果：(1) 能減少人際間的衝突或摩擦；(2) 能充分運用專門技能與知識；(3) 能獲得操作的準確性；(4) 使接受服務的人群能夠受到公平的待遇；(5) 升遷或調職能達到客觀的標準；(6) 能提高行政效率。總括一句話，行政管理能夠達到理性和理想的境界，因此，官僚模式又稱為「理性和理想模式」（rational-ideal type）（姜占魁，1986）。

貳、行為科學時期（1930～1960 年代）

傳統的管理方法是建立在工程師與專業管理者的經驗和思想上，故所探討的管理理論，多為正式組織的範疇，忽略了人性的管理。於是有許多管理學者利用行為科學（behavioral sciences）的知識和方法，來研究管理上的問題。主要派別如下。

一、人群關係學派

人群關係運動可謂行為科學發展的先驅，主要代表人物有梅堯（E. Mayo）、懷德海（T. N. Whitehead）和羅斯伯格（F. J. Roesthlisberger）等人，他們曾於 1927～1932 年在美國西方電氣公司（Western Electric Company）所設的霍桑廠（Hawthorne Plant）從事一連串的實驗。其主要目的在研究工人之行為與工作效果之關係。

在該實驗中，共分三階段：第一階段為「電話變換器裝配實驗」（relay-assembly test room experiment, 1927-1928），第二階段為「面談計畫」（interview program, 1928-1931），第三階段為「電話總機配線觀察實驗」（bank wiring observation room study, 1931-1932）。

根據該項實驗結果發現，工作的產量受物質工作環境影響者較少，而受心理及社會環境（人群關係）影響者較多。此乃引起行政管理學者對於

人群關係的重視。所以人群關係學派,證實了人在社會中的活動與行為,會影響到人員的工作滿足與組織的生產力。因此,組織的成員並不是「經濟人」,而是「社會人」。

二、動態平衡理論學派

動態平衡理論學派是以巴納德為代表,他是第一個把行政學與行為科學相連在一起的人;曾於 1938 年出版《主管人員的功能》(*The Functions of Executive*)一書,將組織視為一種合作系統,是由人群之間互動的關係所組成的系統,同時也特別強調非正式組織的功能,主張為增進人員的團結與合作,應建立有效的溝通網路。

巴納德也認為,人之所以貢獻其心力於組織,主要的原因是該組織能給他最大的滿足,故組織的生存與發展,有賴於確保成員的貢獻與滿足之平衡。此外,巴氏亦提出「權威接受理論」(acceptance theory of authority),認為主管權威乃是建立在部屬對上級之心悅誠服的接受態度。

三、行政決策理論學派

行政決策理論學派是以賽蒙(H. A. Simon)為代表,他承襲了巴納德的觀點,認為組織的存在,實有賴於組織與人員之間彼此保持「貢獻」與「滿足」的平衡;同時他也強調決策是組織的要素,在其《行政行為》(*Administrative Behavior*, 1976)一書中,曾指出:「決策是行政的核心,一般的行政理論必須包括那些確保正確決策及正確行動的組織原則。」

賽蒙是近代科際學術整合研究極為成功的學者,被稱為「行政決定理論的集大成者」,曾於 1978 年因揭櫫「行政決定論」的突創貢獻,獲頒諾貝爾經濟紀念獎(吳清基,1986,頁 9),賽蒙在當代美國行政學者中處於非常突出的地位,因為他對行政學之研究方法、基本概念以至實際研究有其獨立的學說體系(華力進,1970),雖然賽蒙理論受到批評,但在行政學界是一種突破傳統的理論,為行政學研究開創一個新的局面,此種貢獻自不容忽視。

四、XY 理論

1957 年麥克葛雷格（D. McGregor）提出 X 與 Y 理論模式，他將傳統的管理理論稱之為 X 理論（theory X），根據不同的人性假定及人類行為動機而產生的管理理論，則稱之為 Y 理論（theory Y）。

X 理論認為，人們天性好逸惡勞，逃避工作，缺乏進取心，不願負責，而且生來就以自我為中心，忽視組織的需要，並具有反抗改變的傾向。由於對人性的看法如此，故主張採用「控制管理」方式，使成員符合組織的要求，傳統管理理論即奠基於這個理論。

Y 理論則認為，人們對自己所確認的目標有自我指導及自我控制的能力，人們有自我滿足感及自我實現的願望，這些都能誘使人們朝向組織的目標而努力。同時，人們不僅接受責任，並且尋求責任，大多數人也都有相當的想像力和創造力，足以解決組織上的問題。在這種人性的假定之下，Y 理論主張採用民主的管理方式，使員工能自我成長，且能達成組織目標。

參、系統理論時期（1960 ～ 1980 年代）

在傳統時期及行為科學時期，對於行政及組織現象的研究雖有不少貢獻，但亦有所缺失，無法普遍應用到各類的組織。到了 1960 年代前後，就有一些學者開始以系統觀念、權變理論（contingency theory）來研究組織與管理的各種問題，試圖建立一套適用於各種組織的理論架構。所以，此時期包括下列二種理論。

一、系統管理理論

客觀世界中的各種事物，都是作為系統而存在的，例如：細胞是細胞核、細胞質、細胞膜以一定的結構組成，表現為生命現象的基本結構和功能的系統。卡斯特及羅森威（J. E. Rosenzweig）認為，系統是一個有組織的整體，由兩個或兩個以上相互依存的個體或次系統構成，存在於其外在環境的高級系統之內，具有明確的邊界。所以一個人體、一個細胞，都可

視為一個系統。換言之，每個事物都由若干部分、環節、要素，以一定的結構相互關係而構成的有機體。

　　將系統觀念應用到管理方面，就成為一種系統管理理論，這主要源自於伯特蘭菲（L. Von Bertalaiffy）的理念。他原是一位生物學家，他認為每一門學科所探討的都是一種系統的形式，這個系統是由許多相互關聯的子系統所構成。因此，系統的存亡完全繫於其子系統的相互關係和子系統對整體系統的貢獻。依此而論，組織就是一個系統，而其子系統則為各個單位。所以卡斯特和羅遜威不但認為組織本身是一個系統，而且認為組織與外界之間有界限，但此種界限是可以滲透的，因而無形中已成為開放的組織（Kast & Rosenzweig, 1963），例如：學校就是一個系統，教務處、學務處、總務處等各個單位就是子系統，而學校的成功與否，則有賴各個子系統相互配合，此乃顯示：各個單位不可能完全獨立於其他單位之外。

　　系統主要可分為封閉式系統和開放式系統兩大類：

1. 封閉式系統：是指一種自我存在的系統，獨立於外在環境之外，不受外在環境的影響。因為沒有外來的投入，所以封閉式系統會慢慢走向混亂、無目的，最後趨於解體。早期的管理理論即是將組織視為一個封閉式的系統，忽略了組織與外在環境的互動關係，使得組織成為一種機械的系統，而不是有機的系統。目前的組織也很少能夠符合封閉式系統的標準。

2. 開放式系統：是指不斷從外在環境取得種種投入，經過系統的轉換過程、產生又輸出至環境，與外在環境保持動態的關係。

二、權變理論

　　權變理論注重相關的環境與合適的管理概念及技術之間的關係，以有效地達成目標。權變理論的學者認為組織的管理沒有所謂的「萬靈丹」（panacea），應視組織的實際狀況與環境條件而定。這種理論在 1970 年代以後頗受重視，伯恩斯（T. Burns）與史都克（G. M. Stalker）可說是最早將權變方法應用於管理上的學者之一（Burns & Stalker, 1961）。伯恩斯與史都克曾將組織分為兩種類型：

1. 機械式組織：此種組織，其工作是為例行性的、一成不變的，高度

集權，且各種政策、工作程序、分工情形規定詳盡完畢，主要目的在追求效率，但缺乏彈性、創造力及適應力。

2. 有機式組織：此種組織，其工作通常為非例行性的、富有變化的，員工工作並未嚴格劃分，缺乏明確的指揮系統，授權與分權程度高，往往能依工作需要調配人力，由員工自我控制管理而非透過各種規則的規定，故具有彈性、創造力及適應力。

依權變理論而言，各種組織有其適合的情境條件，一個高度例行性、變化少的組織也許適合於機械式的結構，但是一個變動多、求創新的組織，也許適合於有機式的組織，所以採用何種管理方式，應視組織的情境而定。

肆、當代管理理論時期（1980 年代以後）

1980 年代以後，企業界愈來愈重視品質，加上國際化、資訊化和多元化的衝擊，以及知識經濟時代的來臨，各種新興管理理論不斷湧現，較具代表性者，包括：全面品質管理（total quality management）、知識管理（knowledge management）、學習型組織（learning organization）等，茲說明如下。

一、全面品質管理

全面品質管理在 1980 年代初期經過戴明（W. Edwards Deming）、朱蘭（Joseph M. Juran）、克洛斯比（Philip B. Crosby, Sr.）、費根堡（A. V. Feigenbum）、石川馨（K. Ishikawa）和田口（G. Taguchi）等人的努力下，成為 1990 年代管理界的主流，帶動企業組織再造另一股風潮。

過去品質的好壞仰賴檢測（inspection）方式，常常忽略製造過程的管理，導致產生很多瑕疵品，浪費人力、時間與成本，此種品管的方式已被揚棄，而改採「品質是管理出來的」哲學；換言之，品質是所有成員的責任，在服務或製造過程中發現有任何缺失就應立即改進，以確保最後的品質是最佳的，此即為全面品質管理的哲學。因此，全面品質管理的目的在於運用有效的管理制度和方法，以改進和提升品質、提高生產力和降低

成本。

　　全面品質管理的重要內涵，學者們各有不同論點，吳清山、林天祐（1994）將其歸納為下列五大項：

1. 全員參與：品質改進是所有成員、部門和系統的事，人人均應負起和參與品質改進的責任。管理也從一個上對下的金字塔式結構轉為扁平式結構，鼓勵人人參與各種不同層次的決定，不管是問題解決、建立目標、建立矯正行動、建立方案和改進品質，都很重視團隊工作。

2. 持續改進：品質改進是永無止境的，透過持續改進的過程來追求品質，組織中的成員均致力於品質改進過程，相互提攜與協助，則組織必是日日有所得、一天比一天好。為了確保持續改進，訓練成員品質保證方法、問題解決方法、評鑑技巧、顧客反應和溝通是相當必要的。

3. 顧客導向：品質的好壞，顧客最容易感受到，全面品質管理重視顧客的需求、期望和滿意。不管是製造業或服務業，如果忽略了顧客的反應，其存在價值將會受到挑戰。為了符合顧客需求，製造流程必須一致化和標準化，服務流程必須親切、友善、有禮貌。

4. 事實管理：組織的品質改進，必須隨時掌握可靠的訊息和資料，這些資料和訊息包括內部的工作表現和外部的顧客反應。根據這些資料和訊息進行分析和研判，然後採取適當的決定和處置，使品質的改進更趨於客觀和有效。

5. 事先預防：全面品質管理希望「每一次的第一次就做對」，所以必須重視事先的研究及試驗，避免在製造或服務過程中產生差錯，損及公司或產品的形象，導致顧客的不滿。因此，它是以事先預防為前提，而不是在事後再做補救。

二、知識管理

　　在傳統經濟時代裡，資本、土地、勞力和原料乃是決定企業生產力高低的重要因素。然而，在面對資訊經濟和知識經濟時代的來臨，除了資本、土地、勞力和原料之外，知識即成為衡量企業優勢更重要的關鍵所

在。在一個知識經濟的社會中，知識是一種無形的資產，為了創造知識資本和知識財富，就必須對知識進行有效的管理，所以「知識管理」遂成為組織提升生產力和競爭力的重要手段之一。

　　基本上，知識會流動，需要系統化方式和有效管理，才會產生行動力。美國生產力與品質中心（American Productivity & Quality Center, APQC）將「知識管理」定義為：「運用系統的方法，幫助知識於適當的人在適當的時間（用適當的成本、採用適當的格式）之間流動，以便他們可以更有效地採取行動，為知識創造價值」（APQC, n.d.）。而吳清山、林天祐（2010）亦將「知識管理」界定為：「組織內的資訊和人員做有效的管理和整合，透過組織成員知識的共享、轉化、擴散等方式，成為團體制度化的知識，促進知識的不斷創新，以增加組織的資產，擴增組織的財富和創造組織的智慧」。因此，知識管理會涉及到知識分享、轉化、擴散和創造之過程，可以提升組織的智慧和資產，這也是知識管理受到企業界和教育界重視的原因所在。

三、學習型組織

　　學習可以吸收新知和增長智慧，是促進個人和組織發展的動力，組織學習更是提升組織競爭力不可或缺的要件。黑基特（Hackett, 2000）特別指出，組織學習是一個能促使組織適應改革的過程，並藉由獲得新的知識、技能或行為，使組織向前邁進，進而使組織本身得以轉型。因此，建構「學習型組織」（Learning Organization）已經成為當代管理理論探討的重要議題之一。

　　倡導學習型組織的代表人物，首推彼得·聖吉（Peter M. Senge）。他在《第五項修練：學習型組織的藝術與實務》（*The Fifth Discipline: The Art and Practice of The Learning Organization*）一書中，提到五項修練：(1) 自我超越（personal mastery）：透過學習理解個人的真正願望，全心全力，致力終身學習、持續創造和超越自己；(2) 心智模式（mental models）：學習發掘自我內心世界的圖像，並加以審視和省思，能夠改變自己的刻板印象，並以開放的心靈接受和容納別人的想法；(3) 共享願景（shared vision）：組織成員共同努力的最高目標，建立大家對組織的承

諾，以共享願景來實現組織的目標；(4) 團隊學習（team learning）：透過深度匯談，讓組織成員自由交談，激發個人見解和發展組織智慧；(5) 系統思考（systems thinking）：組織本身就是一個系統，各次級系統之間彼此具有其關聯性，都會相互影響，因而需要整體和全面的思考，才能讓組織更為精進（Senge, 1990）。

組織追求永續發展，必須建立在成功的學習型組織基礎之上。吳清山、黃旭鈞（2002）指出，一個成功的學習型組織都具有以下的特質：(1) 個人的學習是持續不斷的；(2) 知識是共享的；(3) 組織文化能支持學習；(4) 鼓勵成員批判思考並能以新觀念做適度冒險；(5) 所有成員對組織的貢獻都能受到重視。此項論點，可供企業組織和學校參考。

第三節　管理理論在學校行政上的應用

學校本身是一個開放式系統，因此學校行政必須吸取各種管理理論，來促進學校組織的生存與創新。

從傳統管理理論到現代管理理論的發展情形來看，可以了解到一成不變的管理方式已無法適應組織的變革，未來管理理論走上科際整合的途徑，應是一種必然的趨勢。學校行政一方面要講求「效率」，一方面要強調「效能」，便不能不掌握社會的脈動和時代的潮流。

管理理論所涉及的範圍甚廣，舉凡規劃、決策、激勵、領導、溝通、組織行為、管制、權力、衝突等理論、都可適用於學校行政上，例如：教務、學務、總務、輔導、人事、會計等業務的處理，來提高學校行政績效。但是，管理理論在學校行政上的應用，仍必須注意下列事項。

一、了解學校本身的特性

學校本身是一種鬆散結合系統，但卻具有專業化和科層體制，使得學校行政管理的性質，不像企業或其他政府組織的型態，能夠獲得立竿見影的效果，因此在運用管理理論時，必須考慮學校本身特性，如果只重視管理理論的應用，而不注重學校人員的需求及組織特性，將可能產生反效果。

二、重視學校的教育目標

學校的教育目標要比其他機構的目標更為抽象、不明確，例如：國民教育的目標在培養德、智、體、群、美五育均衡發展的健全國民為目標，這種目標遠比不上企業界所訂的利潤來得具體，所以在管理方面，除了考慮學校本身的特性外，也要顧及其目標。

為了解管理理論在學校行政上的應用，乃分別就參與管理及衝突管理等二種理論加以說明之。

壹、參與管理在學校行政上的應用

在現代的管理學知識中，參與管理並不是最新的學問，但近二十年來卻帶給公私立機關很大的利益。因此，如果能夠妥善運用參與管理的理論，則有助於組織目標的達成。

基本上，參與管理係指組織內員工有權參與其事務之決定而言。而紐曼也認為，參與管理是管理人員在制定一項計畫時，彙集部屬和其他有關人員的意見。因此，參與管理可視為組織成員有權參與制定計畫或事務決策的過程，透過組織運作的權力，以激勵成員達成組織目標。

學校行政錯綜複雜，為發揮其效率和效能，必須運用各種管理理論，參與管理理論除了有助於提升決策品質，更可提高工作績效。所以，參與管理在學校行政的應用上，是有其重大的價值。

那麼，參與管理可運用在學校行政哪些方面呢？茲從學校運作的層面──領導、決定、溝通和評鑑等方面來說明（吳清山，1988）。

一、領導方面

參與管理與領導的關係如何？韋恩（R. Wynn）與古特斯（C. W. Gudtus）曾指出，參與管理有時被認為是權力均衡（power equalization），可以減少組織中長官與部屬權力、地位與影響的差異。但是參與的權力並不意味著權威的均等化，基本的考慮在權力有效的均等，亦即合乎經濟有效時，才進行參與管理。因此，參與管理也含有領導的意義在

內。權力均衡的領導並不是無效的領導；相反地，它是積極進取的領導。所以，參與管理在學校行政領導上的應用可分為以下四個方面。

（一）提供師生參與情境的機會

可利用個別諮商或團體參與的方式，讓成員有參與學校行政事務的機會，使成員了解其對學校問題解決是相當有貢獻的。

（二）建立師生參與的組織

有效的領導必須以結構性的組織為基礎。在一個散漫的組織裡，身為領導者是相當吃力的。為了建立師生參與的組織，可透過會議的方式進行，組織的方式如各種研究會、委員會、討論會、代表會、自治會或小組會議，鼓勵師生積極參與，使成員有適當表達自己意見的機會。

（三）讓成員充分了解學校目標及計畫

學校的目標及計畫，應適時予以宣導，使得成員了解學校所作所為及發展方向，這樣成員即有受重視的感覺，進而發揮自己的智力和能力，參與學校各種校務。

（四）採用激勵術，培養學校成員高度的工作意願

領導應儘量在精神與物質方面給予成員滿足感，使成員感覺工作很有意義和價值，了解自己在團體中的重要性，方能培養高度的工作意願。

二、決定方面

一般來說，學校行政決定關係著學校教育組織的運作，也影響了學校行政的績效。所以，參與管理在學校行政做決定的應用可有下列方式。

（一）徵求意見

學校在決定行動方案之前，事先徵求師生們的意見，例如：學校體育表演會或畢業典禮的舉辦方式，宜讓師生有表達意見的機會，則所做的決定才能獲得師生的支持，以後在執行上也較為順暢。

（二）會議討論方式

學校行政事務千頭萬緒，經常有各種會議（如校務會議、教務會議、

學務會議、行政會議等）的舉行。任何重大的決定，最好透過討論的方式來進行，才能避免因首長的喜惡、偏見而鑄成大錯。有人曾指出錯誤的決策比貪污更可怕，所以經過團體的討論之後，容易獲得較佳的決定，例如：學校舉辦校外教學，宜召集學校各有關人員及代表舉行會議討論，聽取不同的意見，俾做合理的決定。

（三）授權方式

在複雜的學校行政中，校長不必事必躬親，應該賦予部屬決定的權力和責任，讓部屬對校務有參與感，例如：在校務中，工友的考核授權總務主任負責；學生的管理授權學務主任負責。唯有如此，校長才有足夠的時間思考校務的規劃。

（四）協助設計推展校務方案

為應付日益變遷社會的要求，學校應有接受挑戰、力圖變革的勇氣，所以各種校務方案的提出、加速校務的革新，亦為當前校務重點工作。為使方案具備適切性與合理性，必須透過各種不同的人才從不同的角度來設計，再經由討論方式共同決定之，這種方式亦是參與管理的模式之一。

三、溝通方面

學校行政可以運用下列參與管理的方式，以增進溝通的效果。

（一）爭取教師必要的參與

教師的參與可收到下列的效果：(1) 透過參與，可以提供直接的經驗，不但更富意義，而且更有助於了解；(2) 它提供許多面對面的溝通機會，可獲得更多更廣的教育事實、概念及觀點；(3) 更重要者，參與有關做決定、計畫的過程中，可以了解問題核心，更可支持學校各項措施。

（二）公開肯定參與者的貢獻

對於參與者予以公開的認定與欣賞，提供心理上的激勵，使他們覺得受到重視、尊重，並肯定自我的價值，將來更能奉獻其心智於校務。

（三）重視雙向溝通型態

校長應經常與師生個別討論有關問題，並徵詢其意見；而且在開會時，應讓與會者有充分討論的機會，這種雙向的溝通型態，方易讓成員具有參與感和成就感。

（四）妥善運用溝通媒介

溝通的媒介，主要有書面溝通（通知、公告、工作說明書、法令章則等）、口頭溝通（晤談、演講、會議等），以及網路溝通（email、即時通訊、網路電話、視訊等），為了顧及溝通媒介的效用，並讓成員覺得有參與感，必須因時、因地、因人彈性運用，使溝通管道能暢通無阻，方能發揮效果。

四、評鑑方面

為使評鑑能夠充分發揮其功能，鼓勵成員參與評鑑，是有其必要性。所以，參與管理在學校行政評鑑的應用，可採下列方式。

（一）鼓勵教師參與校內評鑑工作

學校本身應就政策的推行做評鑑，才能了解施政的效果。評鑑的人員由學校教師們共同組成，秉持公正而客觀的方式，對校務作一深入探討，以協助校務的改進。

（二）根據評鑑結果共同決定改進方案

校長就評鑑的結果公布給學校教師了解，並由教師共同參與決定改進校務的方案。如果能夠採用此種方式，學校行政的推動才能順利運作。

在愈來愈複雜的社會中，學校行政工作愈來愈繁重，因此必須有所變革，不因循、不苟且，方足以順應未來學校需要。學校行政是推動校務的樞紐，而校長為一校的中心，能夠以權力分享的行政理念，透過參與管理的方式來辦理學校行政，不僅可讓成員獲得成就感和滿足感，更能發揮學校教育的功能。

貳、衝突管理在學校行政上的應用

　　學校是由很多人員和單位所組成，彼此產生衝突在所難免。因此，如何將衝突管理有效應用到學校行政上，則為重要之事。茲提出下列數項，以供參考。

一、了解衝突的來源及類型

　　衝突的來源，有些是由於溝通不良所致，但實際上，其原因很複雜，依希特、米德密斯特與馬里斯的看法，衝突的原因有四（Hitt et al., 1986）。

（一）目標不能調和

　　個體或團體的目標和其他個人或團體不一致時，即會產生衝突，特別是個人或團體的目標達成會影響其他人或團體達成目標時，例如：學校主計人員旨在審核和控制預算，避免浪費；而教務處或其他處室人員則希望辦好活動，增加預算，兩者就有可能產生衝突。

（二）稀有資源的競爭

　　在組織中，個人和團體常常為了稀有的資源而相互競爭，例如：在學校由於受到人員編制或經費預算限制，各處室常會發生衝突，甚至有些學校，部分教師還會為擔任科任或級任教師有所爭執；此外，其他進修或研習機會，也是導致衝突所在。

（三）工作的互賴性

　　在某一組織的工作表現會影響其他人的工作表現時，也會產生衝突，此乃涉及到工作的相關性所致，例如：學生在校外有優異的表現，是教務處還是學務處的功勞大，有時也會爭執；即使在處內各組人員也會產生衝突，我們經常可以見到各校為記功嘉獎之事而紛爭不已，即是由於工作互賴性所致。

（四）組織的結構

　　在組織內，由於職責劃分不清、本位主義、立場互異或角色不同造成

衝突，所以經常會看到各校為業務而發生爭執，此即組織結構所致。

　　基於以上的原因，衝突的類型可以歸納為：(1) 個人衝突：個人對目標或認知的衝突；(2) 人際衝突：人與人相互間的衝突；(3) 群內衝突：在團體內，個人內心衝突或人際間的衝突；(4) 群間衝突：兩個團體之間的衝突，常是由工作互賴性所致；(5) 組織衝突：即是由組織結構（如角色扮演、幕僚單位與業務單位）的衝突。

　　了解上述的衝突來源和類型，就可以找出衝突的癥結所在，進而採取有效的溝通方式，以化解衝突。

二、提高衝突的正面效果，減少衝突的負面影響

　　衝突是一種很正常而自然的現象，衝突有其正面效果，亦有其負面影響。衝突正面的效果，主要是：(1) 激發成員創造力：組織很多創新的做法，常常是爭執和腦力激盪所產生； (2) 提升決策品質：爭執可以蒐集更多的資訊，有助於決策品質的提升；(3) 增加組織向心力：衝突獲得妥善圓滿的解決，使雙方能夠相互諒解，可增加組織向心力；(4) 提供情感發洩機會：衝突可將成員不滿的情緒發洩出來，有助於成員的心理健康。但是衝突如果運用不當，將會導致負面影響，例如：影響成員的工作態度、降低工作品質、人員之間的不和諧與不信任、目標無法達成等種種現象，有些單位或學校，成員會進行消極的抵制，如怠工、怠職；此乃衝突管理不當所致，身為學校行政人員不能不加以注意。

　　所以，衝突管理給學校行政人員最大的啟示，乃是衝突有其破壞的一面；但站在管理的觀點來看，若能妥善運用，亦能使衝突轉為具建設性，所以學校校長或主任具有此種體認，將更能發揮專長，革新校務。

三、善用減輕及防止衝突的方法

　　解決衝突的方法有很多種，主要有下列十種。

（一）逃避

　　它是一種最常用來減輕衝突的方法，讓衝突雙方從彼此對抗的情況中退卻，不致發展為公然對抗，導致衝突愈演愈烈，對組織產生更大的傷

害。因此，主管人員遇到雙方衝突時，就是不做任何決定，採取拖延戰術，等待時間慢慢解決。此種方法，只能收到一時效果，但是無法消除衝突的存在。

（二）潤滑歧異

它主要在使雙方了解並非處於兩極化狀態中，藉由共同利益的了解，消除彼此存有的歧見。此種方法希望藉由共識化除歧見；但是有時會發現只是一種表相（表面處理），將來仍有可能再度爆發衝突。

（三）擴大資源

它主要藉由擴大資源，減輕彼此的衝突，以收到皆大歡喜的局面，例如：各單位爭取人員時，可擴大人員編制；各處室爭取更多預算時，則藉寬籌經費滿足其所需。此種方法效果相當良好，惟受到現實環境限制，常無法任意擴大其資源。

（四）訴諸上級

它主要是藉由上級的權威、知識及智慧，來處理雙方衝突問題。此種方法也很有效；但只賴上級的影響力，也很難消除衝突的根源。

（五）妥協

它主要是透過第三者居中調停，迫使雙方各做某種程度讓步，進而減輕彼此衝突。此種方法可避免任何一方成為輸家或贏家；但要找到一位彼此都能信賴的第三者，極不容易。

（六）運用非正式組織

非正式組織是人員情感的自願結合，其對成員的影響力，有時遠大於正式組織。因此，組織中各部門或人員產生衝突時，妥善運用非正式組織，可使衝突減輕至最低程度。

（七）調整組織結構

組織中各種活動及功能都是經由成員彼此間的互動而產生。因此，有時修正組織結構，可降低產生衝突的可能。而調整組織結構最常用的一種方法是人員互調，以增進不同部門的相互了解，俾能澄清彼此的誤會，但

有時部門過於專業化，因而無法實施輪調。

（八）問題解決

它是透過直接對談、坦誠溝通，綜合雙方的意見，尋求超越雙方更為理想的解決方法。此種方法很有效果，惟相當費時費力。

（九）建立高層次目標

它是藉由高層次目標的訂定，使雙方拋除己見，共同為目標而努力。這種高層次目標必須建立在相互依賴的基礎上，且超越各部門本身目標之上。這種方法不易實施，其持久性也會令人懷疑。

（十）預防重於治療

上述九項都屬於消極性的做法，積極的做法乃是事先防範衝突的負面影響，可從有效的領導、暢通溝通管道及實施目標管理（management by objectives），即透過組織中的上下級管理人員會同制定共同的目標，確定彼此的責任，並藉此責任作為指導業務及衡量個人貢獻的準則著手，相信可收到良好的效果。

學校行政人員能夠了解上述減輕及防止衝突的方法，則對校務的推動，必具有很大的助益。

四、配合情境採用適當衝突管理模式

衝突處理的方式有很多種，到底何種方式最適合何種情境，目前尚未獲得完全一致的結論。惟湯姆斯（K. W. Thomas）所提出的衝突管理模式與情境的配合，如表 2-3 所示，可作為學校行政人員處理衝突時參考。

五、評估衝突管理的效果

衝突是受到人員互動的影響，很難完全予以解決，但不意味著學校行政人員的無能。事實上，若能依下列方法來評估，也可得知其效果（Gorton, 1987）：

1.所有人感覺主管人員處理衝突的公平性如何？證據呢？
2.最初的問題所產生的衝突被改善或解決的程度如何？證據呢？

表 2-3

衝突管理模式與情境配合

衝突處理模式	適用情境
競爭	1. 當迅速決定性的行動是必要的，例如：緊急時。 2. 需要執行不為人所喜愛的行動時，例如：削減預算，建立不為人所喜歡的規則、紀律。 3. 對單位發展是重要的爭論，而您認為您是對的。 4. 面對充分利用非競爭行為的人員。
合作	1. 當雙方事情太重要而無法妥協時，設法找到一個統合的方案。 2. 當您的目標是為了學習時。 3. 為了結合不同意見時。 4. 建立共識、培養成員使命感。 5. 當工作關係受到情感因素的干擾時。
妥協	1. 當目標是重要的，但不值得努力，或者更為果斷的做法具有潛在的破壞性時。 2. 當雙方是勢均力敵而想要爭取唯一的目標時。 3. 為了達成暫時的解決時。 4. 在時間壓力下，而必須得到較為方便的解決方案時。 5. 當合作或競爭無效而需要支援時。
逃避	1. 當爭論是微不足道的，或者更重要的爭論是急迫時。 2. 當獲知所關心的需求可能無法被滿足時。 3. 當潛在的破壞性超出解決方案的利益時。 4. 為了使人員冷靜和恢復希望時。 5. 當蒐集訊息以取代立即決定時。 6. 當其他人能更有效地解決衝突時。 7. 當出現不合常規的爭論或徵兆時。
調適	1. 發現自己的錯誤時，能夠站在理性的立場，去聆聽與學習。 2. 當論點對其他人要比對您更為重要時——讓他人獲得滿意和維持合作。 3. 建立社會信賴感時。 4. 當您處於優勢，為減少損失時。 5. 當和諧和穩定是非常重要時。 6. 允許部屬從錯誤中學習。

註：引自 Toward multidimensional values in teaching: The example of conflict behaviors, by K. W. Thomas, 1977, *Academy of Management Review, 2*, 487.

3. 解決衝突所花費時間、精力和挫折如何？證據呢？

4. 現在衝突人員彼此是否具有更為積極的態度？證據呢？

5. 衝突人員為解決未來類似的衝突所發展出的新技巧或方法，或更為有效解決衝突的程度如何？證據呢？

俗語說：「水能載舟，亦能覆舟。」衝突管理不當，將會影響組織正常運作，導致組織績效不彰；若是管理得當，將能化危機為轉機，增進組織效能。

教育加油站

學校行銷管理

行銷理論常會提到 4P，就是包含：產品（product）、地點（place）、價格（price）、促銷／宣傳（promotion），後來又增加了參與人員（people/participants）、過程（process）、有型的展示（physical evidence），而成為行銷 7P。為了達成行銷的效果，必須運用適當的管理方法和各種策略與作業方式，以滿足消費者的需求。學校是一個服務性的組織，也必須考慮服務對象的需求和未來發展，因此做好行銷管理，實有其必要性。基本上，學校行銷管理係指學校相關人員進行教育環境、市場及顧客分析，採行適切的行銷規劃與策略的過程，以提升學校形象、建立學校品牌、強化學校效能和達成學校教育目標。

教育相對論

家長選老師，可乎？

家長能否有權為自己子女選擇一位合適的教師，在教育上有不同的爭議。一般而言，家長們都贊成有權選擇老師，不僅可以確保自己子女的教育權益，而且可給予學校和教師壓力，使老師認真教學以及一些不適任教師知難而退，對於學校教育效果的提升具有良性作用。

　　但是教育人員大都持反對立場，認為此舉會增加學校不安與混亂，尤其編班排課將會困擾多多，學生在這種環境之下，學習效果未見有益，反見其害；而且既然家長可以選老師，老師是否也可以選學生呢？

教師觀課，引發衝突

　　某校某位自然科教師多次遭家長和學生反應其教學內容欠當、班級管理欠佳及情緒不穩等狀況，學校經調查後將該師進行不適任教師之輔導，期間也請教師專業審查委員會協助輔導。

　　2019 年 11 月 26 日，這名教師在上國小五年級的自然課時，在教室外拒絕教務主任、班導師等人入班「觀課」，當時在溝通過程中，自然科教師的情緒突然失控並勒傷班導師的脖子，企圖將班導師摔倒，但班導師並未加以還手。

　　隨後該名教師回頭進教室鎖門，門外的主任等人擔心學生安危，立即敲門、敲窗後，這名自然科教師稍後才開門讓主任和家長等人疏散學生，總算有驚無險。

　　事後，學校校長表示：學校發生此一事件，深感內疚與自責，也對不起學生、受傷的班導師及家長。

問題討論

1. 學校事前應如何協助教師做好觀課的溝通準備工作，預防教師之間的衝突？
2. 學校發生此一事件，事後應如何做好衝突管理？

本章摘要

1. 「管理」一詞，中文有依一定之尺度，就事物、動作或現象為必要之處置；英文則有控制和指示、使人服從、小心處理及執行業務，以達成目標等多種涵義。

2. 學校管理可說是透過計畫、組織、協調、執行與管制等活動之功能，有效結合學校的人力、物力、財力和其他的資源，以達成學校目標的歷程。

3. 管理的功能可歸納為：計畫、組織、領導、協調、決定、溝通。

4. 管理理論的發展，可分為四個階段：傳統理論時期（1900～1930 年代）、行為科學時期（1930～1960 年代）、系統理論時期（1960～1980 年代）、當代管理理論時期（1980 年代以後）。

5. 傳統理論時期主要是講求有效的管理方法，主要有三大學派：(1) 科學管理學派，以泰勒為代表；(2) 行政管理學派，以費堯為代表；(3) 科層體制學派，以韋伯為代表。

6. 行為科學時期主要是利用行為科學的知識和方法，來研究管理上的問題，主要派別有：(1) 人群關係學派，以梅堯等人為代表；(2) 動態平衡理論學派，以巴納德為代表；(3) 行政決策理論學派，以賽蒙為代表；(4) XY 理論，以麥克葛雷格為代表。

7. 系統理論時期係以系統觀念、權變理論來研究組織與管理的各種問題，主要有二種理論，一是系統管理理論，以卡斯特及羅遜威為代表；另一是權變理論，以伯恩斯及史都克為代表。

8. 管理理論應用在學校行政上，應考慮到學校本身的特性及學校的教育目標，才能發揮效果。

9. 當代管理理論時期著重於品質管理和組織再造，主要理論有三：(1) 全面品質管理；(2) 知識管理；(3) 學習型組織。

10. 參與管理是一種諮商式的監督過程，可用在學校領導、決定、溝通、評鑑等方面。

11. 衝突管理為組織行為學者所重視，其應用到學校行政上可朝下列途徑進行：(1) 了解衝突的來源及類型；(2) 提高衝突的正面效果，減少衝突的

負面影響；(3) 善用減輕及防止衝突的方法；(4) 配合情境採用適當衝突管理模式；(5) 評估衝突管理的效果。

評量題目

1. 試就您所知，列舉學校管理的功能。
2. 試說明傳統理論時期、行為科學時期、系統理論時期、當代管理理論時期對學校行政的啟示。
3. 請說明管理理論應用在學校行政的優點及限制。
4. 請說明減輕及防止學校衝突的方法。

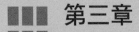

第三章
學校行政的法學基礎

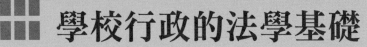

　　一個法治的國家，任何施政的方針都要以法規的規定為準繩。因此，不論公務員，或甚至一般國民，對於重要法規的規定要有相當的認識，才能守法和用法。

　　有些學者專家認為，認識法規必須對某一法規各條的涵義、演變經過和其他法規的關係，具有相當程度的了解，才算真正認識法規；可是就一般人而言，最需要知道的還是在於國家有哪些重要的法規、其內容如何，以及與個人權利義務有關的法規又如何？才是最重要的。

　　從事學校教育行政工作者，所處理的各項業務，難免會對他人權益產生影響。因此，除了能夠具備基本法律涵養外，對重要的教育法規也有所認識，相信可保障自己和他人權益，亦能提高工作效能。

第一節　法學的意義及內容

法學，是以法律為基礎研究對象的學科（林紀東，1989，頁1）。而法律是社會現象的一種，且常反映人類社會的生活，例如：私人的買賣行為、借貸行為、婚姻關係、繼承關係，這是屬於人類社會私的方面的生活，在民事法規中均有規定；又如：人民行使其選舉權、罷免權、創制權、複決權、訴願權、訴訟權，以及服從國家命令的行為，這是屬於人類社會公的方面的生活，在《憲法》、《訴願法》及其他行政法、《民事訴訟法》、《刑事訴訟法》，或其他公法中亦有規定（管歐，1989，頁1）。所以，法學包含的內容主要有二，分述如下。

壹、法規

一、《憲法》

《憲法》是國家根本大法，為所有法令的根據，任何法律和命令，違反《憲法》者無效。我國現行的《憲法》係於1946年12月25日，經國民大會通過，自1947年12月25日起開始施行。

二、法律

法律有廣狹二義，廣義的法律泛指《憲法》、立法院通過總統公布的法律和行政機關制定的規章而言，與一般所謂「法制」、「法規」者，均指廣義的用法；狹義的法律，則專指立法院通過、總統公布的法律而言，依《中央法規標準法》第2條：「法律得定名為法、律、條例或通則。」這四種名稱，其效力均相同。此外，狹義的法律，包含了行政法、《刑法》、《刑事訴訟法》、《民法》、《民事訴訟法》、國際法等。

三、命令

命令是指行政機關依據職權，或依據法律，或上級機關之委任，所發

布之規章而言。依《中央法規標準法》第 3 條之規定：「各機關發布之命令，得依其性質，稱規程、規則、細則、辦法、綱要、標準或準則。」這些名稱的效力均相同。以上法規的分類、效力、解釋、適用、制裁、結構及內容，都成為法學的重要內涵。

貳、權利與義務

法律關係的核心不外權利與義務二者，故其已成為現代法學的重要觀念。

一、權利

「權利」一詞常被解釋為「權力和利益」，詳細而言，就是一般人為了滿足生活和生存，需具有社會上正當的利益，可享受特定利益之法律上之力。基本上。權利可分為公權和私權，前者含國家公權和人民公權，後者含人身權和財產權。

二、義務

有權利者必有義務，有義務者必亦有權利，「義務」通常視為法律對於人們所課以行為或不行為的約束。以義務所依據的法律為標準，主要可分為以下兩種。

（一）公法義務

依照公法所應負擔的義務，例如：《憲法》規定人民有服兵役、納稅及應受國民教育的義務。

（二）私法義務

依照《民法》規定，父母有保護教養子女的義務，夫妻有同居的義務。

第二節　學校行政人員的法律責任

　　學校行政人員是否為公務員，依《刑法》第 10 條第 2 項之規定：「稱公務員者，謂下列人員：一、依法令服務於國家、地方自治團體所屬機關而具有法定職務權限，以及其他依法令從事於公共事務，而具有法定職務權限者。二、受國家、地方自治團體所屬機關依法委託，從事與委託機關權限有關之公共事務者。」故具有「依法令」及「從事於公共事務」兩要件者，即為公務員，依此而言，學校行政人員為公務員，殆無疑義。但若依司法院院解字第 2986 號解釋：「委任之公立中小學校教職員及縣立圖書館館長受有俸給者，均為公務員服務法上之公務員，其聘任之教職員則否。」則學校行政人員是否為公務員，恐有所爭議，因為學校行政人員除委任學校教職員外，尚有聘任校長及教師（兼行政職務者）。

　　但不論學校行政人員是否為公務員，其必須遵守《公務員服務法》及各種法律規定。依據各種法規規定，學校行政人員必須負起三種責任，分述如下。

壹、行政責任

　　依《公務員服務法》第 1 條之規定：「公務員應恪守誓言，忠心努力，依法律、命令所定執行其職務。」故「遵守法令」及「執行職務」為學校行政人員重要的責任。但在執行職務中，如有違法及廢弛職務或其他失職行為，則依《公務員懲戒法》第 2 條之規定，應受懲戒，以負起行政責任，至於懲戒處分，依《公務員懲戒法》第 9 條規定：「公務員之懲戒處分如下：一、免除職務。二、撤職。三、剝奪、減少退休（職、伍）金。四、休職。五、降級。六、減俸。七、罰款。八、記過。九、申誡。……」茲將九項處分分別說明如下。

一、免除職務

依《公務員懲戒法》第 11 條規定：「免除職務，免其現職，並不得再任用為公務員。」此項可謂公務員最重之懲戒處分。

二、撤職

依《公務員懲戒法》第 12 條規定：「撤職，撤其現職，並於一定期間停止任用；其期間為一年以上、五年以下。」此外，在該條亦規定：「前項撤職人員，於停止任用期間屆滿，再任公務員者，自再任之日起，二年內不得晉敘、陞任或遷調主管職務。」

三、剝奪、減少退休（職、伍）金

依《公務員懲戒法》第 13 條規定：「剝奪退休（職、伍）金，指剝奪受懲戒人離職前所有任職年資所計給之退休（職、伍）或其他離職給與；其已支領者，並應追回之。」至於減少退休（職、伍）金，則是指「減少受懲戒人離職前所有任職年資所計給之退休（職、伍）或其他離職給與百分之十至百分之二十；其已支領者，並應追回之。」

四、休職

依《公務員懲戒法》第 14 條規定：「休職，休其現職，停發俸（薪）給，並不得申請退休、退伍或在其他機關任職；其期間為六個月以上、三年以下。」此外，在該條亦規定：「休職期滿，許其回復原職務或相當之其他職務。自復職之日起，二年內不得晉敘、陞任或遷調主管職務。」

五、降級

依《公務員懲戒法》第 15 條規定：「降級，依受懲戒人現職之俸（薪）級降一級或二級改敘；自改敘之日起，二年內不得晉敘、陞任或遷調主管職務。」此外，在該條亦規定：「受降級處分而無級可降者，按每級差額，減其月俸（薪）；其期間為二年。」

六、減俸

依《公務員懲戒法》第 16 條規定：「減俸，依受懲戒人現職之月俸（薪）減百分之十至百分之二十支給；其期間為六個月以上、三年以下。自減俸之日起，一年內不得晉敘、陞任或遷調主管職務。」

七、罰款

依《公務員懲戒法》第 17 條規定：「罰款，其金額為新臺幣一萬元以上、一百萬元以下。」

八、記過

依《公務員懲戒法》第 18 條規定：「記過，得為記過一次或二次。自記過之日起一年內，不得晉敘、陞任或遷調主管職務。一年內記過累計三次者，依其現職之俸（薪）級降一級改敘；無級可降者，準用第十五條第二項之規定。」

九、申誡

依《公務員懲戒法》第 19 條規定：「申誡，以書面為之。」

因此，學校行政人員執行職務，必須知法與守法。《憲法》第 24 條規定：「凡公務員違法侵害人民之自由或權利者，除依法律受懲戒外，應負刑事及民事責任。……」故公務員違法時，除受懲戒之行政責任外，亦要負刑事及民事責任。

貳、刑事責任

學校行政人員，均係依法令從事公務，屬於《刑法》上之公務員。《刑法》第二編「分則」第四章「瀆職罪」第 120 條至第 134 條均以公務員的身分為犯罪的構成要件。而刑罰之種類可分為主刑及從刑。《刑法》第 33 條規定：「主刑之種類如下：一、死刑。二、無期徒刑。三、

有期徒刑：二月以上十五年以下。但遇有加減時，得減至二月未滿，或加至二十年。四、拘役：一日以上，六十日未滿。但遇有加重時，得加至一百二十日。五、罰金：新臺幣一千元以上，以百元計算之。」

一、普通賄賂罪

依《刑法》第121條規定：「公務員或仲裁人對於職務上之行為，要求、期約或收受賄賂或其他不正利益者，處七年以下有期徒刑，得併科七十萬元以下罰金。」

二、違背職務之賄賂罪

依《刑法》第122條規定：「公務員或仲裁人對於違背職務之行為，要求、期約或收受賄賂或其他不正利益者，處三年以上十年以下有期徒刑，得併科二百萬元以下罰金。因而為違背職務之行為者，處無期徒刑或五年以上有期徒刑，得併科四百萬元以下罰金。對於公務員或仲裁人關於違背職務之行為，行求、期約或交付賄賂或其他不正利益者，處三年以下有期徒刑，得併科三十萬元以下罰金。但自首者減輕或免除其刑。在偵查或審判中自白者，得減輕其刑。」

三、準受賄罪

依《刑法》第123條規定：「於未為公務員或仲裁人時，預以職務上之行為，要求期約或收受賄賂或其他不正利益，而於為公務員或仲裁人後履行者，以公務員或仲裁人要求期約或收受賄賂或其他不正利益論。」

四、違法徵收罪及抑留剋扣罪

依《刑法》第129條規定：「公務員對於租稅或其他入款，明知不應徵收而徵收者，處一年以上七年以下有期徒刑，得併科二十一萬元以下罰金。公務員對於職務上發給之款項、物品，明知應發給而抑留不發或剋扣者，亦同。前二項之未遂犯罰之。」

五、廢弛職務釀成災害罪

依《刑法》第 130 條規定：「公務員廢弛職務釀成災害者，處三年以上十年以下有期徒刑。」

六、圖利罪

依《刑法》第 131 條規定：「公務員對於主管或監督之事務，明知違背法令，直接或間接圖自己或其他私人不法利益，因而獲得利益者，處一年以上七年以下有期徒刑，得併科一百萬元以下罰金。」

七、非純粹瀆職罪

依《刑法》第 134 條規定：「公務員假借職務上之權力、機會或方法，以故意犯本章以外各罪者，加重其刑至二分之一。但因公務員之身分已特別規定其刑者，不在此限。」

教務、學務和總務工作皆在處理人與事各項業務，有關中小學在教務、學務和總務工作較常遇到的刑事責任如下（沈銀和，1979，頁 1-109；臺北市教師研習中心，1990，頁 1-174）。

一、教務工作方面

1. 誹謗罪：我國《憲法》第 11 條規定：「人民有言論、講學、著作及出版之自由。」基於學術上，正當的評論、以善意發表評論，並不構成誹謗罪。但如果基於私怨，揭發他人的隱私，與公共利益沒有關係，就構成誹謗罪，例如：某位老師與同事有怨，上課時，向學生宣揚同事隱私，導致同事無地容身，則需負誹謗罪。

2. 公務員登載不實事項於公文書罪：學生學期成績本來不及格，任課老師卻虛報 6、70 分，使教務處登載於成績冊上，這位老師就構成登載不實罪。

3. 重傷罪或過失傷害罪：教師上自然實驗課程，由於疏於注意，導致學生受重傷，則構成重傷罪或過失傷害罪。

二、學務工作方面

1. 普通傷害罪：教師體罰學生，引起學生身體上的傷害，則構成傷害罪。萬一毆打學生致死，則又依重傷罪論處。
2. 公然侮辱罪：教師在教室內罵學生，不構成公然侮辱罪；但是在馬路上、校門口罵學生或罵人，則可能構成公然侮辱罪。
3. 猥褻罪：男老師猥褻女學生，將依利用權勢姦淫猥褻罪處理。

三、總務工作方面

1. 貪污罪：主要有三大類：一是侵占公款公物及工程回扣；二是賄賂罪；三是圖利罪。依《刑法》普通賄賂罪、違背職務之賄賂罪、公務公益及事業上之侵占罪、普通詐欺罪論處。
2. 瀆職罪：學校行政人員對於職務上發給之款項、物品，明知應發給而抑留不發或剋扣者，則將依抑留剋扣罪論處；如有廢弛職務，釀成災害，則依廢弛職務釀成災害罪論處；若是洩漏國防以外之秘密，則也要依《刑法》第 132 條議處。
3. 侵占罪：挪用公款，則將以《刑法》的侵占罪議處。導師將班費花掉，就構成普通侵占罪；總務人員將經收款項予以侵占，就構成業務侵占罪；若是所經收的款項是為公務上所持有之物，予以侵占，似乎應構成公務侵占罪。
4. 偽造、變造文書罪：學校成績單及各類證書若有偽造或變造，則依偽造、變造文書罪論處。而成績單及各類證書，都是由學校發給，要蓋學校公印，如有偽造或變造，則依偽造或盜用公印或公印文書處理。

參、民事責任

　　《民法》是私法，規定私人相互間的權利義務關係。公務人員或學校行政人員如果違反《民法》的規定，須接受《民法》上的制裁，負起民事

責任。《民法》上的制裁主要有六種：損害賠償、回復權利、強制履行、無效及撤銷、人格剝奪，以及權利剝奪（林紀東，1989，頁120-121；請參見註1）。而在這六種制裁當中，以損害賠償與學校行政人員關係最為密切。

　　損害賠償的責任，所依據的法律條文，除《民法》外，尚有《國家賠償法》，茲就《國家賠償法》說明如下。

一、國家賠償責任

　　《國家賠償法》第2條：「本法所稱公務員者，謂依法令從事於公務之人員。公務員於執行職務行使公權力時，因故意或過失不法侵害人民自由或權利者，國家應負損害賠償責任。公務員怠於執行職務，致人民自由或權利遭受損害者亦同。前項情形，公務員有故意或重大過失時，賠償義務機關對之有求償權。」

　　《國家賠償法》第3條：「公共設施因設置或管理有欠缺，致人民生命、身體、人身自由或財產受損害者，國家應負損害賠償責任。前項設施委託民間團體或個人管理時，因管理欠缺致人民生命、身體、人身自由或財產受損害者，國家應負損害賠償責任。……」

二、賠償之方法

　　《國家賠償法》第7條：「國家負損害賠償責任者，應以金錢為之。但以回復原狀為適當者，得依請求，回復損害發生前原狀。前項賠償所需經費，應由各級政府編列預算支應之。」

三、賠償之義務機關

　　《國家賠償法》第9條：「依第二條第二項請求損害賠償者，以該公務員所屬機關為賠償義務機關。依第三條第一項請求損害賠償者，以該公共設施之設置或管理機關為賠償義務機關；依第三條第二項請求損害賠償者，以委託機關為賠償義務機關。前二項賠償義務機關經裁撤或改組者，以承受其業務之機關為賠償義務機關。無承受其業務之機關者，以其上級機關為賠償義務機關。不能依前三項確定賠償義務機關，或於賠償義務機

關有爭議時，得請求其上級機關確定之。其上級機關自被請求之日起逾二十日不為確定者，得逕以該上級機關為賠償義務機關。」

四、請求賠償之程序

《國家賠償法》第 10 條：「依本法請求損害賠償時，應先以書面向賠償義務機關請求之。賠償義務機關對於前項請求，應即與請求權人協議。協議成立時，應作成協議書，該項協議書得為執行名義。」

第三節　師生的權利與義務

權利與義務是相對的，如影隨形，不能切割。在我國傳統文化的影響下，對權利與義務的概念較不明晰，但隨著民主思潮的激盪，社會各階層人士對自身的權益愈來愈重視，學校師生亦不例外。因此，了解師生權利與義務，可保障自己的權益。

壹、教師的權利與義務

教師所享有的權利與義務，與一般人並無不同。凡是中華民國的國民，都享有《憲法》所賦予的權利與義務。教師是中華民國的國民，當然享有同樣的權利與義務。茲將教師所享有的權利與義務，說明如下。

一、教師的權利

（一）《憲法》所賦予的權利

1. 平等權：《憲法》第 7 條：「中華民國人民，無分男女、宗教、種族、階級、黨派，在法律上一律平等。」此乃保障人民在法律上地位之實質平等。
2. 自由權：
   (1) 人身自由之保障：為了保障人身自由，《憲法》第 8 條特別規

定：「人民身體之自由應予保障。除現行犯之逮捕由法律另定外，非經司法或警察機關依法定程序，不得逮捕拘禁。非由法院依法定程序，不得審問處罰。非依法定程序之逮捕、拘禁、審問、處罰，得拒絕之。……」第9條亦規定：「人民除現役軍人外，不受軍事審判。」

(2) 居住遷徙之自由：《憲法》第10條：「人民有居住及遷徙之自由。」

(3) 表現意見之自由：《憲法》第11條：「人民有言論、講學、著作及出版之自由。」

(4) 秘密通訊之自由：《憲法》第12條：「人民有秘密通訊之自由。」

(5) 信仰宗教之自由：《憲法》第13條：「人民有信仰宗教之自由。」

(6) 集會結社之自由：《憲法》第14條：「人民有集會及結社之自由。」

3. 生存權、工作權及財產權：《憲法》第15條：「人民之生存權、工作權及財產權，應予保障。」

4. 請願權、訴願權及訴訟權：《憲法》第16條：「人民有請願、訴願及訴訟之權。」這些權利可依《行政訴訟法》及《民事訴訟法》之規定辦理。

5. 參政權：《憲法》第17條：「人民有選舉、罷免、創制及複決之權。」

6. 應考試服公職權：《憲法》第18條：「人民有應考試服公職之權。」

（二）《教師法》規定的權利

根據《教師法》第31條之規定：「教師接受聘任後，依有關法令及學校章則之規定，享有下列權利：

一、對學校教學及行政事項提供興革意見。

二、享有待遇、福利、退休、撫卹、資遣、保險等權益及保障。

三、參加在職進修、研究及學術交流活動。

四、參加教師組織，並參與其他依法令規定所舉辦之活動。

五、對主管機關或學校有關其個人之措施，認為違法或不當致損害其權益者，得依法提出申訴。

六、教師之教學及對學生之輔導依法令及學校章則享有專業自主。

七、除法令另有規定者外，教師得拒絕參與主管機關或學校所指派與教學無關之工作或活動。

八、教師依法執行職務涉訟時，其服務學校應輔助其延聘律師為其辯護及提供法律上之協助。

九、其他依本法或其他法律應享之權利。……」

（三）公務人員及教育其他法規所規定的權利

1. 俸給權：教師有其工作，必有其俸給，其俸給是依《教師待遇條例》規定辦理。

2. 退休、資遣及撫卹的權利：教師的退休、資遣及撫卹，服務於公立學校者，依《公立學校教職員退休資遣撫卹條例》規定辦理；至於服務於私立學校者，則依《學校法人及其所屬私立學校教職員退休撫卹離職資遣條例》規定辦理。

3. 保險的權利：教師保險依《公教人員保險法》規定辦理。

4. 進修的權利：教師的進修，係依教育部所發布的《教師進修研究等專業發展辦法》及《社會教育機構或法人辦理高級中等以下學校及幼兒園教師進修認可辦法》規定辦理。

5. 不得解聘之權利：《教育人員任用條例》第38條規定：「學校在聘約有效期間內，除教師違反聘約或因重大事故報經主管教育行政機關核准者外，不得解聘。教師在聘約有效期間內，非有正當事由，不得辭聘。」

二、教師的義務

（一）《憲法》規定的義務

1. 納稅之義務：《憲法》第19條：「人民有依法律納稅之義務。」

2. 服兵役之義務：《憲法》第 20 條：「人民有依法律服兵役之義
務。」

（二）《教師法》規定的義務

根據《教師法》第 32 條之規定：「教師除應遵守法令履行聘約外，
並負有下列義務：

一、遵守聘約規定，維護校譽。

二、積極維護學生受教之權益。

三、依有關法令及學校安排之課程，實施適性教學活動。

四、輔導或管教學生，導引其適性發展，並培養其健全人格。

五、從事與教學有關之研究、進修。

六、嚴守職分，本於良知，發揚師道及專業精神。

七、依有關法令參與學校學術、行政工作及社會教育活動。

八、非依法律規定不得洩漏學生個人或其家庭資料。

九、擔任導師。

十、其他依本法或其他法律規定應盡之義務。

前項第四款及第九款之辦法，由各校校務會議定之。」

（三）公務人員及教育其他法規所規定的義務

1. 遵守聘約規定：凡是聘任教師，在聘約有效期間內，必須遵守聘約
   有關之規定。

2. 在外兼課或兼職之限制：《教育人員任用條例》第 34 條規定：
   「專任教育人員，除法令另有規定外，不得在外兼課或兼職。」

3. 不得任意辭聘：《教育人員任用條例》第 38 條規定：「……教師
   在聘約有效期間內，非有正當事由，不得辭聘。」

4. 不得假借權力或利用職務上之機會，以圖本身或他人之利益：此在
   《刑法》亦有詳細規定。

5. 遵守《公立高級中等以下學校教師成績考核辦法》之規定：教師如
   違反規定，將遭受處分。

教師除了以上法律之規定外，擁護國家政策，宣導教育政令，不得強迫學生接受某種宗教信仰或政治主張，也應該是教師的義務之一。

教育加油站　　　**教師解聘且終身不得聘任**

依《教師法》第 14 條規定：「教師有下列各款情形之一者，應予解聘，且終身不得聘任為教師：

一、動員戡亂時期終止後，犯內亂、外患罪，經有罪判決確定。

二、服公務，因貪污行為經有罪判決確定。

三、犯性侵害犯罪防治法第二條第一項所定之罪，經有罪判決確定。

四、經學校性別平等教育委員會或依法組成之相關委員會調查確認有性侵害行為屬實。

五、經學校性別平等教育委員會或依法組成之相關委員會調查確認有性騷擾或性霸凌行為，有解聘及終身不得聘任為教師之必要。

六、受兒童及少年性剝削防制條例規定處罰，或受性騷擾防治法第二十條或第二十五條規定處罰，經學校性別平等教育委員會確認，有解聘及終身不得聘任為教師之必要。

七、經各級社政主管機關依兒童及少年福利與權益保障法第九十七條規定處罰，並經學校教師評審委員會確認，有解聘及終身不得聘任為教師之必要。

八、知悉服務學校發生疑似校園性侵害事件，未依性別平等教育法規定通報，致再度發生校園性侵害事件；或偽造、變造、湮滅或隱匿他人所犯校園性侵害事件之證據，經學校或有關機關查證屬實。

九、偽造、變造或湮滅他人所犯校園毒品危害事件之證據，經學校或有關機關查證屬實。

十、體罰或霸凌學生，造成其身心嚴重侵害。

十一、行為違反相關法規，經學校或有關機關查證屬實，有解
　　　聘及終身不得聘任為教師之必要。……」

貳、學生的權利與義務

　　「學生權利與義務」，簡單地說，即是學生所應得而為法律所保障之權利及規定的義務。但是，假如是未成年的學生，則在《民法》、《刑法》、《民事訴訟法》以及《刑事訴訟法》受到特別的保護。茲將學生的權利與義務說明如下。

一、學生權利方面

（一）《憲法》賦予的權利

　　從《憲法》第7條到第18條中，凡是中華民國人民都享有平等權（第7條）、人身自由（第8條）、不受軍事審判的自由（第9條）、居住及遷徙的自由（第10條）、言論自由（第11條）、秘密通訊的自由（第12條）、信仰宗教的自由（第13條）、集會及結社的自由（第14條）、生存權、工作權及財產權（第15條）、請願、訴願及訴訟（第16條）、應考試服公職的權利（第18條），但學生未滿20歲，則無法行使參政權（第17條）。

（二）民刑法對於未成年學生的權利特別保護

　　未成年學生，是指未滿14歲的學生，都是國中以下的學生，在民刑法對於未成年學生的權利有特別保護規定（沈銀和，1988，頁93-99）。

1. 《民法》的規定：學生享有《民法》所賦予的權利，所以正當的自由權利受《民法》保護，如遭受侵犯，可請求賠償；此外，亦享有下列特別規定：

　　(1) 無行為能力人及限制行為能力人的保護：7歲以下的兒童是無行為能力的人，不能跟人家做生意或處分財產，否則無效

（《民法》第 13 條第 1 項、第 75 條第 1 項）。7 歲至 20 歲以下的未成年人，都是限制行為的人，與別人做生意或處分財產，必須得到法定代理人的事先同意或事後追認，否則無效（《民法》第 13 條第 2 項、第 78 條）。

(2) 受撫養權及受監護權：20 歲以下的未成年人，都必須受法定代理人的監護，以保護未成年人。《民法》第 1084 條及第 1085 條規定父母或監護人有保護及教養子女的權利義務，在必要範圍內可懲戒其子女或受監護人。如果父母或監護人未盡監護職責或虐待被監護人，則將受《刑法》處分。

(3) 被收養及終止收養之權：依《民法》第 1072 條至第 1083 條之規定，不論有無父母，都可以被人收養為養子女。收養後認為不願意繼續被收養，也有終止收養關係的權利。

(4) 特有財產權：未成年的學生，可以「繼承」財產，也可以受別人的「贈與」或其他無償行為取得財產，任何人不能擅自賣掉，否則違法。

2. 《刑法》的規定：

(1) 未滿 14 歲的學生犯罪時不罰，僅受少年法庭的管訓處分。14 歲以上未滿 18 歲學生犯罪時，可從寬處分，不一定要判刑，也可受管訓處分。如須判刑，也可減輕其刑（《刑法》第 18 條）。少年犯罪時，必須受特別審訊其判刑程序，此在《少年事件處理法》有詳細規定。

(2) 凡是姦淫 14 歲以下女童、猥褻 14 歲以上 16 歲以下之男女學生，或者利用權勢姦淫或猥褻學生，甚至引誘未滿 16 歲之少年男女猥褻行為或姦淫，都要受到《刑法》第 221 條、第 224 條、第 227 條、第 228 條、第 233 條之規定處理，以保護青少年身心。此外，《刑法》亦嚴格禁止誘拐離家、凌虐少年、遺棄兒童，否則須受《刑法》第 240 條、第 241 條、第 286 條、第 293 條之規定處分。

二、學生義務方面

（一）《憲法》的規定

《憲法》第 21 條之規定，身為學生身分具有受國民教育的義務。

（二）教育法規的規定

1. 遵守校規：目前各校都訂有獎懲辦法及各種規定，身為學生，必須遵守這些規定，否則將會依校規予以處分。
2. 上課義務：學生上課是一種權利，也是一種義務，如果無故不上課，則仍須受校規處理。在目前法律尚未允許罷課的權利時，學生上課，仍是一種義務，不應罷課。

附註

註 1：《民法》上的六種制裁，其內容如下：

1. 損害賠償：即因加害人的故意或過失，侵害他人權利時，由法院判決，使加害人對於被害人支付相當數目的金錢，以賠償其損害的制裁方法。綜此定義，可見損害賠償的要點有四：(1) 須有侵害他人權利的行為；(2) 必須經由法院的判決；(3) 以填補被害人所受損害為目的；(4) 必須以金錢為之。
2. 回復權利：即由法院判令侵害他人權利的人，將其不法所得的權利，返還於權利所有人，以恢復其原來狀態的制裁，例如：乙侵占甲的田產，經甲起訴後，由法院判令乙將其所侵占的田產歸返某甲是。
3. 強制履行：即義務人不履行性質上不能以金錢賠償，或無代替性的義務時，由法院判決，強制義務人直接履行其義務的制裁，例如：某名畫家不履行繪畫的義務，某魔術家不履行表演魔術的義務，由法院促令履行是。
4. 無效及撤銷：無效，是由法院宣告某種行為，完全不發生法律上的效果，例如：超過週年 20% 的約定利率，由法院判定債權人

對於超過部分的利息，無請求權（參見《民法》第205條）。撤銷，是由法院宣告，某種行為經撤銷後，失其法律上的效力，例如：因被詐欺或被脅迫，而對他人負擔某種債務，經法院判定，債權人對於該項債務無請求權是（參看《民法》第92條）。何種行為無效？何種行為應該撤銷？原為法律所明文規定，當事人可以據以主張，不以法院的宣告為必要；但如遇有爭執，提起訴訟，則必須經法院宣告其無效或撤銷，才告確定。又無效或得撤銷的行為，經過法院宣告後，都是溯及既往，不生效力。不過無效行為，縱使當事人或法院認為有效，也不發生法律的效果，都是溯及既往，不生效力。而得以撤銷的行為，在未經撤銷以前，仍具有法律上的效力。無效行為，是絕對的無效；得撤銷的行為，則較具有彈性。為維持社會生活的安定起見，法律行為，除具有重大的缺點，應屬無效外，多為得撤銷的行為。關於《民法》第111條：「法律行為之一部分無效者，全部皆為無效。但除去該部分亦可成立者，則其他部分，仍為有效。」的規定，可見非確屬必要，不使法律行為無效。

5. 人格剝奪：這是專對於法人的制裁，即在「法人之目的或其行為，有違反法律、公共秩序或善良風俗者，法院得因主管機關、檢察官或利害關係人之請求，宣告解散」（《民法》第36條）。因為法人為多數人組織的團體，它對於社會的影響比自然人為大，倘法人的目的或其行為有違反法律、公共秩序或善良風俗的時候，為免貽害社會起見，自不應再許其存在，而將其解散。

6. 權利剝奪：即對於違反《民法》規定者，剝奪其依法應享有的權利，例如：《民法》第1090條規定：「父母之一方濫用其對於子女之權利時，法院得依他方、未成年子女、主管機關、社會福利機構或其他利害關係人之請求或依職權，為子女之利益，宣告停止其權利之全部或一部。」即其適例。因為子女的教養如何，不僅有關家庭幸福，對於國家社會前途亦關係甚大。且子女亦有其人權，不容父母濫用權利，任意加以責罰，或為其他不合理的行為，故有上述的規定。

教育加油站

教師解聘且一年至四年不得聘任

依《教師法》第15條規定：「教師有下列各款情形之一者，應予解聘，且應議決一年至四年不得聘任為教師：

一、經學校性別平等教育委員會或依法組成之相關委員會調查確認有性騷擾或性霸凌行為，有解聘之必要。

二、受兒童及少年性剝削防制條例規定處罰，或受性騷擾防治法第二十條或第二十五條規定處罰，經學校性別平等教育委員會確認，有解聘之必要。

三、體罰或霸凌學生，造成其身心侵害，有解聘之必要。

四、經各級社政主管機關依兒童及少年福利與權益保障法第九十七條規定處罰，並經學校教師評審委員會確認，有解聘之必要。

五、行為違反相關法規，經學校或有關機關查證屬實，有解聘之必要。……」

教育充電站

學生服裝儀容規範

學生服裝儀容，常常是學生關注的議題之一，甚至會造成管教的衝突，適度的規範實有其必要性。依《高級中等學校訂定學生服裝儀容規定之原則》第4點規定：

1. 學生得選擇合宜混合穿著學校校服及學校認可之其他服裝（例如班服、社團服裝）。但有下列情形之一者，應遵守學校統一規定：

(1) 重要之活動，例如週會、開學典禮、畢業典禮、校慶、休業式、校外參訪、校外受獎或參加競賽、國際或校際交流活動等。

(2) 體育課時，應穿著學校運動服或學校認可之其他運動服裝，並應穿著運動鞋。

(3) 為維護實習或實驗安全，實習或實驗課程時，應穿著實習、實驗服裝或學校認可之其他服裝。

2. 國定假日、例假日、寒假、暑假，學生到校自習或參加課業輔導、補考、重補修、補救教學者，應穿著學校校服；參加校內其他活動者，得穿著便服，並應攜帶可資識別學生身分之證件，以供查驗。

3. 學生得依個人對天氣冷、熱之感受，選擇穿著長短袖或長短褲校服。天氣寒冷時，學校應開放學生在校服內及外均可加穿保暖衣物，例如便服外套、帽T、毛線衣、圍巾、手套、帽子等。

4. 上學、放學及在校期間，學生得穿皮鞋或運動鞋；非有正當理由，不得穿著拖鞋或打赤腳。

5. 除為防止危害學生安全、健康、公共衛生或防止疾病傳染所必要者外，學校不得限制學生髮式。

教育相對論

學校能檢查學生書包嗎？

學生書包除了裝書籍外，經常會攜帶各種形形色色的物品；尤其具有安全顧慮、素行不良的學生，所攜帶物品更是嚇人，如：蝴蝶刀；BB子彈；玩具刀；色情圖片、書籍、影帶；改造手槍；其他違禁物品。

學校為了預防學生異常行為發生，常會利用時機檢查學生書包，俾了解學生是否攜帶不當或違禁物品，一旦發現學生有不當或違禁物品，學校訓導人員經常予於沒收，並通知家長、監護人或有關單位。

然而，有些人質疑檢查學生書包侵害學生隱私權，更有法界人士認為檢查學生書包，可能觸及《刑法》強制罪，吃上妨害自由官司。是故，檢查學生書包並無必要性。

學校人員違法判刑

　　某國中校長、總務主任及輔導室組長於 2018 年間辦理童軍露營、技藝教育、農業參訪採購案時，在上網公告前，將校外教學的人數、地點提前透露給某旅行社業務員，讓該旅行社取得優於其他廠商的競標條件，順利得標。經地院依洩密罪等，判校長、總務主任及輔導室組長各處 6 個月徒刑，得易科罰金，全案仍可上訴。

　　法官認為，這三個人的動機即使是為了使活動如期進行，也不能無視法律規定，此種腐蝕國家社會法治根基的心態，存在於國民義務教育的教育工作者中，實非人民樂見。

問題討論

1. 身為學校行政人員，如何依法行政，避免產生違法亂紀行為之情事？
2. 學校行政人員在辦理採購或招標時，應注意哪些事項？
3. 本案例對於學校行政人員有何啟示作用？

本章摘要

1. 法學，是以法律為基礎研究對象的學科，主要內容包括法規、權利與義務。
2. 學校行政人員執行職務中，如有違法及廢弛職務或其他失職行為，應受懲戒處分，其處分情形有九種：(1) 免除職務；(2) 撤職；(3) 剝奪、減少退休（職、伍）金；(4) 休職；(5) 降級；(6) 減俸；(7) 罰款；(8) 記過；(9) 申誡。
3. 學校行政人員係依法令從事公務，屬於《刑法》上之公務員，如有違反《刑法》之規定，亦應負起刑事責任，其中與學校行政人員有關的刑事責任有：普通賄賂罪、違背職務之賄賂罪、準受賄罪、違法徵收罪及

抑留剋扣罪、廢弛職務釀成災害罪、圖利罪、非純粹瀆職罪等。

4. 在學校教務工作，經常遇到的刑事責任，主要有：誹謗罪、公務員登載不實事項於公文書罪、重傷罪或過失傷害罪；而在學務工作，則以普通傷害罪、公然侮辱罪、猥褻罪最常見；至於總務工作，則以貪污罪、瀆職罪、侵占罪、偽造變造文書罪等最為常見。

5. 學校行政人員如違反《民法》的規定，須接受《民法》上的制裁，負起民事責任，主要有六：損害賠償、回復權利、強制履行、無效及撤銷、人格剝奪及權利剝奪等。

6. 教師具有《憲法》、公務人員有關法規及教育法規所給予的權利，其中《憲法》所賦予的權利有平等權；自由權；生存權、工作權及財產權；請願權、訴願權及訴訟權；參政權；應考試服公職之權。而公務人員有關法規及教育法規所給予的權利則為：俸給權；退休、資遣及撫卹的權利；保險的權利；進修的權利；不得解聘之權利。

7. 教師的義務，其中《憲法》所規定的義務計有：納稅之義務、服兵役之義務。而公務人員有關法規及教育法規所規定的義務，則有遵守聘約規定；在外兼課職之限制；不得任意辭聘；不得假借權力或利用職務上之機會，以圖本身或他人之利益；遵守《公立高級中等以下學校教師成績考核辦法》之規定。

8. 學生享有《憲法》第 7 條至第 18 條中規定所賦予的權利，同時民刑法上對於未成年學生的權利亦有特別保護。

9. 學生負有《憲法》第 21 條中規定的義務；此外也要遵守法規的規定（遵守校規、上課義務）。

評量題目

1. 學校行政人員如有違法失職，應負起哪些法律責任？
2. 說明一位學校行政人員為何需要具備法學知識。
3. 從師生的權利和義務而言，教師是否有罷教權利，學生是否有罷課權利？

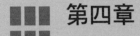第四章

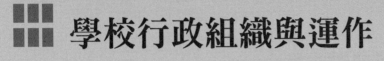學校行政組織與運作

　　學校行政為有效達成教育目標，必須設置一定的組織來執行各項工作的推動。而這些組織如何有效運作，以提高其工作效能，也就成為學校行政關心的重要課題。以下將分行政組織的意義及類型、行政組織的原則和型態、學校行政組織與編制、學校行政運作等四大部分來說明。

第一節　行政組織的意義及類型

壹、行政組織的意義

　　「組織」一詞的中文字義，依《辭海》解釋，有三種意思：一為絲麻之屬，分析經緯，縱橫交貫以編製成幅，曰組織，如《遼史・食貨志》：「樹桑麻，習組織」；二有構成之意，劉筠詩：「組織千牽合，研窮萬象虛」；三是生理學名詞：有同形質同作用之若干細胞相結合之稱，如皮膜組織、肌肉組織、神經組織（臺灣中華書局辭海編輯委員會，1986）。而在英文字義，「組織」（organization），係淵源於器官（organ），其動詞形式為 organize，根據《韋氏新國際字典》（*Webster's Third New International Dictionary*, 1986），有發展一個有機的結構、安排每一部分成為一整體、使有特定的功能或關係、建立一個行政功能的架構等多重意義。由此可知，「組織」一詞，原義是針對人體的細胞結構而言，後來加以引申，用在人的方面，意謂對從事共同工作人員的工作關係做一有效的安排。因此，也就有行政組織的出現。

　　行政組織的意義，由於各學者專家研究途徑不盡相同，故對行政組織的意義看法亦不一樣，茲分別說明之。

一、一般看法

　　行政組織有廣狹二義：廣義的行政組織，是為執行事務，而對工作人員的相互關係，經由任務與權責的分配，所做的有系統的安排，它包括政府行政組織、企業行政組織、教會行政組織、學校行政組織等。狹義的行政組織，是為執行公務，而對工作人員的相互關係，經由任務與權責的分配，所做的有系統的安排，亦即指政府行政組織而言（雲五社會科學大辭典出版委員會，1989b）。

二、靜態觀點

　　此係採結構性（structural）的觀點著手，認為「組織」是一種職務配

置及權責分配的體系或結構，所以行政組織乃是指國家或政府為推行政務時，其所任用的職員在工作進行中，職權分配所形成的管轄體系（張金鑑，1986）。

三、動態觀點

此係採功能性（functional）的觀點著手，認為「組織」是一種活動體，由若干人為達成一定任務或目的時，所做的集體努力或合作狀態。故行政組織乃是規劃政府中各工作機關的系統及各部分之權責時，配合指揮的領導與締造行為（張金鑑，1986）。

四、生態觀點

此係持發展性（developmental）的觀點著手，認為組織是一生長之物，組織乃隨時代的要求、環境的變遷，不斷地自求適應、自謀調整的發展體。故行政組織乃是隨政府職能的演進，而隨時在改進的工作程序、方法與制度，乃是有機的生長與發展（張金鑑，1986）。蓋哲爾斯（J. W. Getzels）和顧巴（E. G. Cuba）亦採此一觀點，將行政組織視為是一種社會系統（social system）（引自 Owens, 1987）。

五、心態觀點

此係採精神性（spiritual）的觀點著手，認為組織乃是一人群心理狀態。故行政組織乃是政府各機關人員中分工合作，協同一致，滿足個人心理需求的一種組合。

六、統合觀點

由於靜態、動態、生態或心態的觀點來探討行政組織，各有所偏。故目前行政學者已偏向從統合觀點來說明行政組織，例如：

1. 李長貴（1975，頁4）：「組織是一群人為求達成共同的目標，經由人力的分工及職能的分化，運用不同層次的權力與職責，合理地協調這一群人的活動，以便達成共同的目標。」

2. 謝文全（1989，頁174）：「組織是人們為達成特定的共同目標，

結合而成的有機體，藉著『人員』及『結構』的適當配置與互動及
對環境的調適，來完成其任務。」

3. 張潤書（1990，頁135-136）：「組織乃是一群人為了達成共同目
的時，經由權責的分配，層級的結構所構成的一個完整的有機體，
它是隨著時代及環境的改變而在自謀調整與適應，同時人員之間建
立了一種團體意識，不過它的範圍僅指政府或公眾而言。」

4. 黃昆輝（1988，頁125）：「教育行政組織乃是教育行政人員的結
構與行政運作的歷程。其透過階層體系之權責分配及運用，經由機
構目標與成員需求之交互作用，協調並統合人力與物力，並不斷適
應外在環境的需要，以達成發展與改進教育事業之共同目的。」

基於以上分析與說明：行政組織乃是「為執行事務，經由成員的權責
分配、需求與層級的結構交互作用所形成的有機體，並不斷適應環境的需
要，以達成共同目標」。詳言之：

1. 行政組織的本質：它是一種有機體，不斷適應外在環境的需求。
2. 行政組織的目的：在於達成共同目標。
3. 行政組織的運作：乃是執行事務，經由成員的權責分配、需求與層
級的結構，彼此產生交互作用。

貳、行政組織的類型

為了解行政組織，很多行政學者常用類型學（typologies）或分
類學（taxonomies）來說明。所以霍伊（W. K. Hoy）和米斯格（C. G.
Miskel）特別指出類型學有三項特徵：第一，進行不同的組織（如商業、
學校、監獄及教堂）的比較研究；其次，基本上是描述性而非解釋性，組
織係以一或多種特徵為基礎，進行描述和比較；第三，良好的類型學是合
乎邏輯、與理論一致，且易於理解（Hoy & Miskel, 1987）。

所以霍伊與米斯格乃將組織的類型分為社會功能類型學
（social functions typology）、主要受惠者類型學（prime beneficiary
typology）、服務性組織類型學（client selectivity: a typology of service
organizations）、順從類型學（compliance typology）等四種（Hoy &

Miskel, 1987）。本文乃以霍伊和米斯格的觀點，來說明行政組織的四種
類型。

一、從社會功能區分

帕深思（T. Parsons）認為，一種組織的類型學應以社會功能為基
礎。因此，他分類組織的架構是來自組織的一般社會系統理論（general
theory of social systems），所以他所分類的四種組織類型，係以社會系統
的四種功能為基礎。假使社會要生存與發展，它必須成功地解決社會系統
所面臨的四種一般問題：

1. 適應（adaptation）：它所涉及的問題，乃是獲得足夠的訊息，適
   應環境的實際需求。
2. 目標達成（goal achievement）：它所涉及的問題，乃是界定和執
   行目標。
3. 整合（integration）：它所涉及的問題，乃是維持系統成員間的團
   結一致。
4. 潛伏（latency）：它所涉及的問題，乃是維持和更新系統的動機和
   文化的模式。

所以，帕深思乃依主要社會功能分類出四種正式的組織：

1. 適應性的組織：它所關心的是社會的責任，為了獲得社會的繁榮和
   健康，必須獲得必要的訊息。故此類型的組織，係以獲得資訊、解
   決適應環境問題為功能的機關，此類型的機關主要從事經濟生產、
   創造財富、製造物品並提供服務。
2. 達成目標的組織：此類組織，係以政治組織為主，因為它具有為設
   定和執行社會目標的複雜功能；所以達成目標的組織，在於達成社
   會的價值目標，並以權力的取得和分配為重點，因此具有政治目標
   的取向。
3. 整合性的組織：此類組織其主要功能在協調及統合社會內部的運
   作，以維持系統成員間的團結一致，像法院、公會、政黨都屬之。
4. 潛伏性的組織：又稱模式維持的組織（pattern-maintenance organi-
   zations），其主要功能在創造、保存和傳遞社會文化，維持價值模

式的不墜，像公立學校、大學、教堂和博物館都是屬於典型的此類
組織。

二、從主要受惠者功能區分

主要受惠者功能係由布勞（P. M. Blau）和史考特（W. R. Scott）所發
展出來，以「受惠者」為分類的標準，將組織分為四種類型。

（一）互惠組織

此類組織的主要受惠者是成員，它包括了工會、政黨、專業協會、俱
樂部等屬之。這類組織所面臨的主要問題，乃是如何透過內部民主的程序
來維持對成員的控制。因此，當成員漠不關心便成為問題的原因之一，一
旦成員漠不關心，則此類組織將會淪為少數活躍份子所把持。不過，此類
組織如犧牲民主控制方式，而發展注重效率的正式行政結構，則將產生集
權化現象，布勞和史考特視之為寡頭政治（oligarchy）。

（二）商業組織

此類組織的主要受惠者是組織的所有人，如工廠、批發商店、零售商
和銀行，其最主要目標是賺取利潤。依布勞和史考特的看法，商業組織的
主要問題，乃是有效的經營，以及以最低成本獲得最大利潤，俾使組織能
在競爭的市場上確保生存和發展。

（三）公益組織

此類組織的主要受惠者是一般大眾，其包括了軍隊、警察單位及消防
單位，它的主要目的在謀求社會團體的利益，故其所面臨的問題乃是如何
加強外在民主的控制，大眾必須控制這些組織所提供的目的。因此，在公
益組織中，必須使有效率的行政措施和大眾的民主控制兩者間保持平衡。

（四）服務組織

此類組織的主要受惠者，是與該組織有直接接觸的大眾，其主要功能
在服務顧客；它包括了學校、醫院、社會服務機構、監獄和心理衛生健康
診所。服務組織的主要課題是：以顧客為最主要受益者，而非組織成員員
工，例如：在學校，主要服務對象是學生，而不是教師、行政人員或家

長。布勞和史考特認為，由於顧客不知道哪些對他們最有利，往往受到傷害或剝奪，此乃須依專業的統整而定。

三、依服務性功能區分

服務性功能係由卡爾遜（R. O. Carlson）所提出，其理論架構以顧客選擇為基礎，換言之，即顧客和組織能夠選擇其成員的程度，他認為顧客選擇的方法能影響服務組織的內在功能。在某些情況下，顧客可以選擇參與與否，但有些則無選擇餘地。組織也是面臨同樣的情況，有些可以選擇顧客，但有些則不能，只要合格的顧客，都要接受。這種雙向選擇可使顧客和組織可以做是或否的決定；圖 4-1 係為卡爾遜的服務性組織類型學的四象限結構，橫座標代表顧客意見，縱座標代表組織的看法。

圖 4-1

卡爾遜服務性組織類型學

顧客有權決定是否參與嗎？

組織有權選擇顧客嗎？	是	否
是	類型一	類型三
否	類型二	類型四

（一）類型一

此類型組織，組織和顧客都能獨立決定參與與否。像美國的私立學校及大學、私立醫院和公共福利機構，都是典型的代表。這類組織必須為其生存而奮鬥，換言之，必須有足夠的顧客加入，否則組織將無法繼續生存。因此，品質是維持生存的重要關鍵，故被視為野生性的組織（wild organizations）。

（二）類型二

此類型組織無法選擇顧客，但顧客可以選擇組織，例如：美國州立大學即屬之。

（三）類型三

此類型組織有權選擇顧客，但顧客無權選擇組織，這只是理論上的想法，在真實世界中很少見，在過去，軍隊的徵召並不屬於此類組織，因為它不是服務性組織。

（四）類型四

此類型組織，組織和顧客都無選擇權，它包括了公立學校、精神醫院和監獄。依法令規定，組織必須接受，顧客必須參與。卡爾遜將此類型組織稱為「教化性的組織」（domesticated organization），因為它的存在是受到法律的保障，與野生性的組織（類型一）相較之下，不必為顧客而競爭，但卻面臨顧客的動機驅力問題，即使顧客缺乏興趣，也須強迫參加。就像學齡兒童須接受某學校，所以組織和顧客必須有調適性行為。

四、從順從程度區分

順從程度係由艾齊厄尼（A. Etzioni）所提出，他將順從視為組織施於部屬的各種權力和導致部屬參與之間的關係。基於此種理念，艾氏將權力分為三種：強制（coercive）、報酬（remunerative）、規範（normative）：

1. 強制權：端賴身體處罰的實際運用或嚇阻作用，例如：學校內的開除學籍和體罰，即為典型強制學生服從的方法。
2. 報酬權：依靠物質資源和獎酬的運用，例如：利用薪水、工資和福利等方式，來控制成員的行為。
3. 規範權：來自於象徵性獎懲的分配和操縱，例如：利用榮譽、推薦等方式，來影響人的自尊、地位和特權。

依艾齊厄尼的看法，使用三種不同的權力時，自然會產生三種不同的參與：強烈的積極參與，可稱為奉獻（commitment）；強烈的消極參

與，可稱為疏離（alienation）；介於積極和消極的溫和參與，稱為計利（calculation），如圖 4-2 所示。

　　所以，艾齊厄尼乃發展出三種組織的類型：強制型組織（coercive organizations）、功利型組織（utilitarian organizations），以及規範型組織（normative organizations），如圖 4-3 所示。

圖 4-2

參與的區域

圖 4-3

艾齊厄尼的順從型態組織類型

（一）強制型組織

　　利用強迫或威脅作為控制低層部屬的主要手段，此種力量的集體反應是高度的疏離。最典型的強制型組織是監獄和監護性精神醫院（custodial mental hospitals）。

（二）功利型組織

　　利用報酬方式來控制低層部屬，故部屬的反應是計利式的參與。此種組織最典型的代表是藍領的工商機構，其次是白領工商機構、商會、工會

和農會。

（三）規範型組織

　　利用規範的權力來控制低層部屬，故部屬對組織有高度的奉獻。典型的規範型組織是教堂、修道院、寺廟等宗教性團體。此外，一般醫院、公立學校和專業組織，雖不像宗教團體那樣屬於純粹的規範型，但可列入規範型組織，這些組織用以促進順從的手段是以規範為主，然獲得順從的次要手段卻扮演著重要的角色，例如：公立學校運用規範權力來控制學生，而控制權力則是學校控制學生的次要方式。

　　以上乃就行政組織的意義和類型作一說明，雖然各學者專家所提的觀點不太相同，但都具有參考價值，可使大家對行政組織有更清楚的了解。

第二節　行政組織的原則和型態

壹、行政組織的原則

　　行政組織為發揮其功能，常須遵循一些原則，各學者專家所持觀點不同，故對行政組織原則的看法亦有所差異，如張金鑑教授認為，傳統的組織原則有五：(1) 完整統一的原則；(2) 協同一致的原則；(3) 指揮運如的原則；(4) 管理經濟的原則；(5) 事權確實的原則。而新近的組織原則為：(1) 思想交流的原則；(2) 相互領導的原則；(3) 上下一體的原則；(4) 內外並重的原則；(5) 自由交通的原則（張金鑑，1986）。雷飛龍教授亦指出，行政組織的原則有：(1) 完整統一的原則；(2) 管理經濟的原則；(3) 事權確實的原則；(4) 指揮靈便的原則；(5) 團體意識的原則（雲五社會科學大辭典出版委員會，1989a）。

　　穆尼（J. D. Mooney）與雷利（A. C. Reily）曾於 1939 年出版《組織的原則》（*The Principles of Organization*）一書，1949 年時穆尼又稍加修改，提出了組織的四項原則：(1) 協調原則；(2) 層級原則；(3) 功能原則；(4) 幕僚原則。葛立克與烏偉克亦提出了下列組織原則：(1) 以人配合組織；(2) 首長制組織有助於行政效率；(3) 命令統一，一人不能侍奉二

主；(4) 一般性幕僚協助首長指揮、監督、協調工作，特殊性幕僚專致於研究設計；(5) 分工標準有四：目標、程序、人或物、地區；除例外事項法令所未規定者外，一概授權下級辦理；(6) 權責相稱；(7) 控制幅度宜以五、六人為限（雲五社會科學大辭典出版委員會，1989a）。

　　基於以上的說明，行政組織的原則，可以歸納為下列八項原則。

一、統整原則

　　行政組織係由內部各個單位所組成的一個完整有機體。為了發揮事權集中、指揮統一的功能，必須對各個單位的功能與職權加以統整，以減少「爭功諉過」、「衝突磨擦」的現象。

二、協調原則

　　每個組織中都有不同的單位、人員與事情，為使行政組織各單位與人員能夠分工合作，則有賴協調。因此，組織的結構應有利於成員的協調與溝通，俾使成員能為達到目標而努力。

三、層級原則

　　構成行政組織的單位或細胞乃是「職位」與「成員」，把「職位」與「成員」適切配合成為若干的工作單位。集合這些工作單位，就形成了不同的層級，各層級的成員即確定其地位、角色、職務與責任，則有助於指揮與領導，俾使命令能夠貫徹。

四、功能原則

　　健全行政組織的各個單位，必須有一個明確的功能，例如：學校行政組織所設置的各個單位，如教務處、學務處、總務處、輔導室，都賦予一定的功能，使學校行政順利運作。各單位有明確的功能，才不至於產生「有事沒人辦，大家辦一事」的現象。

五、幕僚功能原則

　　一般的行政組織，有些單位是從事主管業務的工作，有些單位則是負

責幕僚的工作，而幕僚的工作主要在提供資料（如行政機關的參事、顧問等單位）和協助監督（如行政機關的研考、督導單位），所以幕僚人員有建議權，而無決定權。因此，健全的行政組織，應該是使幕僚人員盡其本位、貢獻智慧。

六、權責相稱原則

在行政組織中，成員所享有的權利與責任應該相稱，換言之，凡是課以成員執行的責任，就必須賦予工作的權利，唯有如此，成員才能做好分內之事。

七、控制幅度原則

在行政組織中，主管控制成員幅度不宜太大，才能對所屬部門給予充分的注意。一般而言，控制幅度宜以五、六人為佳。

八、績效原則

行政組織的部門設置編制及人員任用，應以適應工作事實需要，力求經濟合理，避免無謂浪費，以免造成冗員充斥，降低組織生產力，影響組織效能。此外，人力亦要做合理有效的配置，俾發揮「人盡其才」功效。

貳、行政組織的型態

行政組織的型態，張金鑑（1986）分為四種：首長制與委員制、層級制與功能制、完整制與分離制、集權制與分層制。而張潤書（1990）亦劃分為：首長制與委員制、業務部門與幕僚部門、中樞機關與派出機關、公營事業機構、集權制與分權制。吳挽瀾（1989）則更分為七種：層級制組織、職能式組織、混合式組織、首長制與委員制組織、完整式與分離式組織、集權式與分權式組織及均權制。

綜合各家看法，行政組織的型態，主要可歸納為：層級式組織（hierarchical organization）與功能式組織（functional type organization）、混合式組織（line and staff type organization）、首長制

組織與委員制組織、統整式組織（integrated type of organization）與分離式組織（unconsolidated type of organization）、集權式組織（centralized type of organization）與分權式組織（decentralized type of organization）等五種，茲分別說明如下。

一、層級式組織與功能式組織

　　層級式組織，又稱為直線式組織（line type organization），其型態係從上而下採層級節制原則。每層級單位所管轄的業務性質與下一層完全相同，但須對上層單位負責。其管轄的業務隨層次降低而縮小，例如：教育部下設高等教育司、終身教育司、綜合規劃司、學生事務及特殊教育司等，而各司下設若干科，科長要對司長負責，司長要對部長負責，科的業務要比司的業務為小，但科的業務與所隸屬司的業務相同，如圖 4-4 所示。

圖 4-4

層級式行政組織

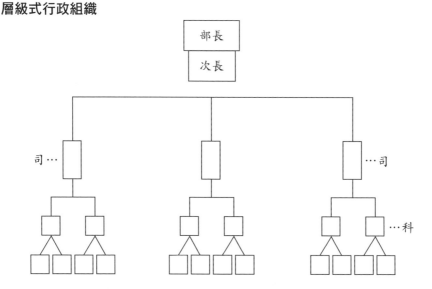

這種組織優點主要有：(1) 組織系統分明，職責完整；(2) 指揮統一，事權集中，命令易於貫徹；(3) 各級主管業務相若，人員出缺，升遷調補，易於適應。但其缺點則為：(1) 層級節制過嚴，難以鼓勵部屬自動自發精神；(2) 工作缺乏彈性，難以啟發成員創造思考精神；(3) 各單位成員易流於本位主義，導致業務推展困難；(4) 主管疲於奔命，無暇顧及組織的成長、革新與發展；(5) 主管職權集於一身，容易專斷行事，導致部屬工作效率低落。

至於功能式組織，又稱為幕僚式組織（staff organization），係以工作性質劃分職能，亦即一個行政機關劃分為若干部門，這些部門都居於平行地位，但每一部門所管轄業務的性質與其他部門完全不同。功能式組織只是參謀性質，很少獨立存在，它經常和主管業務並存。在教育部所設的秘書處、人事處、會計處、統計處、法制處、政風處等，均屬功能式組織，如圖 4-5 所示。

圖 4-5
功能式行政組織

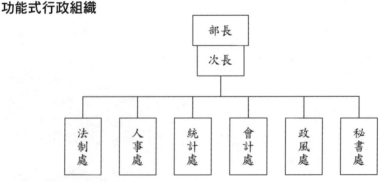

功能式組織主要優點有：(1) 提供主管各種資訊，易於提高決策品質；(2) 利用各人的專長，易於發揮事業分工效果；(3) 工作較為靈活，易鼓舞成員創新精神。但是其主要缺點則為：(1) 責任不清，易產生爭功諉過之弊，影響團隊士氣；(2) 不完全適用於機關的業務，甚少獨立存在的價值；(3) 分工如過於精細，造成單位主管太多，違反行政組織績效原則。

二、混合式組織

混合式組織又稱為綜合式組織，係融合層級式與功能式組織的優點而形成。主管業務工作層級節制，系統完整。至於幕僚業務工作，則由各有關幕僚單位負責。此組織最大的缺點乃是主管業務人員與幕僚人員由於見解的差異，易產生摩擦與誤解，以及首長過於信賴幕僚，影響團體士氣。但是，這種組織仍是目前行政機關最常見的，如行政院、縣（市）政府等。

三、首長制組織和委員制組織

組織首長制（department form）亦稱獨立制或部長制（single head organization），即部處（室）或局的組織。因此，在一個行政組織中，其事權由一人綜理，並單獨負其責任者，稱為首長制。反之，一切事權由委員會委員負責處理，則稱為委員制（board form）。

首長制與委員制組織各有其優缺點，茲分別說明如下。

（一）首長制組織的優缺點

1. 優點：
   (1) 事權集中，責任明確，不易產生衝突。
   (2) 處理事務迅速果斷。
   (3) 容易保守機密。
2. 缺點：
   (1) 易產生獨斷專行，不符合民主精神。
   (2) 決策無法作周詳考慮，難免會有草率現象，致使決策品質不佳。
   (3) 無人牽制監督，易於任用私人，造成結黨營私之流弊。

（二）委員制組織的優缺點

1. 優點：
   (1) 能集思廣益，符合民主精神，易獲社會大眾之支持。
   (2) 具有周詳的考慮，決策品質較佳。

(3) 互相牽制監督，不易結黨營私。

2. 缺點：

(1) 處理事務費時，影響效率。

(2) 事權不專一，易產生爭功諉過之弊。

(3) 事務機密易於洩露。

四、統整式組織與分離式組織

凡一個行政機關或其構成的各工作單位，所受上級的直接指揮與控制權，完全集中於一個行政首長或機關者為統整式組織，例如：過去臺灣省政府合署辦公的規定。若同層級的各機關或一個機關所構成的各工作單位，受之於上級的直接指揮與控制權，不完全集中於一個行政首長或機關，而分屬於兩個以上或雙重的行政首長或組織者為分離式組織，例如：財政部的國稅局（張潤書，1990，頁 134-135）。

統整式組織的優點，主要有：

1. 權責集中，指揮統一，命令易於貫徹。

2. 增進各單位間相互了解，確實合作，減少衝突，提高行政效率。

3. 可裁併駢支機構，節省人力與公帑。

至於其缺點則為：

1. 易造成機關首長流於專斷。

2. 易於形成官僚作用。

3. 事權集中，各單位缺乏革新精神。

4. 公文往返費時，易於貽誤時機。

至於分離式組織的優缺點，正與統整式組織相反。

五、集權式組織與分權式組織

集權式組織是指，一個行政機關的一切事權均集中於上級機關，下級機關的各種行政措施，皆須秉承上級的指示，或依據上級的法令規定處理，不得有所踰越。分權式組織則指，下級機關在其管轄範圍內的一切行政措施，能夠具有獨立自主的權力，不必凡事聽命於上級，而上級機關對於下級機關權責範圍內的事項，亦不加以干涉（張潤書，1990）。

集權式組織具有保持政令統一、命令易於貫徹、指揮運用自如等優點，但卻有缺乏因地制宜、自動奮發精神，易走上專制獨裁之流弊；而分權式組織之優缺點正好與其相反。因集權式組織與分權式組織各有流弊，目前已逐漸偏重於均權制行政組織。

第三節　學校行政組織與編制

壹、中小學行政組織法律依據

國民小學和國民中學行政組織的法律依據，在於《國民教育法》；而高級中等學校行政組織的法律依據，在於《高級中等教育法》，茲說明如下。

一、國民小學和國民中學行政組織

《國民教育法》第 20 條：「學校為辦理教務、學生事務、總務及其他事務，應視規模大小，分別或合併設一級單位或二級單位。……學校應設人事及主計單位。規模較小未設專責單位之公立學校，得由直轄市、縣（市）人事及主計主管機關（構）指派所屬機關（構）、學校之專任人事、主計人員或經有關機關辦理相關訓練合格之職員兼任之。……」此外，第 21 條：「學校辦理學生輔導事項，應依學生輔導法之規定。學校應由專責單位或專責人員推動學生輔導工作。……」上述規定讓學校行政組織名稱更具彈性，可依學校特性、業務及需求訂定各處組之名稱，不像過去《國民教育法》規定酌設教務處、學生事務處、總務處或教導處。

二、高級中等學校行政組織

　　《高級中等教育法》第 18 條：「高級中等學校為辦理教務、學生事務、總務、實習、資訊、研究發展、繼續進修教育、特殊教育、建教合作、技術交流等事務，得視學校規模及業務需要設處（室）一級單位，並得分組（科、學程）為二級單位辦事。」此外，第 20 條：「高級中等學校輔導處（室）置主任一人，由校長於專任輔導教師中遴聘一人兼任之。」由此可知，高級中等學校的行政組織設置，得視學校規模及業務設置亦有其彈性，但設置輔導處（室）則為法律規定，具有其明確性。

貳、國民小學和國民中學行政組織型態

　　目前國民小學和國民中學之實際運作，行政組織型態各可歸納為三種組織型態：第一種為國民小學 12 班以下／國民中學 6 班以下的行政組織；第二種為國民小學 13 至 24 班／國民中學 7 至 12 班的行政組織；第三種為國民小學 25 班以上／國民中學 13 班以上的行政組織。如圖 4-6 ～圖 4-11 所示。

一、國民小學行政組織

（一）12 班以下的行政組織

　　在 12 班以下的行政組織，除設置教導處、總務處、輔導室、人事及會計等單位外，部分小學尚附設幼兒園，故它可視為學校行政組織的一部分，其層級與學校各行政單位平行，但須受校長管轄與督導。如圖 4-6 所示。

圖 4-6

12 班以下之國小行政組織

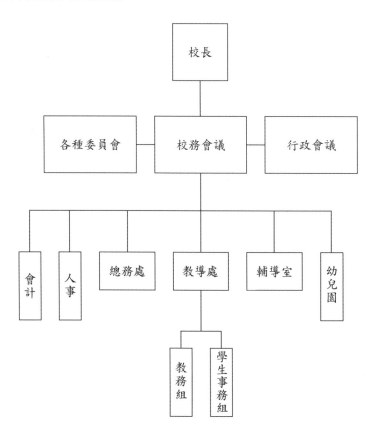

（二）13 至 24 班的行政組織

在 13 至 24 班之行政組織，學校主要設有教務處、訓導處（學生事務處）、總務處、輔導室、人事及會計單位，部分小學附設幼兒園，其業務亦受校長監督。

13 至 24 班之行政組織要比 12 班以下之行政組織為大，分為教務處（下設資訊組、註冊組、教學組）、學生事務處（下設衛生組、體育組、訓育組）、總務處（下設文書組、事務組），其餘各單位則一樣。如圖4-7 所示。

圖 4-7

13 至 24 班之國小行政組織

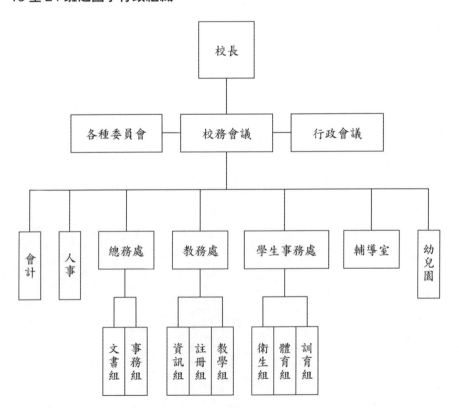

（三）25 班以上的行政組織

　　25 班以上之行政組織，除設有教務處、學生事務處、總務處、輔導室、人事及會計單位外，部分小學設有幼兒園，亦應將其納入學校行政組織，接受校長監督。

　　25 班以上之行政組織，要比 12 班以下、13 至 24 班之行政組織為大，同時組織也更完備。教務處下設教學組、註冊組、設備組、資訊組，學生事務處下設生活教育組、訓育組、體育組、衛生組，總務處下設事務組、文書組、出納組，輔導室則增設資料管理組、輔導組，若特殊教育班級有 3 班以上者，增設特殊教育組。如圖 4-8 所示。

圖 4-8
25 班以上之國小行政組織

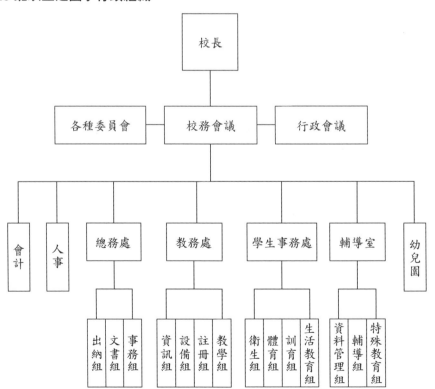

二、國民中學行政組織

（一）6 班以下的行政組織

在 6 班以下的行政組織，除設置教導處、總務處、輔導室外，還有人事、會計等單位。如圖 4-9 所示。

圖 4-9
6 班以下之國中行政組織

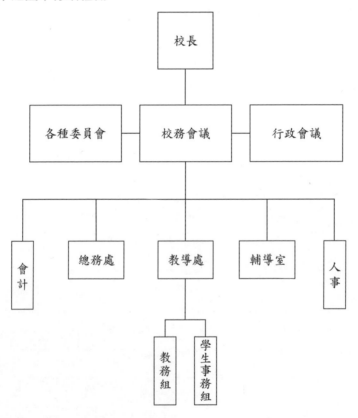

（二）7 至 12 班的行政組織

在 7 至 12 班之行政組織，學校主要設有教務處、學生事務處、總務處、輔導室，還有人事及會計單位。

7 至 12 班之行政組織要比 6 班以下之行政組織為大，分為教務處（下設資訊組、註冊組、教學組）、學生事務處（下設衛生組、體育組、訓育組）、總務處（下設文書組、事務組）、輔導室（下設資料管理組、輔導組），其餘各單位則一樣。如圖 4-10 所示。

圖 4-10
7 至 12 班之國中行政組織

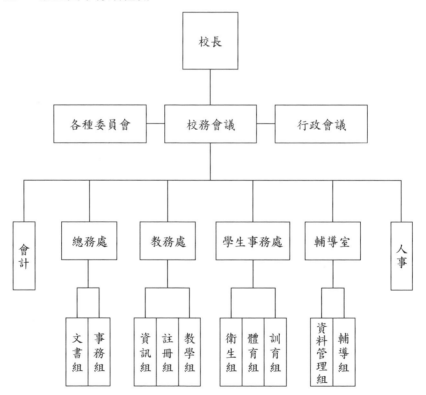

（三）13 班以上的行政組織

13 班以上的行政組織，除設有教務處、學生事務處、總務處、輔導室外，還有人事及會計單位。13 班以上的行政組織，要比 6 班以下、7 至 12 班行政組織為大，同時組織也更完備。教務處下設教學組、註冊組、資訊組、設備組，學生事務處下設生活教育組、訓育組、體育組、衛生組，總務處下設事務組、文書組、出納組，輔導室則增設資料管理組、輔導組，若特殊教育班級有 3 班以上者，增設特殊教育組。如圖 4-11 所示。

圖 4-11
13 班以上之國中行政組織

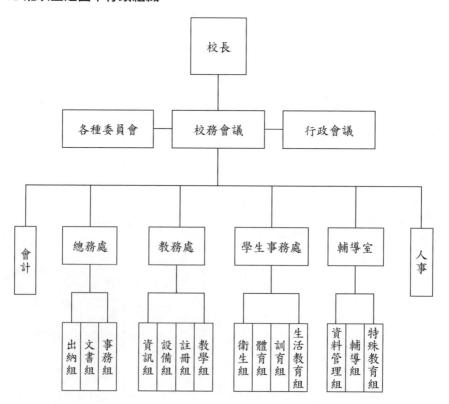

　　從圖 4-6 ～圖 4-11 得知，國民小學及國民中學行政組織之大小，係隨著其規模大小（班級數）而有所不同，班級數愈小者，所設處室和組別亦較少，反之則否。

　　《教師法》公布之後，學校須依法成立「教師評審委員會」，教師亦可成立「教師會」，對於整個學校組織結構及其運作，具有或多或少的衝擊；而且「家長會」參與校務決定的意願日益增高，也會影響到校務運作。因此，學校行政組織的重整與再造，是當前學校行政的重要課題。

教育加油站

學校教師評審委員會的任務

　　依《高級中等以下學校教師評審委員會設置辦法》第 2 條規定，其任務如下：

1. 教師初聘、續聘及長期聘任之審查。
2. 教師長期聘任聘期之訂定。
3. 教師解聘、不續聘、停聘及資遣之審議。
4. 教師違反本法規定之義務及聘約之審議。
5. 其他依法令應經本會審議之事項。

教育補給站

校務會議

　　校務會議，旨在議決校務重大事項，《大學法》第 16 條明訂校務會議審議下列事項：

1. 校務發展計畫及預算。
2. 組織規程及各種重要章則。
3. 學院、學系、研究所及附設機構之設立、變更與停辦。
4. 教務、學生事務、總務、研究及其他校內重要事項。
5. 有關教學評鑑辦法之研議。

6. 校務會議所設委員會或專案小組決議事項。

7. 會議提案及校長提議事項。

　　但在中小學則無明列其審議事項，有些需審議事項則在相關教育法律規定之。

教育充電站

國民中小學合併或停辦

　　依《公立國民小學及國民中學合併或停辦準則》第3條規定：「地方主管機關規劃辦理學校之合併或停辦，應符合下列目的：一、促進學生同儕互動。二、培養群體多元學習。三、有效整合教育資源。四、建構優質學習環境。五、均衡城鄉教育功能。六、確保學生就學權益。七、傳承地區族群文化。八、達成國民教育目標。」第5條規定：「學校有下列情形之一者，不得停辦。但經學區內設有戶籍之選舉權人書面連署達二分之一以上同意，或確實已無適齡學生者，不在此限：一、同一鄉（鎮、市、區）只有一所國民小學（國小部）或國民中學（國中部）。二、到鄰近同級學校之交通，有重大安全顧慮。」

　　此外，學校之合併或停辦，地方政府應進行專案評估及辦理公聽會，經教育審議委員會審議通過後為之，並送教育部備查。

貳、國民中小學組織編制

　　國民中小學教職員工員額編制，係依《國民小學與國民中學班級編制及教職員員額編制準則》規定辦理。茲分別說明如下。

一、國民小學教職員員額編制

　　依《國民小學與國民中學班級編制及教職員員額編制準則》第3條規定：「國民小學教職員員額編制如下：

一、校長：每校置校長一人，專任。

二、主任：各處、室及分校置主任一人，除輔導室主任得由教師專任外，其餘由教師兼任。

三、組長：各組置組長一人，得由教師兼任、職員專任或兼任。

四、教師：每班至少置教師一‧六五人；全校未達九班者，另增置教師一人。

五、專任輔導教師：班級數二十四班以下者，置一人；二十五班至四十八班者，置二人；四十九班以上者以此類推。

六、幹事、助理員、管理員及書記（包括各處室職員及圖書館、教具室、實驗室管理員等，不包括人事、主計專任人員）：七十二班以下者，置一人至三人；七十三班以上者，置三人至五人。

七、圖書館專業人員：至少應置一人，且專業人員占圖書館工作人員之比率應達三分之一；其專業人員，得由符合圖書館設立及營運標準規定之教師或職員專任或兼任。

八、營養師及護理師或護士：依學校衛生法規定辦理。其具有護理師資格者，以護理師任用；具有護士資格者，以護士任用。

九、住宿生輔導員：山地及偏遠地區學校，學生宿舍有十二人以上住宿生者，得置住宿生輔導員一人；五十人以上住宿生者，得置住宿生輔導員二人。但學生宿舍有十一人以下住宿生者，必要時得置住宿生輔導員一人或指派專人兼任。

十、運動教練：得依國民體育法規定置專任運動教練若干人。

十一、人事及主計人員：依有關法令之規定辦理。

國民小學得視需要，在不超過全校教師員額編制數百分之八範圍內，將專任員額控留，改聘代理教師、兼任、代課教師、教學支援工作人員或輔助教學工作之臨時人員，但學校教師員額編制十二人以下者，得將專任員額控留一人改聘之；其控留員額為二人以上者，至少半數員額應改聘代理教師。……」

二、國民中學教職員員額編制

依《國民小學與國民中學班級編制及教職員員額編制準則》第 4 條規

定：「國民中學教職員員額編制如下：

一、校長：每校置校長一人，專任。

二、主任：各處、室及分校置主任一人，除輔導室主任得由教師專任外，其餘由教師兼任。

三、組長、副組長：各組置組長一人，得由教師兼任、職員專任或兼任；六十一班以上者，學生事務處及輔導室得共置副組長一人至三人，得由教師兼任。

四、教師：每班至少置教師二‧二人，每九班得增置教師一人；全校未達九班者，得另增置教師一人。

五、專任輔導教師：班級數十五班以下者，置一人；十六班至三十班者，置二人；三十一班以上者以此類推。

六、幹事、助理員、管理員及書記（包括各處室職員及圖書館、教具室、實驗室、家政教室管理員等，不包括人事、主計專任人員）：三十六班以下者，置二人至九人；三十七班至七十二班者，置三人至十三人；七十三班以上者，置五人至二十人。

七、圖書館專業人員：至少應置一人，且專業人員占圖書館工作人員之比率應達三分之一；其專業人員，得由符合圖書館設立及營運標準規定之教師或職員專任或兼任。

八、營養師及護理師或護士：依學校衛生法規定辦理。其具有護理師資格者，以護理師任用；具有護士資格者，以護士任用。

九、住宿生輔導員：山地及偏遠地區學校，學生宿舍有十二人以上住宿生者，得置住宿生輔導員一人；五十人以上住宿生者，得置住宿生輔導員二人。

十、運動教練：得依國民體育法規定置專任運動教練若干人。

十一、人事及主計人員：依有關法令之規定辦理。……」

第四節　學校行政運作

　　學校行政的運作，主要可分計畫、決定和執行等方面來說明，由於計

畫和決定另有專章說明，本節僅就執行方面來說明。在學校行政的執行過程中，最重要的兩個概念，乃是「依法行事」和「權責分明」，「依法行事」在第三章已略加說明。至於「權責分明」，主要偏重職權明確和分層負責。所以在學校行政運作過程中，乃就四種概念加以剖析。

壹、確定單位職權

學校最主要的行政單位為教務處、學生事務處、總務處、輔導室、人事及會計單位，各單位主要職掌分別如下（依《國民教育法施行細則》第14條之規定）。

一、教務處

掌理課程發展、課程編排、教學實施、學籍管理、成績評量、教學設備、資訊與網路設備、教具圖書資料供應、教學研究、教學評鑑，並與輔導單位配合實施教育輔導等事項。

二、學生事務處

掌理公民教育、道德教育、生活教育、體育衛生保健、學生團體活動及生活管理，並與輔導單位配合實施生活輔導等事項。設教導處者，其職掌包括前項教務處及學生事務處業務。

三、總務處

掌理學校文書、事務、出納等事項。

四、輔導室（輔導教師）

掌理學生資料蒐集與分析，學生智力、性向、人格等測驗之實施，學生興趣成就與志願之調查、輔導及諮商之進行，並辦理特殊教育及親職教育等事項。

五、人事單位

掌理學校人事管理事項。

六、會計單位

掌理學校歲計、會計及統計等事項。

貳、實施分層負責

學校是一個階層式的組織,由不同單位所組成,每個單位各有其職責,為了強化行政效率,基本上,教育行政機關都訂有分層負責明細表,俾供各校推展校務行政的準繩。

學校行政能夠依規定確實實施分層負責,可減少學校校長疲於奔命之苦,而且亦可增強各單位負責概念,進而提高工作效率。

參、善用非正式組織

學校本身是一種正式組織,在這正式組織中的一些成員,由於工作、興趣、利益、情誼(如同學、同鄉、同宗、同事)等關係,彼此發生互動互助,產生感情與認同而自然結合成的團體,即為非正式組織。

學校非正式組織,猶如一把利劍,用之得當,則有助於校務革新與推展;用之不當,則將破壞學校凝聚力,降低工作效率。為了幫助學校行政工作的推動,學校主管人員必須有效運用非正式組織。所以,下列所提的途徑,可供參考。

一、接納非正式組織存在

校長對於非正式組織之存在,不要刻意排斥或攻擊,應將它視為一種正常現象,進而導之於正規。否則,愈排斥或漠視,將會得到更多的反效果,造成校務推動困難重重。

二、了解非正式組織成員

　　校長對於校內非正式組織的存在，為了充分掌握其目標及活動，應利用各種機會或透過各種關係，了解非正式組織的成員及影響人物，來協助校務的推動。

三、肯定非正式組織功能

　　非正式組織可滿足成員需要，提供成員情緒發洩管道，又可協助正式組織的應變能力，身為校長應加以肯定，並妥為運用，化阻力為助力。

四、預防非正式組織的負功能

　　非正式組織有其正向功能，亦有其負向功能，例如：造成人員角色衝突、散布謠言、破壞學校凝聚力、抵制校務革新、抹殺成員創造力等，這些對校務推動都有不利的影響。因此，學校主管人員應設法予以疏通，預防非正式組織負向功能的產生。

肆、發揮學校各項會議功能

　　學校校務工作繁雜，為求順利推動，並收到集思廣益之效，常須藉助會議之力。一般而言，會議約可分為行政性質和研究性質兩大類。

一、行政性質

　　如校務會議、行政會議、教務會議、學生事務會議、總務會議、輔導會議、教師評審委員會等。

二、研究性質

　　各科教學研究會每月開會一次，討論有關研究實驗、改進教學方法各方面的問題。

　　為使學校各種會議發揮功效，必須掌握會議的進行程序、內容、時間、次數及決議執行考核，此外對會前的準備工作（如擬訂時間、發開會

通知、草擬討論內容）、會議時的討論（如時間控制、鼓勵發言等）、會後的記錄和執行，均須予以注意，才能落實會議的功效。

教育相對論

國民中學學生該不該留級？

國中生是否可採行留級制度？見仁見智，常有不同的看法。

贊成者認為有下列好處：

1. 多給學生補救學習的機會。
2. 加強學生學習的警惕心。
3. 加重家長管教子女的責任感。
4. 增加學校訓輔單位的籌碼。
5. 降低社會的成本，避免學生接受感化教育。

反對者則認為有下列的負面影響：

1. 增加學生的標記作用。
2. 導致學生自暴自棄的心理。
3. 加重學校教育的成本。
4. 違反義務教育的精神。

案例

學校恐停辦，學生好傷心

嘉義縣因少子化趨勢，學生數減少。某國小分校的全校人數僅17人，雖然是小校，但因學生數少，人人有機會，六年來可學習約20種才藝，學生會拉小提琴、吹直笛，還會騎單輪車，課業表現也優秀，允文允武，可說是十八般武藝樣樣通。由於分校學生數少，且離本校國小約2到3公里，被列為裁併校評估名單，縣府舉辦停辦說明會，學生們得知學校恐停辦，難過地說「好傷心」。

　　家長在說明會中提出意見，擔憂分校停辦後孩子到本校上課的適應問題，以及交通接送問題，家長們大多希望能續辦，但因學生數減少趨勢，若停辦，希望能有一年的緩衝期。而教育處表示，分校能否保留，客觀條件是有學生繼續就讀，縣府會評估緩衝一年的意見，若確定停辦，交通車或交通補助等都會提供，之後還會辦公聽會再了解各界意見。

註：引自 **17 人國小恐停辦　18 般武藝學子好傷心**，林宜樟，2020 年 4 月 22 日，https://reurl.cc/v5x1jj。

問題討論

1. 偏鄉小校，如何發展學校特色，幫助學生有效學習？
2. 學校裁併之後，如何確保學生的受教權？

本章摘要

1. 「組織」一詞，原義是針對人體的細胞結構而言，後來加以引申，用在人的方面，意謂對從事共同工作人員的工作關係做一有效的安排。

2. 行政組織從靜態觀點而言，是指國家或政府為推行政務時，其所任用的職員在工作進行中，職權分配所形成的管轄體系；從動態觀點而言，是指規劃政府中各工作機關的系統及各部分之權責配合指揮的領導與締造行為；從生態觀點而言，是隨政府職能的演進，而隨時在改進的工作程序、方法與制度，乃是有機的生長與發展；從心態觀點而言，乃是政府各機關人員分工合作，協同一致，滿足個人心理需求的一種組合。

3. 行政組織的類型，可分為社會功能類型學、主要受惠者類型學、顧客選擇性：服務性組織類型學、順從類型學。社會功能類型學依社會功能分類出四種正式的組織：適應性的組織、達成目標的組織、整合性的組織、潛伏性的組織；主要受惠者類型學是以「受惠者」為分類的標準，可分為四種：互惠組織、商業組織、公益組織、服務組織；顧客選擇性：服務性組織類型學是以顧客選擇為分類標準，可分為四種：類型

一、類型二、類型三、類型四；順從類型學從順從程度可分為強制型組織、功利型組織及規範型組織。

4. 行政組織的原則，可歸納為下列八項原則：統整原則、協調原則、層級原則、功能原則、幕僚功能原則、權責相稱原則、控制幅度原則及績效原則。

5. 行政組織的型態，主要可歸納為：層級式組織與功能式組織、混合式組織、首長制組織與委員制組織、統整式組織與分離式組織、集權式組織與分權式組織。

6. 國民小學和國民中學行政組織的法律依據，主要在於《國民教育法》，而其實際運作，大致可分為如下：

   (1) 國民小學 12 班以下者、國民中學 6 班以下者設教導、總務二處及輔導室或輔導人員。教導處分設教務、訓導二組。

   (2) 國民小學 13 班至 24 班者、國民中學 7 班至 12 班者設教務、學生事務、總務三處及輔導室或輔導人員。教務處分設教學、註冊、資訊三組；學生事務處分設訓育、體育、衛生三組；總務處分設文書、事務二組。

   (3) 國民小學 25 班以上者、國民中學 13 班以上者設教務、學生事務、總務三處及輔導室。教務處分設教學、註冊、資訊、設備四組；學生事務處分設訓育、生活教育、體育、衛生四組；總務處分設文書、事務、出納三組；輔導室得設資料管理、輔導二組。

7. 依據《國民小學與國民中學班級編制及教職員員額編制準則》，國民小學教職員員額編制，每班至少置教師一‧六五人；全校未達九班者，另增置教師一人。國民中學教職員員額編制，每班至少置教師二‧二人，每九班得增置教師一人；全校未達九班者，得另增置教師一人。

8. 學校行政要能有效運作，必須朝下列四種途徑進行：確定單位職權、實施分層負責、善用非正式組織、發揮學校各項會議功能。

評量題目

1. 試比較靜態、動態、生態及心態觀點對行政組織看法之異同。
2. 試從類型學觀點，評析學校行政組織與一般行政組織之差異。
3. 試評析現行《國民小學與國民中學班級編制及教職員員額編制準則》之規定。
4. 請說明學校行政如何有效運作，以提高行政效果。

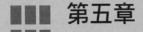

第五章
學校行政的計畫與決定

第一節　學校行政的計畫
第二節　學校行政的決定

　　學校行政事務，千頭萬緒，為便於校務推動，必須建立一套有效的校務計畫。俗語說：「凡事豫則立，不豫則廢。」其意在此，故計畫可視為學校行政工作推動的基礎。而在計畫或行政運作的過程中，亦必須有所決定，所以行政決定亦是行政過程中重要的一環。本章乃分學校行政的計畫與學校行政的決定兩方面來說明。

第一節　學校行政的計畫

壹、計畫的意義

「計畫」（planning）一詞，學者專家所持觀點不同，故對「計畫」的看法亦有所差異，茲從歷程、策略和統合三種觀點分別予以說明。

一、歷程觀點

持歷程觀點之學者認為計畫乃是實現目標的決策歷程，然後作為執行的依據，例如：

1. 墨菲（E. L. Morphet）和萊恩（C. D. Ryan）亦認為：「計畫是企圖決定適當目的與目標的過程」（Morphet & Ryan, 1967, p. 13）。

2. 貝雷戴（G. Z. F. Bereday）和勞偉斯（J. A. Lauwerys）指出：「計畫是準備未來一組教育決策的歷程」（Bereday & Lauwerys, 1967, p. 1）。

二、策略觀點

持策略觀點之學者認為計畫乃是實現理想之手段或策略，例如：

1. 布雷頓（P. P. Le Breton）等人認為：「一個計畫是指行動的一種既定方略」（Le Breton et al., 1961, pp. 5-7）。

2. 哈特萊（H. J. Hartly）認為：「計畫乃是經由系統的途徑研擬以找出合理的、可行的行動策略」（Hartley, 1968, p. 256）。

3. 行政院研考會亦將計畫界定為：「計畫乃達成及實現某項既定目標，經由理性的分析考量，所預為具體的行動策略、方法與步驟等之總稱」（行政院研考會，1986，頁4）。

三、統合觀點

持統合觀點之學者認為計畫是一種策略，而且也是一種歷程，例如：

1. 柯姆斯（P. H. Coombs）認為：「計畫是一個繼續的歷程，不

只有一個歷程的去處，而且應考慮達成的方案和最好的途徑」
（Coombs, 1970, pp. 14-15）。

2. 林文達（1988，頁14）指出：「計畫乃是運用規劃方法及技術，規劃並執行既定目的、目標及行動方略的連續歷程。」

3. 杜漢和皮爾斯認為：「計畫乃是建立目標和確定達成目標的方法之歷程」（Dunham & Pierce, 1989, p. 169）。

在這三種觀點中，目前仍以統合觀點較為社會各界所接受，亦可視為較為中肯之論點。

貳、計畫的特性

計畫是行政運作中重要的行為，它提供了具體的指導性目標和策略，而計畫具有哪些特性，主要可歸納為以下四項。

一、未來性

計畫是設定未來的目標及達成目標的策略，故計畫是規劃未來，而不是檢討過去與現在。因此，從計畫的本質而言，它具有未來性。

二、程序性

計畫自目標的訂定到達成，具有一套完整的程序。所以，在計畫的過程中，必須符合一項邏輯的思維程序。簡言之，計畫應該是在一項合理的推理程序下發展出來的。因此，從計畫的過程而言，它具有程序性。

三、整體性

計畫具有共同的目標和功能，各部門的分類計畫和人員，亦具有相互關係和作用。因此，在計畫的過程中，要顧及整體性；亦即計畫要使各單位能夠協調合作，計畫時程（短程、中程、長程）要前後一貫，達成整體目標的要求。因此，從計畫的方法而言，它具有整體性。

四、績效性

計畫是在各種方案中，選擇一最佳方案的活動。計畫可避免人力、物力及時間的浪費，使組織可用的資源發揮到最大效果。因此，從計畫的目的而言，它具有績效性。

參、計畫的程序

為期計畫行之有效，在擬訂計畫時必須遵循一定的程序。學者專家對於計畫的程序之看法稍有差異，例如：林文達（1980）提出計畫的五個步驟：目標設計、策略研擬、決策、管制與評鑑、再設計。瞿立鶴（1988）也提出教育計畫之規劃程序，分為準備、編擬、研討及決策四個階段。謝文全（1989）亦將計畫的歷程分為六個步驟：認識問題界定目標、設定前提或判斷的標準、蒐集有關資料、研擬可行方案、選擇最佳方案、實施並評鑑改進。布魯克斯班克（K. Brooksbank）與艾克斯庭（A. E. Ackstine）將計畫的過程分為：選擇和初步構想、有關政策和資源的政治性決定、有關方法的專業性決定、計畫的決定及回饋（Brooksbank & Ackstine, 1984）。

筆者綜合各專家學者的看法，將計畫的程序歸納為六個步驟：確定目標及範圍、蒐集現況資料、分析及解釋資料、編擬計畫草案、修正草案及決定計畫，如圖 5-1 所示，茲分別說明如下。

一、確定目標及範圍

任何計畫，必須先確定目標。目標訂得明確和具體，將可使未來計畫成功的可能性加大。在訂定目標時，對於問題的背景及待決的問題必須有一清楚的認識，才能使目標與問題相結合，所訂的目標較易達成。此外，也必須考慮資源運用（如經費、時間、人力等）情形，才不致將來執行計畫時困難重重。目標確定之後，其次便要界定計畫的範圍，考慮計畫的內容和時間，換言之，計畫要包括哪些項目、要多少時間。就項目而言，可

圖 5-1

計畫的程序

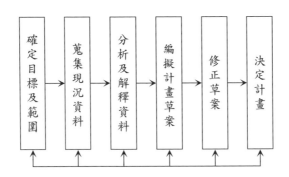

就單位所訂的優先執行項目做一通盤考慮；就時間而言，計畫有短程計畫（大約在二年以內，旨在解決目前缺失，多屬技術性層面）、中程計畫（大約在二至五年，多屬策略性層面）、長程計畫（六至十年，甚至十年以上，係針對未來的發展規劃，多屬政策性層面）。所以，目標及範圍的訂定，須考慮單位的需求及資源，使目標更具合理性、可行性與實用性。

二、蒐集現況資料

　　計畫人員依所定目標及範圍蒐集各種現況資料，以供擬訂計畫之參考。蒐集資料的方式有很多種，主要有問卷調查、訪問會談、文獻分析及調閱檔案等。在蒐集資料過程中，首先須確定所要蒐集資料內容有哪些，如人事、經費、法令等；其次要確定資料的價值與正確性；最後，要將所蒐集的資料做一適當的整理、歸類與保存，便於取用。

三、分析及解釋資料

　　資料經過整理之後，接著便進行分析及解釋資料的工作，以了解資料間的相互關係。從資料的分析及解釋中，大略可了解將來草擬計畫的人力、時間、經費及法令等所遭遇的問題有哪些，然後才能採取有效的對策。因此，對於現況有所了解，將來所擬訂的計畫才有所依據，俗語說：「巧婦難為無米之炊。」在擬訂計畫亦是如此，必須有足夠的訊息和資料，才能使計畫不致流於空泛，不切實用。

四、編擬計畫草案

草案乃是計畫人員所做的初步規劃。草案通常包括七大結構：

1. 計畫目標（要做什麼？做到什麼程度？）。
2. 計畫緣起（為何要做？做了有何好處？不做有何不良影響？）。
3. 執行策略（如何去做？為何如此做？由何單位主協辦？在何處做？）。
4. 實施時程（何時開始做？各執行項目之起迄時間？各項工作之實施順序？何時完成？）。
5. 所需資源（需要多少人力？物力？經費預算？）。
6. 評估指標（如何評量計畫執行成效？）。
7. 附則（或協調配合事項）。

五、修正草案

計畫草案擬妥之後，即加以公開，廣徵學者專家及社會各界人士意見，可採用座談會或公聽會的方式，以獲得更多的意見；然後，根據社會各界所提意見，加以歸納整理，作為修正草案之依據。

六、決定計畫

草案經過修訂之後，若是有兩種以上的方案，則必須就各種方案分析其利弊得失，選擇一個最佳方案。其衡量的指標可從可行性、有效性、經濟性及合理性考慮；若是只有一種草案，則針對各界所提意見加以修訂，使其合乎實際需求，然後直接簽呈機關首長核定後發布實施。

肆、學校校務計畫

為提高學校教育功能，謀求學校教育健全發展，必須有一套校務計畫作為遵循，方易奏效。因此，無論大學、中學或小學，都須依學校的特性及需求，分別訂定長程、中程或年度的校務計畫。一般而言，學校在擬訂計畫時，常須考慮下列幾項要素。

一、了解學校外在環境

依系統理論觀點而言，學校本身是一個開放的系統，常會受到外在的政治、經濟、社會及文化環境的影響，尤其社會環境中的社區及人口，對學校更具有影響力；此外，處在資訊高度發達的時代，如何利用科技來增進學校行政效率，亦值得重視。因此，在擬訂校務計畫時，必須對影響學校的外在環境有充分的了解，才能使計畫更為周延。

二、掌握學校內在環境

學校的外在環境很難加以控制，但是學校內在環境則較能加以掌握。學校內在環境，通常包括下列數項。

（一）人員

學校各項計畫作業繁複，非一人之力可完成。因此，在擬訂計畫時，對於教職員的學識、經驗、熱忱、能力等要一併考慮；同時，也要考慮運用多少人力，因為計畫將來還是要由人來執行，萬一人員無法勝任，則計畫執行時將會遭遇困難，計畫目標將很難達成。

（二）經費

任何一項計畫，除了人力之外，必須有足夠的經費支援，才有實施的可能。所以，學校在擬訂計畫時，對於所需的經費須預做評估，否則萬一還有經費不足時，只好修訂原來計畫。

（三）時間

學校計畫，除了考慮有適當的人力與足夠的經費之外，同時也要估計計畫的時間；若是人力與經費不成問題，則計畫可在預定時間內完成；萬一人力或經費不足時，則需延長時間。至於時間的估計，可參考計畫評核術（Program Evaluation and Review Technique, PERT）的三時估計法（詳細說明請參見註 1）。

（四）法規

學校本身是一法令組織，任何政策或計畫不得違背法令規定。所以，

在擬訂計畫時，計畫人員必須詳加閱讀有關法令規定，避免所訂計畫與法規抵觸，導致計畫窒礙難行。

三、決定計畫工作內容

學校在擬訂計畫時，對於工作內容須加以審慎地決定。一般常考慮下列五點。

（一）做什麼（what）

即要達成目標必須做哪些工作。擬訂校務計畫時，將學校各處室所要做的工作項目，透過集思廣益方式，一一列舉，作為擬訂計畫之參考。

（二）誰來做（who）

指定工作項目應行負責之單位或個人。視工作性質、單位特性及個人能力而加以適當地分配。

（三）何時做（when）

對所要做的工作項目，分別訂定進度表。換言之，工作項目的起始時間至完成時間，要計畫清楚，使將來執行人員有所遵循，這樣才能對時間有效管制。

（四）如何做（how）

用什麼方法來處理工作項目。哪些可用人工處理，哪些可由機器代勞，在計畫的內容中，也須加以說明清楚。

（五）多少錢（money）

任何一項計畫必須有經費支援才能實施，所以在計畫的內容中，也應把所需的經費加以有效地預估。

以上乃是就學校在擬訂計畫或校務計畫應注意的事項加以說明。為便於讓讀者對計畫的格式有所了解，茲提供學校校務發展計畫（示例），以供參考。

○○學校校務發展計畫（示例）

一、依據

　　○○○○○○○○○○○

二、目標

　　（一）培育德、智、體、群、美五育均衡發展的健全兒童。

　　（二）落實教育機會均等之國民教育目標。

三、實施要項

　　（一）硬體方面：

　　　1. 充實專科教室設備。

　　　2. 充實圖書館設備。

　　　3. 逐年更新課桌椅。

　　　4. 充實體育設備。

　　　5. 發展資訊教育。

　　　6. 充分利用地下室。

　　（二）軟體方面：

　　　1. 加強生活教育、道德教育，培養健全道德觀念。

　　　2. 加強幼童軍教育活動，發展兒童群育。

　　　3. 改進教學方法，提高教學品質。

　　　4. 加強親職教育，促進親子關係。

　　　5. 加強環境保護教育，提高環保意識。

　　　6. 發展學前教育，辦好公立幼兒園。

　　　7. 加強教師在職進修，提高研究精神。

　　　8. 加強辦理特殊教育，落實教育機會均等。

四、進度表

項次	實施要項	預定完成年度						預估經費
		112	113	114	115	116	117	
1	增設視聽教室乙間，發揮多元化功能		✓	✓				1,014,000
2	增設美勞、自然、音樂專科教室			✓	✓	✓		1,500,000

項次	實施要項	預定完成年度						預估經費
		112	113	114	115	116	117	
3	增設自然科學資源中心			✓				750,000
4	擴充圖書設備，使成教學資源中心	✓	✓	✓	✓	✓	✓	1,200,000
5	逐年更新課桌椅			✓	✓	✓	✓	1,000,000
6	增闢綜合球場三處，實施體育正常教學		✓					1,236,000
7	更新排球、躲避球隊設備	✓	✓					500,000
8	增設電腦教室乙間，提倡電腦輔助教學	✓						800,000
9	設置校史室	✓						500,000
10	成立檔案室	✓	✓					250,000
11	地下室整修，增闢韻律教室、幼兒園活動室、桌球室及墊上運動室各乙處		✓	✓				1,105,000
12	增闢幼兒園遊樂場，充實教學設施		✓					211,000
13	整理及美化綠化環境	✓	✓	✓	✓	✓	✓	420,000
14	增闢教師研究室乙間，提供教師研究進修場所	✓	✓					51,000
15	成立資源教室輔導學障兒童		✓					400,000

五、組織

　　組織校務發展計畫委員會，校長為召集人，四處（室）主任、幼兒園主任、教師代表、家長會代表為常務委員，定期集會，共同參與規劃，並請人事、會計列席參加。

六、編制及經費

　　（一）人員及經費按規定辦理。

　　（二）經費除逐年編列預算，並利用社會資源，充實各項教學設備。

七、本計畫經校務會議核可後實施。

教育充電站

課程計畫

　　「課程計畫」是課程實施重要的一環，在「十二年國民基本教育課程綱要總綱」中規定，學校必須提出課程計畫，它是提供學生學習資源的依據。所謂「課程計畫」，就是在充分考量學校條件、社區特性、家長期望、學生需求等相關因素後，結合全體教師、運用社區資源所規劃的課程藍圖，其不僅可讓學生明白要學什麼，更可讓教師了解要教什麼，並協助家長認識學校的課程安排。學校「課程計畫」之內容，可包括學校背景與現況分析、學校願景與課程目標、課程規劃理念與原則、規劃特色、課程發展組織與運作機制、規劃流程及工作要項、課程架構與學分數、課程地圖、領域／科目教學目標、畢業要求、選課建議表（以進路為導向）、課程諮詢與輔導機制、教材編選原則、課程介紹、課程評鑑及回饋機制、資源需求與師資規劃、可能面臨問題及建議解決方案等。

註：引自十二年國民基本教育課程綱要普通高中課程規劃及行政準備，潘慧玲，2016，國家教育研究院。

第二節　學校行政的決定

　　「做決定」（decision-making）是學校行政的中心功能，在學校行政具有相當的重要性。有效的決定不僅可提高學校行政效率，更可提高學校行政效能。以下乃從決定的意義、決定的歷程、影響學校行政決定的因素，以及有效的學校行政決定分別說明之。

壹、決定的意義

　　「決定」一詞，學者專家之看法略有差異，茲就國外和國內學者之看法說明如下。

一、國外學者看法

1. 巴納德認為：「決定乃是為了達成一定目的，從兩個以上的待決方案中選擇一定的方案之合理行為」（Barnard, 1938, p. 185）。

2. 賽蒙將「決定」視為：「在兩種或兩種以上可能採取的行動或不行動的方案中，做一選擇行為」（Simon, 1960, p. 1）。

3. 泰勒（D. Taylor）認為：「做決定乃是在可行變通方案行動中，對抉擇結果的思考」（Taylor, 1965, p. 48）。

4. 孔茲和歐多尼爾認為：「決定乃是確定一組可行的方案，以及選擇活動行為的歷程」（Koontz & O'Donnell, 1972, p. 113）。

5. 霍伊和米斯格將決定界定為：「它是做決定並將決定付諸實施的歷程」（Hoy & Miskel, 1987, p. 316）。

二、國內學者看法

1. 張金鑑（1986，頁 109-111）認為：「行政決定是一個機關為達成任務時，在實際活動中，就若干可能的行動與方法做最佳的抉擇過程。」

2. 董樹藩（1977，頁 77）認為行政決定乃是：「行政機關對於某一待決的行政問題，研究其多種解決途徑，而為最佳選擇所經歷之過程。」

3. 張潤書（1990，頁 426）認為：「行政決定是一個機關為達成任務及解決問題，而就若干可能的行動與方法做最佳的抉擇的過程。」

4. 黃昆輝（1988，頁 466）以教育行政為範圍，將「教育行政決定」界定為：「教育行政決定，乃是教育（學校）行政人員為圖教育的發展與進步，對一個待決的問題，依其權責，透過正式組織的運作，研求若干變通方案或方法，並從而做較恰當合理之裁決的一種過程。」

5. 吳清基（1984，頁 16-17）認為：「做決定乃指具有相對權責的個體或組織，在面臨問題解決或行為抉擇之際，依據一定的價值標準或目的期待，從許多不同的可行變通方案中，試圖去找尋一種最佳

或令人滿意的可行變通方案，以期求獲致理想有效的問題解決結果的行動過程。」

基於以上學者對「決定」或「教育行政決定」的看法，筆者試將「學校行政決定」界定為：「學校行政決定乃是學校行政人員（或教師）為了解決實際教育問題與達成教育目標，依其權責，研擬若干解決途徑或行動方案，所做的一種最佳選擇的歷程。」

從這種定義中，可將「學校行政決定」做如下的分析：

1. 學校行政決定的本質：乃是針對實際教育問題提出若干方案而做選擇的歷程，所以它可簡單視為方案的選擇歷程。
2. 學校行政決定的目的：在於解決實際教育問題（如教學正常化、惡性補習等）及達成教育目標（如培育一位德、智、體、群、美五育均衡發展健全的個體等）。
3. 學校行政決定的方法：由行政人員依自己權責而做決定，不宜做出超越自己職位的決定。

貳、決定的歷程

「做決定」是行政的中心功能，要使「做決定」有意義，必須把握住「做決定」的步驟。

葛立斐斯（D. E. Griffiths）曾提出「決定」的六個步驟：(1) 認識及界定問題；(2) 分析及評鑑問題；(3) 建立標準，據以評鑑解決方案是否適當可行；(4) 蒐集有關資料；(5) 發展並選擇變通方案；(6) 將所選擇方案付諸實施（內含規劃解決方案、控制方案中活動、評鑑實施的結果及過程）（Griffiths, 1959）。

賽蒙將做決定的過程分為三個階段：(1) 第一個階段是情報活動（intelligence activity）：確定須做決定的問題範圍；(2) 第二階段是設計活動（design activity）：創造、發展及分析可能的行動方案；(3) 第三個階段是選擇活動（choice activity）：從眾多可行方案中選擇其中一個。每一階段本身構成決定的一個複雜歷程（Simon, 1960）。

　　杜拉克（P. F. Drucker）亦將決定分為五個步驟：(1) 界定問題；(2) 分析問題；(3) 發展解決選擇方案；(4) 決定最佳方案；(5) 化決定為有效行動（Drucker, 1974）。

　　霍伊與米斯格將決定視為一活動環（action cycle），如圖 5-2 所示（Hoy & Miskel, 1987）。

圖 5-2
決定的活動環

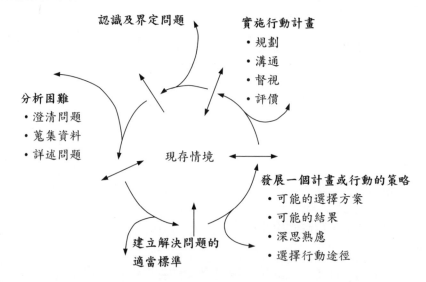

註：引自 *Educational administration: Theory research and practice* (p. 321), by W. K. Hoy & C. G. Miskel, 1987, Lane Akers.

　　哥頓（R. A. Gorton）更將決定的過程分為七大步驟（Gorton, 1987, p. 6），如圖 5-3 所示。

圖 5-3

決定的主要步驟

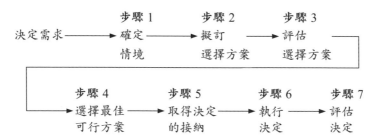

註：引自 *School leadership and administration: Important concepts, case studies and simulations* (p. 6), by R. A. Gorton, 1987, Wm. C. Brown.

漢普頓（D. R. Hampton）則將決定簡化為四個步驟（Hampton, 1986），如圖 5-4 所示。

圖 5-4

決定的步驟

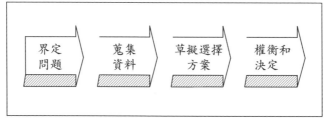

註：引自 *Management* (p. 212), by D. R. Hampton, 1986, McGraw-Hill.

赫爾里格爾（D. Hellriegel）與斯洛克姆（J. W. Slocum, J. R.）對於決定的過程較為詳細，分為七個步驟，如圖 5-5 所示（Hellriegel & Slocum, 1989）。

圖 5-5

理性決定過程的步驟

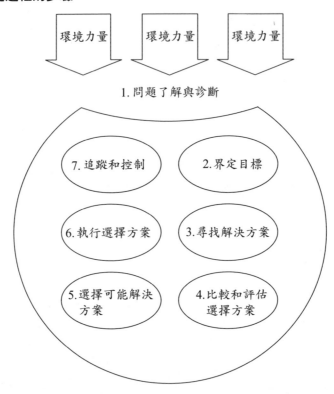

註：引自 *Management* (p. 195), by D. Hellriegel & J. W. Slocum, 1989, Addison-Wesley.

　　根據以上學者的看法，決定的歷程可以歸納為五個步驟：認識和界定問題、蒐集現況資料、研擬解決方案、選擇最佳方案、實施方案，如圖 5-6 所示。

圖 5-6

決定的歷程

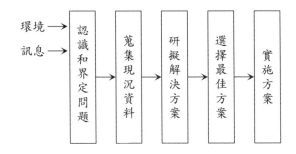

環境 ⟶ 訊息 ⟶ 認識和界定問題 → 蒐集現況資料 → 研擬解決方案 → 選擇最佳方案 → 實施方案

　　從圖 5-6 的資料，茲將決定的歷程詳細說明如下。

一、認識和界定問題

　　任何單位在處理業務的過程中，由於不斷受到外界環境或訊息的介入，難免會遭遇一些困難或問題。於是，行政人員便須對問題的癥結作一了解，那就需要有所決定，例如：學校公文處理經常延誤時效，學校校長就必須查明公文延誤時效的原因，到底是人為的因素或制度的問題。就整個單位而言，對問題嚴重的感受程度，會因人員的職位、學識、經驗，甚至人格特質而有所差異。當然，一旦問題產生，行政人員應透過正式組織和非正式組織的運作加以了解；接著，便須對問題加以分析。決定者所要尋找的問題答案有下列四項：(1) 對情境的了解，已知和未知有哪些？在做決定之前必須先了解哪些因素？(2) 任何人能夠提供額外的訊息或不同的情境知覺嗎？行政人員或其他人員的偏見影響其知覺情境，而做必要決定的程度如何？(3) 決定將影響誰？(4) 問題的嚴重性如何？必須儘速做決定嗎（Gorton, 1987）？經過了問題分析之後，才能對情境或問題有足夠的了解，才不至於做出不正確的決定。

二、蒐集現況資料

　　任何一項決定，必須有充分完整的資料作為判斷的依據，才不致流於臆測。在資料的蒐集方面必須考慮下列三個問題：(1) 蒐集何種資料？(2)

往何處蒐集資料？(3) 蒐集資料的時間是否充裕（顏火龍，1985）？就第一個問題而言，所蒐集的資料必須符合三個標準：(1) 與界定問題有關；(2) 能夠蒐集得到；(3) 資料能夠適用；其次第二個問題即為資料的來源，可分為內部資料（機關組織內所蒐集得到的資料）和外部資料（機關組織以外所蒐集得到的資料，它可能要向其他機關、圖書館或資料中心索取）；至於第三個問題就要考慮時間的因素，時間愈充分，所蒐集的資料愈豐富；所以在決定的過程中，蒐集資料的時間愈寬裕，則將來決定的效果愈佳。

三、研擬解決方案

研擬解決方案，是整個決定過程的核心。當然，所研擬的解決方案，不一定只有一種方案，可儘量提出多種方案，以供選擇。在研擬解決方案的過程中，最好採用小組討論或座談會的方式進行，以達到集思廣益的目的；同時，所研擬的各種解決方案要說明其可行性及實用性，並預測各種方案實施可能的結果，亦即分析各種方案之利弊得失，以供選擇之依據。

四、選擇最佳方案

解決方案一旦權衡利弊得失之後，下一個步驟便是選擇合理、可行及有效的方案，俾作為將來規劃實施。一般而言，行政人員的價值觀念、文化背景、對問題的認知及環境壓力等各種因素都會影響決定人員對方案的選擇，所以必須經過一套有系統的步驟，才能進行合理的決定。因此，霍伊及米斯格曾將各種方案可能產生的結果列成一個「機率事件鏈」（probability event chain）來說明方案的選擇，如圖 5-7 所示（Hoy & Miskel, 1987）。

從圖 5-7 內容得知，方案 A 有三個可能的結果（C_1A、C_2A、C_3A），而其結果發生的機率分別為 $P（C_1A）$、$P（C_2A）$、$P（C_3A）$，方案 B、方案 C 亦是如此。因此，決定人員可依照能滿意解決問題的標準來衡量每一方案的結果，選擇一種最佳的執行方案。

圖 5-7

機率事件鏈的例子

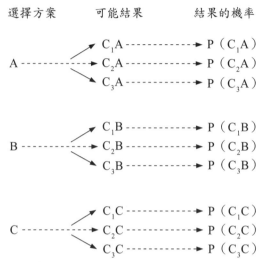

| 選擇方案 | 可能結果 | 結果的機率 |

註：引自 *Educational administration: Theory research and practice* (p. 327), by W. K. Hoy & C. G. Miskel, 1987, Lane Akers.

五、實施方案

　　方案一經選定之後，便要加以規劃，俾付諸實施。而在實施方案的過程中，首先要將方案進行細部作業，亦即要考慮誰來執行方案？如何執行方案？其次便要進行溝通的工作，俾建立共識；接著進行督導的工作，使成員能依方案的內容執行；最後便要進行評鑑的工作，了解方案執行成功的程度，俾作為進一步決定參考。

參、影響學校行政決定的因素

　　任何一項行政決定，不可能達到盡善盡美。賽蒙曾指出決定的合理性是有限度（limits）的，主要原因有三：(1) 個人受到無意識的技術、習慣及反射行為的限制，個人的決定也會受到這些的限制；(2) 個人受到

價值和目的的限制，影響到個人的決定，例如：對組織高度忠誠，個人所做決定便反映對組織的高度忠誠；(3) 個人受到其有關知識程度的限制（Simon, 1976）。所以，他乃提出了有限理性決定理論。

因此，行政決定過程中常會遭遇到很多的障礙，張金鑑曾將行政決定的障礙分為主觀與客觀兩方面（張金鑑，1978）。

第一，主觀的障礙，包括：

1. 對所遭遇的問題及所處理的事務，無足夠的知識、經驗與了解，致不能本著真知灼見做透闢分析，而為正確的抉擇。

2. 無足夠的事實資料以及迅速與靈通的情報和訊息，不能認識事態的全貌與真相，致不能做對症下藥的決定。

3. 對未來事態的發展如何，無能力和遠見做確實的預測。

4. 一人對解決問題、處理事務的思路有限，不能做應有盡有的思考。

5. 具有決定權力的人員，因具有自己的獨特教育背景、生活經驗及習慣與信仰，對行政決定不免囿於主觀的偏見和成見，對事務與問題不能做客觀的分析、判斷與處理。

6. 人有避重就輕、怕難喜易、貪利躲害的心理弱點。

第二，客觀的障礙，包括：

1. 受到現行法規、組織、習慣、預算及人事等限制。

2. 受到已有設備的限制，不能自由地做合理的行政決定。

3. 大權集中在少數首長的手中，民主參與的精神不足。

4. 握有決定大權的首長，把政治關係和政治策略放在首要地位，而漠視客觀的事實，致行政決定違反科學精神與方法。

學校行政業務繁雜，本身又受外界環境影響，故亦無法做到「客觀理性」的決定。影響學校行政決定的因素甚多，為便於說明，乃歸納為個人因素和情境因素兩類。

一、個人因素

學校行政決定人員，主要涉及到有兩類人員：一為校長，另一為教職人員。所以這兩類人員常會影響到學校行政決定。

（一）校長

1. 個人的價值觀念：校長為學校的靈魂人物，負有學校教育成敗之責，故亦握有相當大的行政決定權，但是校長有些個人因素常會影響到學校行政的合理性，如「個人價值觀念」；而這種價值觀念，常會指引著人的行為。在學校中，校長個人認為有價值的事情，會做一個優先的決定，例如：校長認為學校環境相當重要，那麼在經費的分配方面，就會決定將學校美化綠化工作列為第一優先；又如：某校長相當重視學生的生活教育，在決定生活教育的實施方式中，他認為善用「班會」時間最為可行，於是就會把該項目列入實施方式中；由此可知，個人的價值觀念會影響一個人的決定。

2. 個人的學識經驗背景：一般而言，學識愈淵博、經驗愈豐富，所做的決定愈合理，因為學識與經驗會影響到一個人對問題的看法與分析。鄭美俐曾進行「國民小學校長行政決定之研究」發現：(1) 大學以上程度的校長比師範、師專畢業的校長之行政決定較為適當；(2) 服務十年以上之國小校長，要比未滿十年之國小校長能做較適當的請求決定和居間決定（鄭美俐，1984）。所以，個人的學識和經驗會影響一個人所做決定的合理性。

3. 個人人格特質：所謂「人格特質」，乃係指個體外顯行為背後形成個體獨具之人格結構的特徵（張春興，1989）。所以，人格特質具有持久性和獨特性，它會反映到個人的行為上，例如：一位內控型（internal control，個人行為可完全自主，較有信心，能獨立判斷）的校長，其在決定校務時，要比外控型（external control，個人行為由外在情境因素控制）校長更為果斷，而且也較能做出適切的決定。

4. 個人人際關係：學校校長與同事關係良好，則校長所做的任何決定，可能較易取得教師的配合；反之則否。在學校經常看到一些校長，決定了很多事情，可是教師們不是陽奉陰違，就是引起反彈，究其原因，主要是校長與教師彼此無法建立良好的人際關係，導致「言者諄諄，聽者藐藐」的心態，結果便無法達到決定的效果。

（二）教職員

　　良好的學校行政管理，身為校長不必事必躬親；事實上，擴大行政決定參與，一樣可以收到良好的效果。因此，教職員在學校行政或教學決定亦扮演著重要的角色。而教職員的哪些因素會影響決定呢？

1. 教職員個人需求：不管學校行政或教學的決定，如果與教職員有密切關係，則參與決定的意願較高；反之，參與決定的意願可能較低。
2. 教職員人格特質：自信心強、獨立性高的教職員，可能較喜歡參與學校行政決定，但不太可能完全接受校長的決定；因為這些人都較有主見，不易為別人所左右。
3. 教職員對學校的認同：教職員對學校表現高度的忠誠，雖然不一定喜歡參與學校行政決定，但卻可能會努力執行校長所做的決定。
4. 教職員的性別、學歷或服務年資等因素，也可能會影響其對學校行政的決定。

二、情境因素

　　影響學校行政決定之情境相當多，哥頓曾指出有：時間的多寡、資源的利用、訊息的可用性、情境的曖昧程度（ambiguity of situation）、單位自主性、他人的期望、情境的緊張程度（amount of tension of the situation）等（Gorton, 1987）；因此，學校行政決定不能孤立於情境之外。茲歸納下列七點來說明。

（一）外界的壓力

　　學校行政決定，受到外界的壓力相當大，可能來自上級機關、民意代表、學生家長、社會人士或大眾傳播機構等，根據鄭美俐（1984）研究發現，國小校長的決定行為來自「外界的壓力」最大，而林哲雄（1984）研究亦發現，就國中校長的實際運行而言，「來自外界的壓力」是影響行政決定的首要情境因素。因為在學校行政業務中，大至校務計畫、小至物品採購，或者學生編班等，都可能遭到外界的壓力，這種壓力最明顯的方式，不外乎是請託或關說，常常造成學校行政很大的困擾。

（二）組織成員之間的關係

學校行政雖具有專業化的傾向，但本身亦具有科層體制的色彩，首長做決定會影響部屬，部屬亦希望自己的意見獲得首長的贊同，進而影響首長的決定。所以，在學校之中，校長與教職員彼此之間存在著一種很微妙的關係，彼此互動關係良好，比較不易產生溝通的障礙，對任何校務問題也較易引起共識，在這種情形之下，則更有益於學校行政的決定。

（三）學校對外界的承諾

學校對外界的承諾，往往成為一種約束力，導致學校行政無法順利推展或有效運作。因為在做任何決定時，需要遷就對外界已有的承諾，否則將會導致外界的批評，認為不守信用，例如：校長答應開放學校場所供社區民眾使用，一旦做此決定時，雖然總務處反映會破壞學校環境衛生與整潔，由於校長對外已有承諾，也只好硬著頭皮做下去了。

（四）學校本身的自主性

學校本身的自主性愈高，則其所做的決定受到外界的影響愈低，例如：學校本身有權決定各種教務、學生事務或總務的推動，上級機關不會給予過多的干涉，那麼學校行政人員便依其權責決定哪些事該做、哪些事不該做，因此提高學校本身的自主性，對學校行政決定有較佳的幫助。

（五）學校的慣例與傳統

學校文化當中，常有一些慣例，所以在做決定時，常常會受到它的影響；換言之，學校過去所做的決定相沿成習，深植於學校成員之中，將來就成為一種慣例，例如：學校推展家長教學參觀日活動，其內容或方式常會依循過去的傳統與慣例而無法做更大的突破，此亦常成為進步的障礙。

（六）學校資訊的流通

學校資訊的流通，也是做決定的重要因素。資訊愈完整，愈能做出有效的決定；反之，如果資訊不全，則校長所做的決定可能較不合理，例如：學校準備興建校舍工程，校長如果無法掌握學校本身的經費預算、面積大小、物價指數、建築師品質、營造商素質等因素，則校長就很難做出

有效的決定。

（七）學校資源的可用程度

　　資源一般包括經費、人力、物力及時間。學校可用的資源愈充裕，則決定的品質將愈佳，例如：學校舉辦員工自強活動時，若有足夠的經費、人力、物力及時間的支援，則從計畫到執行當中所做的決定，將更符合教職員的需求。

肆、有效的學校行政決定

　　由於學校行政決定受到個人和情境因素的影響，使得任何決定無法臻於完美。但是，提高學校行政決定的品質，仍有一些途徑可資遵循，茲說明如下。

一、採用參與式決定模式

　　學校校務繁雜，校長本身能力和時間亦有限，所以校長主持校務，應鼓勵教職員參與學校行政決定，使教職員能發揮其所長。

　　參與式決定，不只是希望教職員「參與」即可，更希望能夠「投入」（involvement），此乃基於互動的觀點，俾收到集思廣益之效，以獲得最佳的學校行政決定。

二、掌握影響學校行政決定因素

　　影響學校行政決定的因素，前面曾歸納為個人因素和情境因素，當然個人因素和情境因素也可能彼此產生交互作用，進而影響到學校行政決定。身為學校校長或決定人員便不能不洞悉這些影響力，加以有效地掌握，俾能化阻力為助力，例如：在這些影響因素中，發現是校長個人因素較為重要，則校長本身必須加強進修、充實知能，以增強決定能力；若是屬於外界的壓力影響到學校行政決定，則校長可就問題的性質，分別向上級機關反映，或者給予關說者合理的解釋，俾獲得對方的諒解，以免影響校務順利運作。

三、採用合理的決定方法

決定方法有合理與不合理兩種情形，所謂不合理的決定方法，乃是光憑臆測、不循科學程序所做的決定，例如：有些學校校長的獨斷專行或直覺判斷；或者有些校長信任權威、訴諸感情；這些校長的決定可謂非理性，無法讓部屬信服。因此，合理的決定方法，乃是在運用邏輯推理及客觀而準確的科學方法以作為決定的依據（張金鑑，1978）。由於資訊科技的進步和管理學的發達，學校校長也可用一些管理學的方法協助做決定，例如：前面所提到的計畫評核術就可用來決定學校舉辦的體育表演會的計畫，以有效控制時間，使工作能依計畫執行。所以，學校校長或決定人員要以理智的行動做決定，才能提升行政決定的品質。

四、了解評估學校行政決定效能的指標

學校校長或行政人員在決定的過程中，如果有充裕的時間做決定，也許能得到一個較佳的決定。但是，一般行政人員大都忙於例行事務，因此也就較無寬裕時間做決定。所以，哥頓就提出一些評估學校行政決定效能的指標，供校長或行政人員參考（Gorton, 1987）：

1. 需要決定時，您對問題或情境有足夠的了解嗎？或者在最初時，您已確知某些事實，它能增進最後的決定嗎？當問題或情境最初提出來時，您將問哪些額外的問題，而這些訊息能夠引導您做較佳的決定嗎？為什麼要提出這些問題來呢？

2. 在解決某一問題或情境時，您是否試著確定一個以上的可行方案？或者您已確定唯一或兩個可行方案，而就選擇您所認為最好的一個呢？現在，在您所遵循的決定過程上以及考慮您做決定的結果，您能發現有更好的可行方案能夠解決問題或情境嗎？假如是，為什麼您在確定可行方案時，不同時考慮其他可行的方案呢？

3. 在最後決定之前，您對所選擇可行方案的利弊得失是否做了足夠的評估？或者有哪些未預期的結果將會大大影響最後決定的結果呢？在選擇方案時，有哪些問題您還未預料到呢？其中理由有哪些呢？

4. 在決定過程中，其他有關係的個人影響有效決定程度如何？假使您必須重做決定時，有哪些人會參與呢？有哪些人您不讓他們參與呢？而您如何改變這些參與者參與決定過程的方式呢？

5. 決定產生抗拒的程度如何？抗拒能夠預期、防止或減少嗎？人員能夠完全執行決定的程度如何？萬一決定未能完全執行，為什麼不能？您要負起何種責任呢？

6. 決定所要達成的目標是什麼？假使不能達成，為什麼不能呢？

這些評估行政決定的指標，也許行政人員很少有時間來評估，但是如果能夠了解這些指標，相信可改進自己做決定的技巧，進而提升決定的品質。

教育加油站

影響決定不佳的因素

個人或組織經常要做各種決定，下列因素可能會讓組織做出不佳的決定：

1. 認知偏見：決定乃是一種認知的判斷，然一個人的內在認知，例如：刻板印象、過度自信、月暈效應（halo effect）的以偏概全等，常常會扭曲決定。

2. 訊息不足：組織中缺乏足夠訊息，無法進行完整的判斷，導致決定產生誤差。

3. 訊息過量：組織的訊息太多或超載，造成決定者負荷過重，無法取捨，產生偏差的決定。

4. 抗拒變革：組織具有其固定文化，偏重於穩定與安定，多少會抗拒變革，導致組織無法做出符合未來發展需求。

附　註

註 1：計畫評核術是由計畫、評估與查核等技術而來，它是利用網狀圖來說明每個工作計畫中所需作業時間的相互關係。而在估計作業時間中，以三時估計法（three-time estimate）最常用，所謂三時即：(1) 樂觀時間（optimistic time，簡稱 T_o）：係假定各種客觀作業條件都非常理想，一切工作都很順利地進行，此時所需的工作時間，即是「樂觀時間」；(2) 最可能時間（most-likely time，簡稱 T_m）：係假設在同一情況下，若做該項作業多次，其最多出現的作業時間，即為「最可能時間」；(3) 悲觀時間（pessimistic time，簡稱 T_p）：係假定各種作業條件的環境非常惡劣，很難按正常狀態進行工作時，此時估計所需時間，即是「悲觀時間」。三時估計法的「期望時間」（expected time，簡稱 T_e）的公式為：

$$T_e = \frac{T_o + 4T_m + T_p}{6}$$

讀者若需進一步了解計畫評核術在教育行政上的運用，請參閱謝文全（1977）一文。

全國學生表演賽停辦，師生家長不滿

「計畫趕不上疫情變化」，隨著新冠疫情升溫，教育部於 2021 年 1 月 30 日宣布今年再度停辦全國學生表演藝術類競賽團體賽，讓不少學校師生和家長為之錯愕不已。

據教育部表示，考量歷年參與全國學生表演藝術類競賽人數，包括工作人員，高達 30 萬人，而且賽事長達一個月，無法落實社交距離，有較高群聚感染之虞，加上盤點各縣市競賽備用場地，均表達已無空檔可安排延期比賽，乃決定今年度停止辦理。

但該項比賽，涉及學生未來國中免試入學超額比序升學權益，引起師生和家長不滿，認為教育部規劃配套不足，白白浪費孩子長時間的準備，家長乃要求不要停辦或延期或異地辦理，甚至有家長建議採取視訊遠距評審。

然教育部最後決定停辦，2021 年就無法看到學生精彩的表演。

問題討論

1. 請分析教育部決定停辦全國學生表演賽的利弊得失。
2. 教育部決定停辦全國表演賽，應該有哪些配套措施，以保障學生升學權益？

本章摘要

1. 「計畫」一詞，可從歷程、策略和統合三種觀點來說明：(1) 歷程觀點：計畫乃是實現目標的決策歷程，然後作為執行的依據；(2) 策略觀點：計畫乃是實現理想之手段或策略；(3) 統合觀點：計畫是一種策略，也是一種歷程。
2. 計畫的特性，主要可歸納為未來性、程序性、整體性、績效性。

3. 計畫的程序，可歸納為六個步驟：確定目標及範圍、蒐集現況資料、分析及解釋資料、編擬計畫草案、修正草案、決定計畫。

4. 學校擬訂計畫時，應考慮下列要素：(1) 了解學校外在環境；(2) 掌握學校內在環境（人員、經費、時間、法規）；(3) 決定計畫工作內容（做什麼、誰來做、何時做、如何做、多少錢）。

5. 「決定」一詞，學者所下定義頗為分歧，可視為：行政人員為了解決實際問題與達成目標，依其權責，研擬若干解決途徑或行動方案，所做的一種最佳選擇的歷程。

6. 決定的歷程，可以歸納為五個步驟：認識和界定問題、蒐集現況資料、研擬解決方案、選擇最佳方案、實施方案。

7. 影響學校行政決定的因素，可以歸納為：個人因素（校長和教職員）；情境因素（外界的壓力、組織成員之間的關係、學校對外界的承諾、學校本身的自主性、學校的慣例與傳統、學校資訊的流通、學校資源的可用程度）。

8. 提高學校行政決定的品質，可從下列途徑著手：(1) 採用參與式的決定模式；(2) 掌握影響學校行政決定的因素；(3) 採用合理的決定方法；(4) 了解評估學校行政決定效能的指標。

評量題目

1. 試從歷程觀點、策略觀點、統合觀點來說明計畫的意義，並比較其差異。

2. 試說明擬訂學校計畫，應考慮哪些要素？

3. 試就您所知，說明影響學校行政決定的因素有哪些？

4. 為了提高學校行政決定的品質，應該從哪些方面著手？

第六章
學校行政的領導

本章綱要

　　在一個組織之中，影響組織成效因素甚多，舉凡組織結構、組織氣氛、組織文化、工作環境、員工素質、法令規章等皆是；而這些因素當中，領導行為與管理行為乃是一個關鍵性因素，因為不同的領導行為與管理行為可能會產生不同的社會氣氛和工作績效。所以，領導行為與管理行為的研究，乃成為行政上一個重要的研究課題。為了提高學校行政效率與效能，更需致力於學校行政的領導與管理研究。領導與管理雖然為兩個概念（請參見註1），但可謂一體兩面，有關管理的理論，已在第二章加以說明過，本章僅就領導方面介紹之。

第一節　領導的基本概念

壹、領導的意義

　　「領導」（leadership）一詞常引起很大的爭議，專家學者看法頗為紛歧，有人從人格特質上著眼，有人著重於行為的方式。因此，「領導」的概念，常隨著人類社會演進而不斷發展。故乃從字義和專家學者的看法來解釋領導的意義。

一、字義的解釋

（一）中文的字義

　　「領導」一詞，可從「領」和「導」兩字來解釋。依《辭海》的解釋，「領」有項、衣之護頸處、統、本領等多種涵義；故「領袖」原指衣有領與袖為提挈之處，後來轉以喻人之能統率其下者也。《晉書・斐秀傳》：「後進領袖有斐秀。」至於「導」字，依《說文解字》為引也，後來又有通、訓、教等涵義，例如：《國語・周語》：「為訓者決之使導」；《國語・晉語》：「是以導民」（臺灣中華書局辭海編輯委員會，1986，頁 1487-1488，4821-4822）。故「領導」兩字，合而言之，即率先示範、啟迪、引導以達到所預期之目標。所以「領導」重視「以德服人」，而非「以力服人」。孔子曾言：「政者正也，子帥以正，孰敢不正。」又云：「其身正，不令而行，其身不正，雖令不從。」

（二）英文的字義

　　英文的領導一字，係指 leadership，它來自「lead」，係起源於「lit」，具有「去」（go）之意，故「lead」本身有去、通過等意，後來引申為引導某一種方法、到某一點之方法、走在前面等多種涵義（*Webster's Third New International Dictionary*, 1986）。由此可知，領導在英文上的涵義，亦具有帶領、引導之意。

二、專家學者的看法

（一）國外學者

1. 漢菲爾（J. K. Hemphill）與庫恩斯（A. E. Coons）認為，領導乃是個體指引團體活動朝向一個參與式目標的行為（Hemphill & Coons, 1957）。

2. 譚尼堡（R. Tannenbaum）、威斯勒（I. R.Weschler）與馬薩雷克（F. Massarik）將領導視為透過人際關係的影響、情境的運用、指示及溝通的過程，以朝向特定目標的達成（Tannenbaum et al., 1961）。

3. 李帕姆（J. Lipham）認為，領導是為完成或改變組織目標所倡導的各種新的架構或程序（Lipham, 1964）。

4. 費德勒（F. E. Fiedler）認為，領導乃是在團體中負起指導與協調團體活動的工作（Fiedler, 1976）。

5. 史多迪爾（R. M. Stogdill）曾綜合各家研究將領導的定義歸納為十一種：(1) 領導是一種團體過程的焦點；(2) 領導是人格及其影響；(3) 領導是一種使人順從的藝術；(4) 領導是影響力的運用；(5) 領導是一種活動或行為；(6) 領導是一種說服的形式；(7) 領導是一種權力的關係；(8) 領導是一種達成目標的工具；(9) 領導是一種互動的作用；(10) 領導是一種角色的分化；(11) 領導是一種倡導的架構（Stogdill, 1974）。而史多迪爾自己認為，領導乃是在期望和互動的架構中，達成倡導和維持的作用（Stogdill, 1974）。

6. 卡茲（D. Katz）與卡恩（R. L. Kahn）認為，領導乃是經由組織例行的指揮，以增加成員對機構順從的影響力（Katz & Kahn, 1978）。

（二）國內學者

1. 張潤書（1990）認為，領導是組織人員在交互行為下所產生的影響力。

2. 黃昆輝（1988）認為，教育行政領導乃是教育行政人員指引組織

方向目標，發揮其影響力，以糾合成員意志、利用團體智慧激發並導引成員向心力，從而達成組織目標之行政行為。

3. 謝文全（1989）認為，領導乃是在團體情境裡藉著影響力來引導成員的努力方向，使其同心協力齊赴共同目標的歷程。

4. 曾仕強、劉君政（1989a）認為，領導是一種程序，使組織成員共同為團體目標的達成而努力。有領導者，也有被領導者，更有彼此共處的情境。這三者構成的互動，便是領導。

5. 王加微（1990）認為，領導乃是引導和影響下屬在一定條件下實現目標的行動過程。

基於上述的看法，個人試著將「領導」界定如下：「領導乃是團體中的份子（領導者），在一定的情境之下，試圖影響其他人的行為，以達成特定目標的歷程。」

依此定義而言，再詳述說明之：(1) 從領導的本質來看：在人類共同活動中，為了達成某一目標，需要領導者來帶領、引導、指揮與協調等，所以領導具有實質的作用；(2) 從領導的構成因素來看：領導是一個包括領導者、被領導者和情境三要素的互動過程。領導者是領導活動的主體，沒有領導者就沒有被領導者，沒有被領導者，就無法發揮作用，但他們都必須在一定組織形式（情境）下進行活動，脫離了情境因素，領導的活動就很難進行。因此，學校行政領導可以界定為：「學校行政領導乃是學校主管在學校的環境之中，試圖影響其所屬成員的行為，以達成學校特定目標的歷程。」

貳、領導的權力基礎

任何一位領導者要發揮領導效能，必須具有某些權力來影響其部屬；而其權力來源或權力基礎何在？很多專家學者也致力這項問題的探討。

一、韋伯

德國社會學家韋伯可說是最早提出權力基礎的學者之一，他以領導者實施統治的名義（justification）和從屬者所以服從指令的理由，將權力

區分為三大類，即精神感召的權威（charismatic authority）、傳統的權威（traditional authority），以及法理的權威（legal authority）（黃昆輝等譯，1985）。

（一）精神感召的權威

這種社會統治力量，來自領導者本身的魅力和特有的風範，使其得以吸引大批的追隨者。此一類型的領導人物，如甘地（M. Ghandi）及貞德（Joan of Arc）等，皆具有令人心儀的氣質，並且他們的影響力通常都被視為出自於神的恩啟。

（二）傳統的權威

這種統治形式，源自代代傳承的世襲地位，如帝國君主及部落酋長等。他們之所以使人服從，非關乎彼等之決策品質，而是因為身居這種職位的人，素來受人服從之故。

（三）法理的權威

此類統治類型創自法律規章，普受全社會機構之支持，如公司執事人員及學校行政人員等法理權力，以其享有法定的權利和義務去發號施令，故能令人服從。

二、富蘭琪和芮文

後來，富蘭琪（J. R. P. French）與芮文（B. Raven）將權力基礎劃分為五大類（French & Raven, 1960）。

（一）法職權

係藉法規或職位而取得的權力。在組織中，領導者的職位會賦予其權力，如學校校長、公司的總經理等。

（二）獎賞權

由於部屬遵從領導者的命令或要求，領導者能夠給予部屬獎賞（包括金錢、升遷、稱讚等）的權力。

（三）強制權

由於部屬不服從命令，領導者可以強制或處罰部屬的權力。

（四）專家權

由於個人具有特殊的才能或知識，而取得的權力。

（五）參照權

由於個人人格高尚，或具魅人的領袖氣質，而使追隨者產生認同，所取得的權力，如我國的國父、印度的甘地、美國的甘迺迪（John Kennedy）總統等。

三、俞克

俞克（G. A. Yukl）曾將權力的來源分為三種：職位權、個人權，以及政治權（Yukl, 1987）。

（一）職位權

包括正式的權威、控制資源和獎賞、控制處罰、控制生態（控制物質環境、技術、工作的組織）所取得的權力。

（二）個人權

包括專門技能和知識、友善、忠誠、人格高尚所取得的權力。

（三）政治權

包括控制決定過程、結合（形成某一團體有助於得到想得到的東西）、投票（參與決定表決）、制度化等所取得的權力。

參、領導的功能

美國俄亥俄州立大學（Ohio State University）曾於 1950 年進行領導的研究，利用九項因素（創造、隸屬感、代表、統合、組織、支配、溝通、認可、生產）來測定領導的功能，結果歸納出領導的三種基本功能：保持團體關係、達成團體目標，以及增進成員互動行為（Sharte,

1956）。塞爾茲尼克（P. Selznick）亦認為，領導具有如下功能：訂定目標或界定任務與角色、實現機構的目的、機構的統合，以及調和內部的衝突（引自羅虞村，1989）。史多迪爾認為，古典學者所持領導的主要功能為：計畫、組織和控制；而行為學派學者則認為有：確定目標和維持所訂目標、提供達成目標的方法、提供和維持團體結構、增進團體活動及互動、維持團體共識及成員滿足、增進團體任務表現（Stogdill, 1974）。

　　張潤書（1990）曾提出九項領導的功能：協調、團結、激勵、計畫、授權、指導、溝通、考核、公共關係。黃昆輝（1988）則依組織大小來區分領導的功能，在大型組織中的功能為：內部的維持和外部的適應；在小型團體中的功能為：具體活動的實踐（即激發動機、管制品質、處理訊息及做好決定）。

　　基於以上的說明，個人認為領導的功能可以歸納如下。

一、促進團體達成目標

　　任何一個組織或團體皆有其所訂的目標，而目標的達成則有賴領導功能的發揮；亦即，領導者要發揮計畫（訂定妥善的計畫及實施方案）、溝通（意見溝通和協調）、考核（有效的管制考核）等功能，才易奏效。

二、維持團體組織完整

　　任何組織為求目標的達成，乃劃分若干單位執行工作，各單位處理業務時，由於所持理念或工作性質不同，磨擦或衝突在所難免，因而影響組織內部和諧安定，導致工作績效不彰。無良好的領導者發揮指導協調與統合功能，則組織將趨於解體；其次，組織是一個開放的系統，它必須適應外在環境，此時領導者需發揮彈性和指導功能，並做好公共關係，使組織得以正常運作，不致受外在環境太大影響。

三、激勵成員工作士氣

　　士氣是一個團體的精神，它是團體現象，其特點第一為目標一致：一個團體必須有共同奮鬥的目標，各個成員的一切力量完全在實現這個目標，則自然會分工合作，充分表現出團體精神；第二為共同感（feeling of together）：團體內各成員具有共同的情感，則團體任何一個人的成功，猶如全體的成功（雲五社會科學大辭典出版委員會，1983）。而要發揮成員高昂的工作士氣，則有賴領導發揮激勵的功能，使成員能夠獲得物質上和精神上的滿足。

第二節　領導理論的發展

　　領導理論採取科學研究，一般來說，約可分為四期：最早是從事特質研究，大約從 1900 ～ 1945 年最為盛行，以後仍有學者從事研究，稱為特質論（trait theory）；其次是從事行為研究，約自第二次世界大戰至 1960 年，稱為行為論（behavior theory）；之後則是從事權變研究，約自 1960 ～ 1990 年，稱為情境論（situational theory）；1990 年代以後，各種新興領導理論隨之興起。

壹、特質論

　　在領導理論的早期研究中，多集中在領導者特質上，所謂「特質」，依社會學術語來說，即指致使個人產生不同行為之生理或心理特性，因此一位成功的領導者必然具有不同於一般人的特質。所以，很多學者致力於此項研究。史多迪爾曾探討 1904 ～ 1947 年的 124 篇有關領導特質的研究，將與領導有關的因素歸納為六類（Stogdill, 1974）：

1. 能力（智力、機智、語言流暢、獨創力、判斷力）。
2. 成就（學術、知識、運動成就）。
3. 責任（可靠性、進取心、毅力、積極性、自信心、求勝慾望）。
4. 參與（活動力、社交性、合作性、適應力、幽默感）。
5. 地位（社經地位、聲望）。
6. 情境（心理層次、地位、技巧、部屬的需求與興趣、目標達成等）。

後來，史多迪爾又將 1948 ～ 1970 年的 162 篇有關領導特質的研究

進行比較研究，結果發現領導者特質有：高度責任感和使命感、追求目標的活力和毅力、解決問題的冒險性和獨創性、接受決定和行動結果的意願、了解人際關係壓力的準備、容忍挫折和延擱的能力、影響他人行為的能力，以及建立社會互動系統的能力。這些特質可有效區別領導者與部屬、有效與無效的領導者、高層領導者與低層領導者（Stogdill, 1974）。

　　總之，特質論主要是從生理和人格特質來解釋領導，但尚未發現生理的特質與成功領導的相關程度，而且人格特質與有效領導的研究結果也不太一致；故從特質來解釋領導，是有其限制，而且也過於簡化。特質論在解釋領導的本質仍有其貢獻，很多人相信某一社會背景特質可能較易成為一位領導者，例如：一個人的情感表達能力、智力、機智力、洞察力、權變能力、企圖心等，這些特質都有助於扮演一位領導者的角色。

貳、行為論

　　行為論的研究焦點在於領導者影響團體的一套行為模式，行為論的研究起源於 1930 年代的愛荷華州立大學（Iowa State University）研究，後來密西根大學（University of Michigan）、俄亥俄州立大學亦有學者陸續從事研究。

一、愛荷華州立大學的研究

　　愛荷華州立大學的研究，主要是由勒溫（K. Lewin）、李比特（R. Lippit）及懷特（R. K. White）所領導，該研究對象是以俱樂部中 19 歲以下的小孩及成年的領導者為主，旨在研究領導者三種行為：民主式（democratic）、權威式（authoratic）及放任式（laissez-faire）對團體成員行為的影響。

（一）民主式

　　分級授權，對部屬能夠信賴和愛護，而且能透過共同討論來決定事務，重視溝通與協調。

（二）權威式

任何計畫和業務的推動均由領導者決定，部屬聽從命令，無權作主。

（三）放任式

任何事務任由部屬去做，領導者不加以任何干涉或介入，即使部屬遭遇任何困難，亦由部屬自行設法解決。

研究結果發現，民主式的領導效果最佳，成員表現相當好，即使領導者不在，亦有良好表現；其次是權威式領導；而放任式領導的效果最差。

二、密西根大學的研究

密西根大學也於 1940 年代左右進行領導者行為研究，主要研究人員為卡茲、麥考比（N. Maccoby）、摩斯（N. C. Morse）等人，旨在了解領導者行為、團體歷程與團體表現的關係，以找出何種領導行為有助於團體的表現。後來，李克特（R. Likert）曾將密西根大學研究做一歸納整理，發現三種領導行為可以區別有效與無效的管理人員（引自 Yukl, 1987）。

（一）任務取向行為（task-oriented behavior）

有效的管理人員不必花時間去做和部屬所做同樣的工作，而是專心在工作取向功能上面，例如：規劃和安排工作、協調成員活動、提供必要的設備和技術協助。此外，有效的管理人員能夠引導部屬建立高度且實際的績效目標，但不重視人群關係。

（二）關係取向行為（relationship-oriented behavior）

有效的管理人員是較體貼的、支持的、幫助部屬的。關係取向行為與有效領導有密切相關，包括信任部屬、對部屬有信心、友善和體恤、設法了解部屬、幫助部屬發展生涯、關心部屬、認可部屬的貢獻和成就。所以，這種領導行為除了為部屬建立目標和方針外，也允許部屬有些自治權，去決定如何工作和調整自己。

（三）參與式領導（participative leadership）

利用團體的視導代替個人的視導。亦即利用團體會議方式，激勵部屬

參與決定、增進溝通、促進合作、解決衝突。管理人員在團體會議的角色主要是引導角色，保持支持、建設的態度，朝向於問題的解決。當然，利用參與式領導方式，並不是指管理人員逃避責任，他仍然要負起決定及後果的責任。

根據密西根大學研究的結果發現如下（Hoy & Miskel, 1987）：

1. 較有效能之領導者要比較無效能之領導者傾向於與部屬建立支持性關係，也較能增強部屬的自尊心。
2. 較有效能之領導者相對於缺乏效能之領導者在督導及做決定方面會採團體方式，而非採個人對個人的方式。
3. 較有效能之領導者要比缺乏效能之領導者傾向於建立高層次的成就目標。

三、俄亥俄州立大學的研究

1940 年起，美國俄亥俄州立大學也進行領導行為的研究，約與密西根大學研究同時進行，研究最初的目的在發展一份問卷，測量部屬對領導者行為的描述，它曾蒐集 1,800 種領導行為，最後將良好重要的領導功能歸納為 150 題，然後對軍事人員和一般民眾進行施測，同時也請受試者描述其領導者行為，經過因素分析後，歸納為兩個因子，命名為「關懷」（consideration）和「倡導」（initiating structure）（Yukl, 1987）。

（一）關懷

指一位領導者表現友善和支持部屬、關心部屬、照顧部屬福利的程度。包括：接納部屬的意見、傾聽部屬的意見、事先與部屬磋商重要問題、對待部屬一視同仁等。

（二）倡導

係指一位領導者界定其部屬達到團體正式目標角色的程度。包括：批評工作不力、指定部屬工作任務、維持所訂工作標準、提供解決問題方式、協調部屬活動等。

由於這兩種領導行為彼此相互獨立，領導者一方面可以講求組織目標，一方面也可顧及成員需求。因此，倡導與關懷兩種行為交集之後，又

可劃分為四種領導行為象限，如圖 6-1 所示。

圖 6-1

俄亥俄大學領導行為

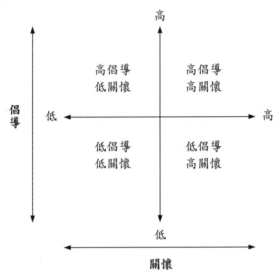

註：引自 *Management* (p. 566), by R. B. Dunham & J. L. Pierce, 1989, Scott Foresman.

1. 高倡導低關懷：領導者強調組織任務的達成及目標的獲得，而較不關心部屬的需要。
2. 高倡導高關懷：領導者重視工作的達成，也關心部屬需求的滿足，在彼此相互尊重及信任氣氛下，兼重組織目標與個人需求的行為導向。
3. 低倡導高關懷：領導者關心部屬的需求滿足，但不重視組織目標的達成。
4. 低倡導低關懷：領導者既不重視組織目標的達成，也不關心部屬需求的滿足。

根據最初的研究結果，後來乃發展「領導行為描述問卷」（Leader Behavior Description Questionnaire, LBDQ）和「視導行為描述問卷」（Supervisory Behavior Description, SBD 或 SBDQ）來測量關懷和倡導領

導行為。

哈爾品（A. W. Halpin）曾概略說明俄亥俄州立大學「領導行為描述問卷」（LBDQ）研究如下（引自 Yukl, 1987）：

1. 倡導和關懷是領導行為最重要的層面。
2. 有效的領導者常常與高倡導高關懷有關。
3. 領導者與部屬對領導效能評估不同，前者偏重倡導，後者偏向關懷。因此，領導者常發現有些角色衝突現象。
4. 高倡導高關懷的領導方式，團體常表現和諧、親密、工作程序明確及良好的工作態度等特徵。
5. 領導者所認為的行為表現與部屬所描述的行為，兩者相關極微。
6. 不同的情境會產生不同的領導方式。

行為論從另一層面來探討領導，擴大了領導的研究領域，也提供領導者在領導部屬時的參考，對於領導的研究也是一大貢獻，但由於研究工具仍受到爭議，而且未能顧及情境因素，以及領導者行為與組織效能關係不易確定。所以，後來情境的領導理論乃應運而生。

參、情境論

情境的領導理論是當今領導研究的主流，此理論的基本觀點是：領導的效能高低需視領導者行為與情境的配合程度而定，配合程度愈高，則領導效能愈高；反之，則愈低。

情境論的研究代表，主要有費德勒的「權變理論」（contingency theory）、豪斯（R. J. House）的「途徑—目標理論」（path-goal theory），以及荷賽（P. Hersey）和布蘭查（K. H. Blanchard）的「情境領導理論」（situational leadership theory），茲扼要說明這些領導理論。

一、費德勒的權變理論

費德勒可視為第一位提出權變領導理論的學者，他認為一位良好的領導者乃是領導方式為與情境需求的良好配合。因此，每一種領導方式只有用在適當的情境上才有效果。

（一）領導方式

費德勒的「權變理論」所採用的領導方式，類似於俄亥俄州立大學所研究出來的「關懷」和「倡導」方式，於是乃發展出「最不受歡迎同事量表」（The Least Preferred Co-Worker Scale, LPC）（請參見註 2）來測量領導者的領導方式，高 LPC 的領導者，即被稱為「關係取向領導者」（relationship-oriented leader），他通常是在全體員工共同參與的情況下，透過良好的人際關係來達成工作目標；而低 LPC 的領導者，被稱為「任務取向領導者」（task-oriented leader），他十分重視明確的工作程序及工作績效，不注意人際關係，也不善於協調人際衝突。

（二）情境

費德勒認為，對情境的控制和影響力，主要決定於下列三項因素：

1. 領導者與部屬關係：係指部屬對領導者忠誠、信賴和支持的程度。費德勒曾發展出「領導者與部屬關係量表」（The Leader-Member Relations Scale, LMR），共有八題（請參見註 3）。如果領導者能夠得到部屬的信賴和支持，則部屬會自動自發地工作，那麼領導者的影響力仍大。即使你的職位權力小，或者任務結構程度低，你仍擁有高度的影響力。

2. 工作結構：係指工作指示、工作目標及工作程序的明確程度。領導者了解工作目標和程序後，在做決定時才能確實掌握工作的進度和結果，那麼領導者將會具有較大的權威，也較容易得到部屬支持。費氏利用「工作結構量表」（Task Structure Scale）來評量，共有四大項十題（請參見註 4）。

3. 職權：係指領導者在其職位中所擁有的獎懲權力。此乃組織中，為了使領導者能夠領導和指揮而賦予的職權，亦即貫徹合理的命令和指示的獎懲權。所以領導者職權大小，要視組織所賦予正式權力多少而定。費氏設計「職權量表」（Position Power Scale）來評估領導者指揮部屬的權力有多大（請參見註 5）。

根據情境三個要素，將其三個量表的總分相加起來就是對整個情境的控制力。依其程度可分為三類：高度、中度和低度。高度控制即領導者有

很大的控制力和影響力，通常領導者與部屬的關係很好，工作結構高及職權大。中度控制即領導者在三項因素不盡一致，一種情形是領導者與部屬關係良好，但工作結構低、職權小；另一種情形是領導者與部屬關係不佳，但工作結構高、職權大。低度控制即領導者的控制力和影響力較低，亦即領導者與部屬關係不佳，工作結構不高，職權不大。

（三）領導方式與情境的配合

　　費德勒認為有效的領導必須領導方式與領導情境相合。高 LPC（關係取向）領導者在中度控制的情境下，有最好的表現；低 LPC（任務取向）領導者在高度控制或低度控制的情境下，有最好的表現。費氏曾將領導方式與情境做配合，如圖 6-2 所示。

圖 6-2

領導方式與情境配合

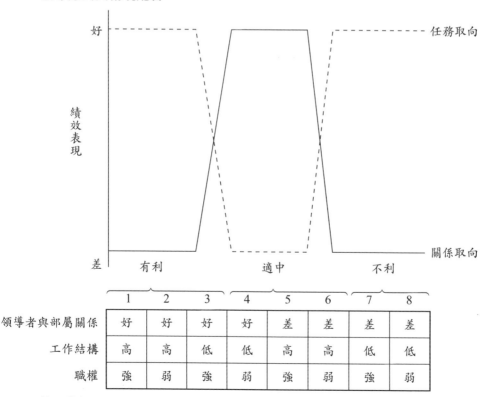

註：引自 *Leadership and effective management*, by F. E. Fiedler & M. M. Chemers, 1974, Scott Foresman.

二、豪斯的「途徑—目標理論」

豪斯於 1971 年提出「途徑—目標理論」，其基本假設是：個人為理性而目標導向的，人們會選擇有價值目標的行為，故其中心概念，在強調領導者如何影響部屬對工作目標、個人目標及達成目標途徑的知覺，如果領導者行為愈能澄清達成目標的「途徑」，以促進部屬達成「目標」，則此行為愈能激勵或滿足部屬，此即豪斯命名「途徑—目標理論」之由來（House & Mitchell, 1974）。所以領導者行為應該依情境因素而改變，才能獲得最高的領導效能。茲將「途徑—目標理論」的重要概念，說明如下（如圖 6-3 所示）。

圖 6-3

「途徑—目標理論」假設關係摘要

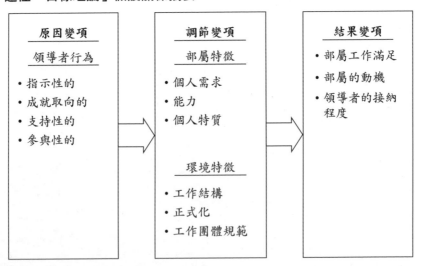

註：引自 *Educational administration: Theory research and practice* (p. 295), by W. K. Hoy & C. G. Miskel, 1987, Lane Akers.

（一）領導者行為

豪斯最初所使用的領導行為，沿用俄亥俄州立大學「倡導」行為與

「關懷」行為，後來在與密契爾（T. R. Mitchell）合作的研究中，將領導行為擴充為四大類，即指示性領導行為（directive leadership）、支持性領導行為（supportive leadership）、參與性領導行為（participative leadership）、成就取向領導行為（achievement-oriented leadership）（House & Mitchell, 1974）。茲說明如下：

1. 指示性領導行為：領導者會讓部屬知道他們所受的期望，指引部屬該做什麼事、怎麼做，使部屬了解其在團體中的角色、工作的進度、工作表現的標準，並要求部屬遵循標準法則。
2. 支持性領導行為：領導者和藹可親，關懷部屬的地位、福利及需求，使部屬工作愉快，且對部屬一視同仁。
3. 參與性領導行為：領導者會徵求部屬意見，並於做成決定前能考慮部屬的建議。
4. 成就取向領導行為：領導者會設定挑戰性目標，期望部屬有最高水準的表現，並不斷尋求改進，相信部屬會負責、努力及完成目標。他不但強調表現的卓越性，且對部屬達到此最高水準深具信心。

領導者可在不同的情境中，表現出四種不同的領導行為。

（二）情境因素

情境因素具有調節領導者行為與效能之關係的作用，故又稱為調節變項（moderator variables）。主要又分為兩大類：

1. 部屬特徵：包括個人需求、能力、個人特質等方面。
2. 環境特徵：包括工作結構、正式化（正式組織權力系統）及工作團體規範等。

（三）領導者效能

領導者效能主要包括三大部分：部屬工作滿足、部屬的動機、領導者的接納程度。換言之，領導者愈能增進部屬工作滿足、增強部屬的工作動機、增進領導者被接納程度，則領導者行為愈有效。

三、荷賽和布蘭查的情境領導理論

情境領導理論，最初是荷賽及布蘭查於 1969 年所提出的「領導

的生命循環理論」（life cycle theory of leadership），這可說是布雷克（R. R. Blake）及墨頓（J. S. Mouton）於 1964 年所提出的「管理方格」（managerial grid）以及雷汀（W. J. Reddin）的「三層面領導理論」之延伸，後來於 1976 年將其修正為情境領導理論（situational leadership theory），到了 1988 年，荷賽及布蘭查又將該理論加以修正，使其更符合實際的需要（吳清山，1990a）。

情境領導理論是以下列三者交互作用為基礎：(1) 領導者給予的指導和指示（任務行為）；(2) 領導者給予的社會情緒支持（關係行為）；(3) 成員（followers）在執行某一特別工作、任務或目標時的準備度（readiness level）。因此，情境領導理論是以任務行為（task behavior）和關係行為（relationship behavior）以及準備度為其基本架構。

（一）任務行為和關係行為

情境領導理論的任務行為和關係行為，類似於俄亥俄州立大學「領導行為描述問卷」中的倡導和關懷的概念。

任務行為是指領導者想要組織及界定其成員角色的程度。這些行為包括告訴成員做何事、如何做、何時做、何地做、誰來做。因此特別重視目標的訂定、溝通、計畫、指示、控制。

關係行為是領導者從事雙向或多向溝通的程度。這些行為包括傾聽、激勵和支持性的行為。

基於這兩種概念，荷賽及布蘭查乃提出了基本領導行為方式（如圖 6-4 所示）：高任務和低關係、高任務和高關係、高關係和低任務、低關係和低任務。從圖 6-4 可知，基本領導行為方式有四類：

1. 第一種方式（S1）：這種領導方式的特徵乃是高於一般水準的任務行為，而低於一般水準的關係行為。
2. 第二種方式（S2）：這種領導方式的特徵乃是高於一般水準的任務和關係行為。
3. 第三種方式（S3）：這種領導方式的特徵乃是高於一般水準的關係行為，而低於一般水準的任務行為。
4. 第四種方式（S4）：這種領導方式的特徵乃是低於一般水準的任務和關係行為。

圖 6-4

基本領導行為方式

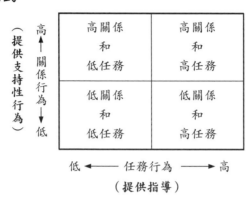

（提供支持性行為）

高←關係行為→低

高關係 和 低任務	高關係 和 高任務
低關係 和 低任務	低關係 和 高任務

低 ←── 任務行為 ──→ 高

（提供指導）

（二）準備度

　　情境領導理論的準備度是指一位成員有能力（ability）和意願（willingness）來達成某一特別任務的程度。故其不是指某個人的特徵，也不是來評估個人的特徵、價值、年齡等。簡言之，乃是一個人執行某一特別任務的準備情形。因此，準備度的要素有二：能力和意願。能力是指個體或團體在完成某一特別工作所具有的知識、經驗和技巧；而意願則指個體或團體在完成某一特別工作所具有信心承諾和動機的程度。雖然能力和意願是兩種不同的概念，但是它們彼此會產生交互影響。因此，它可分為四種準備度，如表 6-1 所示。

表 6-1

成員準備度

高	適中		低
R4	R3	R2	R1
有能力和有意願或有信心	有能力但無意願或不安全的	無能力但有意願或有信心	無能力和無意願或不安全的

　　從表 6-1 可知，在四種不同的準備度中，每一種各代表成員之能力和意願（或信心）的不同的組合：

　　1. 第一種準備度（R1）——沒有能力和沒有意願

　　　　成員沒有能力，而且缺乏奉獻精神和動機。

　　　　沒有能力和沒有安全感。

　　　　成員沒有能力，而且缺乏信心。

　　2. 第二種準備度（R2）——沒有能力但有意願

　　　　成員缺乏能力，但有動機且肯努力。

　　　　沒有能力但有信心。

　　　　成員缺乏能力，只要領導者能給予指導，則將有信心。

　　3. 第三種準備度（R3）——有能力但無意願

　　　　成員有執行任務的能力，但無利用自己能力的意願。

　　　　有能力但無安全感。

　　　　成員有執行任務的能力，但獨自工作卻沒有安全感。

　　4. 第四種準備度（R4）——有能力且有意願

　　　　成員有執行任務的能力，且具有奉獻精神。

　　　　有能力且有信心。

　　　　成員有執行任務的能力，且對自己工作有信心。

（三）準備度與領導方式

　　了解成員的準備度，有助於領導者選擇適當的領導方式。下列乃就準備度與領導方式配合情形做一說明。

　　1. 準備度 R1 之配合領導方式 S1——告訴型（telling）

　　當成員或團體是屬於準備度 R1 時，最適當的方式乃是給予大量的指導，而少給予支持性的行為。這種領導方式可稱為告訴型——告訴成員做什麼、何地做和如何做。因為在個體或團體的能力和意願都很低，而且需要指示時，告訴型的領導方式可說最為適合。此外，這種領導方式也包括指導、指示和組織。

　　2. 準備度 R2 之配合領導方式 S2——推銷型（selling）

　　當個體或團體雖沒有能力，但卻有意願或信心嘗試時，最適當的方式

乃是給予大量的任務和關係行為。因為沒有能力，給予任務行為是適當的，而且個體想要嘗試，因此最重要的是要給予支持。這種領導方式可稱為推銷型，它與告訴型不一樣，領導者不僅給予指導，而且也提供討論和澄清的機會。任務行為包括提供何事、如何、何時、何地和何人。此外，這種領導方式也包括解釋、說服或澄清。

3. 準備度 R3 之配合領導方式 S3──參與型（participating）

當個體或團體有能力，但對自己工作沒有信心，也許心理產生困擾、討厭上司，而導致工作意願不高。此時最適當的行為乃是給予大量的雙向溝通和支持性的行為，而給予少許的指導；因為個體已有能力執行任務，就不必告知做何事、何地或如何做。因此，討論、支持性和激勵性行為將更有助於問題的解決，所以參與型領導者主要是扮演著激勵和溝通的角色。此外，這種領導方式也包括合作、激勵和承諾。

4. 準備度 R4 之配合領導方式 S4──委任型（delegating）

當個體或團體有能力、有信心、有準備、有意願時，必有足夠的練習機會，即使沒有上司的指示，心裡也會感到很愉快。因此，領導者就不必對成員提供何地、何事、何時或如何做的指示；同樣地，也不必給成員大量的鼓勵和支持性行為，所以最適當的領導方式是授權部屬，不必給予過多的干涉，但一些關係行為仍是必要的，此即委任型領導方式。此外，這種領導方式也包括觀察（observing）或督導（monitoring）。

基於以上的說明，準備度與領導方式的關係可以歸納為表 6-2。

表 6-2

準備度與適當領導方式

準備度	適當方式
R1 低準備度 無能力和無意願或不安全的	S1 告訴型 高任務、低關係行為
R2 低到中準備度 無能力但有意願或有信心	S2 推銷型 高任務、高關係行為
R3 中到高準備度 有能力但無意願或不安全的	S3 參與型 高關係、低任務行為
R4 高準備度 有能力和有意願或有信心	S4 委任型 低關係、低任務行為

經過以上的說明，可以將情境領導理論的主要內涵整理歸納為圖 6-5。

圖 6-5

情境領導理論的內涵

任務行為：
領導者從事於確定成員角色，告訴何事、如何、何時、何地，其所表現行為：
- 設定目標
- 組織
- 建立時間計畫
- 指示

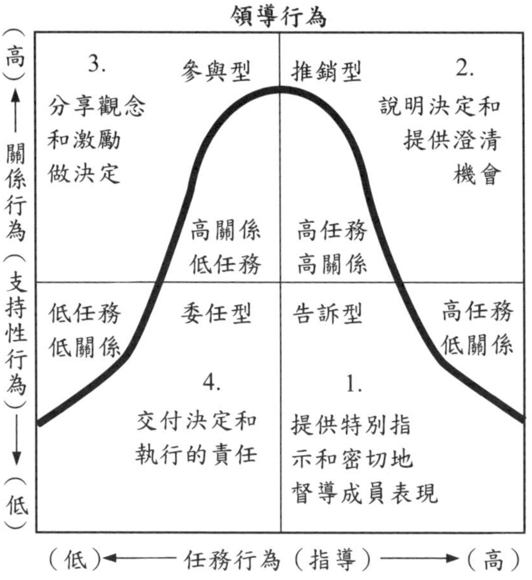

關係行為：
領導者從事於雙向（多向）溝通、傾聽、激勵行為、社會情緒支持，其所表現行為：
- 給予支持
- 溝通
- 激勵交互作用
- 主動傾聽
- 提供回饋

領導行為

（高）

關係行為（支持性行為）

（低）

3.
參與型
分享觀念和激勵做決定

高關係
低任務

低任務
低關係
委任型

4.
交付決定和執行的責任

推銷型
說明決定和提供澄清機會

高任務
高關係

告訴型

1.
提供特別指示和密切地督導成員表現

2.

高任務
低關係

（低）◄── 任務行為（指導）──► （高）

1.
領導者做決定

2.
領導者做決定但有經過討論和說明

3.
領導者／成員做決定或成員做決定（經過領導者的鼓勵）

4.
成員做決定

能力：有必備的知識、經驗和技巧

意願：具有信心、承諾感、動機

成員準備度

高	適	中	低
R4	R3	R2	R1
有能力和有意願或有信心	有能力但無意願或不安全的	無能力但有意願或有信心	無能力和無意願或不安全的

成員指示　　　　領導者指示

當領導者行為能與成員準備度適當的配合，可以稱為一種最佳可能的配合。下列乃就 S1 ～ S4 做一說明：

S1	S2	S3	S4
告訴	推銷	參與	委任
指導	解釋	激勵	觀察
指示	澄清	合作	勸告
組織	說服	承諾	履行

註：引自 *Management of organizational behavior: Utilizing human resources* (p. 182), by P. Hersey & K. H. Blanchard, 1988, Prentice-Hall.

以上乃是就領導情境論做一說明，茲將三種情境論加以比較，以供參考，如表 6-3 所示。

表 6-3
三種情境領導理論之比較

理論名稱 要素	費德勒 權變理論	豪斯 途徑—目標理論	荷賽和布蘭查 情境領導理論
主要情境變項	工作結構 領導者與部屬關係 職權	環境特徵 部屬特徵	部屬準備度（能力和意願）
領導方式	任務取向 關係取向	指示性領導行為 支持性領導行為 參與性領導行為 成就取向領導行為	四種領導方式： 告訴型 推銷型 參與型 委任型
應用	1. 領導者的方式配合情境 2. 改變情境適合領導者 3. 高或低控制情境有利於任務取向領導者 4. 適度控制情境有利於關係取向領導者	1. 假使是例行事務或簡單業務，員工中心的領導方式是最好的 2. 假使是非例行性和複雜的事務，工作中心是最好的	有效的領導方式，需配合成員的準備度，而採取不同領導方式

肆、新興領導理論

領導理論發展，從特質論、行為論到權變論，各有其貢獻。1970年代又發展出影響論〔influence theories，如魅力領導（charismatic leadership）〕和關係論〔relational theories，如轉型領導（transformational leadership）、僕人領導（servant leadership）〕（Daft, 2011），後來分

布式領導（distributed leadership）、協作領導（collaborative leadership）也受到重視。茲就這些新興領導理論扼要說明之。

1. 魅力領導，係指領導者利用其自身的魅力，鼓舞和激勵追隨者，並做出重大組織變革。

2. 轉型領導，係指領導者應用其過人的影響力，轉化組織成員的觀念與態度，使成員能同心協力，願意為組織的最大利益付出心力，進而促進追求組織的轉型與創新。

3. 僕人領導，又稱服務領導，係指領導者具有服務、謙卑和奉獻的精神，能夠尊重成員尊嚴與價值、聆聽成員意見和想法、凝聚成員社群意識，且賦予成員自我決定事務的權力，以激發成員潛能，彼此共同為達成組織目標而努力。

4. 分布式領導，係指在一個組織之中，領導活動散布於各個成員，每個成員在其負責領域和「信任與合作」氛圍下，參與領導實務運作，擔任領導角色並承擔領導責任，以利達成組織任務及提升組織效能。

5. 協作領導，係指領導者能夠形塑同心協力和相互合作的環境，運用有效的溝通和說服技巧，激勵所屬成員能夠進行個人學習和相互學習，並透過不同群體的權力分享，為共享的願景而努力。

教育補給站

正向領導

正向領導（positive leadership），係指領導者運用其影響力，建立成員能力，營造組織正向氣氛與文化，鼓勵成員相互支持與關懷，並激勵成員開展其潛能，以達組織目標的領導過程與行為。

學校校長能夠運用正向領導，有助於達成下列三項功能：(1) 促進成員良性互動，建立團隊合作意願與態度；(2) 激勵學校成員潛能，強化學校成員的成就感與尊榮感；(3) 提升學校經營效能，有效達成教育目標。

註：引自教育 U 辭書，吳清山，2014，高等教育。

教育加油站

彈性領導

彈性領導（flexible leadership），又稱為柔性領導或靈活領導，係指領導者因應內外在環境的改變，調整自己的領導行為，採取授權、分工、激勵、關懷、互動、創新和變革等領導行為，促進組織靈活運作，以發揮領導效能，達成組織發展目標。

彈性領導，顧名思義，絕非是一種僵化式或固定式的領導風格，而是能夠因應情境改變而採用有效能的領導方式。因此，彈性領導的內涵，可包括下列要素：(1) 創新求變：具有新觀念，樂於接受挑戰，因應環境改變勇於突破，不會墨守成規；(2) 信任關係：與部屬建立良好的互動，而且與部屬相互信任；(3) 授權分工：與部屬能夠做權力的分享，強化部屬做決定的能力，鼓勵成員能夠相互合作；(4) 人力資本：進行有效的人力資源管理，開發組織人員的潛能，具有高素質人力。

註：引自**教育 V 辭書**，吳清山，2020b，高等教育。

第三節　有效的學校行政領導

學校行政領導的有效與否，直接影響到校務的發展，因此如何尋求成功有效的領導以達成教育目標，一直是學校行政主管努力的重要課題。領導不僅是一門科學，而且也是一種藝術。換言之，用科學方法來領導部屬，雖然可以達成組織目標的一部分，但要能充分發揮組織功能，仍有賴領導的藝術。因此，要發揮有效的學校行政領導效果，必須從下列途徑著手，方易奏效。

壹、增進領導者的素質和修養

領導者能夠領導部屬，係其具有領導影響力。領導者的影響力，有些

是組織所賦予的，具有法定性質，帶有強制意味；而有些是領導者本身的知識、品德和能力所形成的。一般說來，如果領導者具有良好的素質和修養，很容易獲得部屬的好感與信賴；簡言之，他會運用專家權和參照權領導部屬，領導的作用（影響力）便能充分發揮。我們經常看到兩所學校，資源、人力、設備、環境等方面相差無幾，但由於領導者素質和修養的差異，結果在校務發展上卻有顯著的不同，此乃說明領導者素質和修養的重要性。領導者的素質和修養不是天生的，必須靠後天慢慢培養和鍛鍊；換言之，修己非常重要，所以一位領導者應該利用時間充實專業知識，多參加各種研習會或閱讀有關報章雜誌；同時也經常反省自己、檢討自己，使自己有了豐富的學識，也有了良好的品德。

貳、建立人性化的領導

領導的對象是人，如果離開了人，領導的影響力就無著力點。所以，領導者的一個基本觀念，是要把部屬當「人」來看待，承認每位部屬有其存在的尊嚴與價值。少數學校校長，有時會在公開場所或集會時責罵或羞辱部屬，導致部屬羞於見人，此種作為，最易引起部屬反感，此亦是最拙劣的領導者。所以，人性化領導的前提就是不濫用權力和誤用權力，濫用權力導致部屬疲於奔命、怨聲載道；誤用權力扼殺部屬向心力和生產力。因此，人性化領導的作為就是多關懷部屬，協助部屬解決困難，與部屬保持密切的關係，時時重視部屬的心理反應，部屬才會發揮自動自發精神，為達成學校教育目標而努力。

參、採用適宜的領導情境理論

長久以來，學者們一直想發展一套最好的領導方式以適用於各種情境。但是，很多研究結果顯示，並沒有單一而適用於所有目的的領導方式。

換句話說，沒有一種領導方式可以放諸四海而皆準，沒有任何一種領導理論是萬靈丹。根據領導理論的發展，一種成功而有效的領導，乃是領導者能夠將其領導行為配合獨特環境的需求。這種觀念正可提供學校校長

領導時參考。因此，不要認為某一種領導理論（如參與式領導等）是最佳領導方式。所以，校長在領導學校部屬時，應該顧及學校教職員的屬性及環境的需求，然後採取一種有效的領導方式，才能符合學校需要，發揮領導的效能。

肆、實施分層負責方式

領導者要把領導工作做好，不是一味埋頭苦幹，而是要妥善運用組織力量來達成組織目標。也就是領導者不要把權力集於一身，否則不僅苦了自己，也苦了部屬，應該採用分層負責方式，亦即分層授權，使主管有權，部屬有責。所謂「授權」，即主管授予部屬一定的權力和責任，使部屬在主管監督下，仍有相當的行動自主權。只有授權，才能使領導者有充裕的時間和能力來釐訂重大政策和計畫，加速組織革新，同時授權亦可培養部屬責任感。所以學校校長處理校務時，要先確知自己的職責範圍，這樣才能了解哪些權該授予部屬、哪些權不該授予部屬，然後再根據部屬的能力，授予適當的權力；最後領導者授權予部屬後，如發現部屬在工作有困難時，也要盡力協助其解決問題。

伍、實施用人唯才原則

領導者要達成目標，必須能夠懂得運用資源，而人才可說是組織中最大的資源。領導者能夠知人善任，使人盡其才，才盡其用，則將可提高組織績效，所以正確地選才，乃是一位領導者不可或缺的能力。當然，用人唯才的原則乃是任人唯賢，出於公正；其次依個人專長而給予適當職務；最後用人不疑，疑人不用，對部屬給予充分的信任。因此，身為學校校長，應多去了解部屬的專長和潛能，並提供適當的機會，使部屬能夠充分發揮潛能，則部屬將更具有成就感與滿足感，學校效能也就更容易發揮。

附 註

註1：「領導」與「管理」不同，吳清基認為「管理」較重視低層次的
工作計畫、執行與監督考核，而「領導」較重視高層次的工作決
策與指導；此外，領導則較強調機關任務與目標的達成，而管理則
在求降低成本與增進效率，兩者範疇有所不同（請參閱吳清基，
1989）。事實上，「領導」與「管理」仍具有共同之處，任何領導
活動，都需借助於他人來表現，基於此種觀點，領導可視為一種管
理的活動。「領導」與「管理」所追求的目標不同，「領導」重視
工作效能的提高，而「管理」強調工作效率的提高。

註2：「最不受歡迎同事量表」內容如下：

快樂的	8：7：6：5：4：3：2：1	不快樂的
友善的	8：7：6：5：4：3：2：1	不友善的
拒人千里的	1：2：3：4：5：6：7：8	接納他人的
緊張的	1：2：3：4：5：6：7：8	輕鬆的
疏遠的	1：2：3：4：5：6：7：8	親近的
冷漠的	1：2：3：4：5：6：7：8	熱情的
支持的	8：7：6：5：4：3：2：1	敵對的
煩人的	1：2：3：4：5：6：7：8	有趣的
好爭論的	1：2：3：4：5：6：7：8	和睦的

憂鬱的	1：2：3：4：5：6：7：8	開朗的
開放的	8：7：6：5：4：3：2：1	保守的
造謠的	1：2：3：4：5：6：7：8	忠誠的
不可信賴的	1：2：3：4：5：6：7：8	可信賴的
體貼的	8：7：6：5：4：3：2：1	不體貼的
陰險的	1：2：3：4：5：6：7：8	親切的
隨和的	8：7：6：5：4：3：2：1	不隨和的
虛偽的	1：2：3：4：5：6：7：8	誠懇的
仁慈的	8：7：6：5：4：3：2：1	無情的

註：引自 *New approaches to effective leadership: Cognitive resources and organizational performance* (p. 71), by F. E. Fiedler & J. E. Garcia, 1987, John Wiley & Sons.

註3：「領導者與部屬關係量表」內容如下：

請在下面各題中圈選最能代表您答案的數字	非常同意	同意	無法決定	不同意	非常不同意
1. 我的部屬彼此相處得並不好。	1	2	3	4	5
2. 我的部屬是可靠和值得信任的。	5	4	3	2	1
3. 我的部屬間相處的氣氛似乎很融洽。	5	4	3	2	1
4. 部屬常跟我合作把事情做好。	5	4	3	2	1
5. 我和部屬之間有摩擦。	1	2	3	4	5

請在下面各題中圈選最能代表您答案的數字	非常同意	同意	無法決定	不同意	非常不同意
6. 在工作上，部屬給我很大的協助與支持。	5	4	3	2	1
7. 我的部屬彼此很合作。	5	4	3	2	1
8. 我和部屬的關係很好。	5	4	3	2	1

註：引自 *Improving leadership effectiveness: The leader match concept* (p. 53), by F. E. Fiedler et al., 1977, John Wiley & Sons.

註4：「工作結構量表」內容如下：

請在下面各題中，圈選一個最適當的答案	經常有	偶爾有	幾乎沒有
一、工作目標是否明確？			
1. 是否有藍圖、照片、模型或詳細指示說明工作內容？	2	1	0
2. 是否有上級人員指示或向您說明工作的具體目標？	2	1	0
二、是否只有一種方法可以達成任務？			
1. 工作時，是否有一套明確或標準的作業程序？	2	1	0
2. 是否有特別的方法，將工作細分為幾個步驟？	2	1	0
3. 在執行工作時，是否會發覺某些方法比其他方法有效？	2	1	0
三、正確的答案或結果是否只有一種？			
1. 是否使用某些明確的方法，以考核工作成果？	2	1	0
2. 是否使用書面資料，以指出何者為最佳工作成果或解決方案？	2	1	0
四、工作成果是否容易考核？			
1. 評量工作成效時，是否依據同一標準？	2	1	0
2. 評估工作成效時，是否使用量化的方法？	2	1	0
3. 領導者和部屬是否能及時地評估工作成效，以改進未來的工作績效？	2	1	0

註：引自 *New approaches to effective leadership: Cognitive resources and organizational performance* (p. 53), by F. E. Fiedler & J. E. Garcia, 1987, John Wiley & Sons.

註 5：「職權量表」內容如下：

請在下面各題中，圈選一個適當的答案		
1. 我能否直接或經由建議來獎懲部屬？		
2	1	0
能直接做到或建議十分有效	能建議但不一定有效	不能
2. 我能否直接或經由建議來影響部屬晉升或降級之決定？		
2	1	0
能直接做到或建議十分有效	能建議但不一定有效	不能
3. 我是否有足夠的能力分配部屬的工作，並指示其工作的方法？		
2	1	0
有	有時有或在某方面有	沒有
4. 我是否有權考核部屬的工作績效？		
2	1	0
有	有時有或在某方面有	沒有
5. 我是否具有組織所賦予的正式職稱（如領班、部門主管、排長等）？		
2	0	
有	沒有	

註：引自 *New approaches to effective leadership: Cognitive resources and organizational performance* (p. 77), by F. E. Fiedler & J. E. Garcia, 1987, John Wiley & Sons.

校長領導出問題，遭批不適任

　　某國中於 2020 年 6 月 20 日舉行畢業典禮，但過程中有近 50 名學生舉牌抗議，大喊「師長優秀，校長做秀」、「惡質廠商離開校園」，抗議校長不適任，為時半小時之久。

　　據了解，抗議導火線在於校內游泳池任由委外包商優先供給校外人士、他校學生使用，校內師生沒得用，校長不作為，也不積極介入協調，將責任丟給體育老師，導致師生權益受損。

　　此外，部分老師亦表示校長於 2015 年接任後，隔年包含教務主任、總務主任等都申請轉調，讓學校行政系統運作也不夠穩定，還有多名國文老師也因不滿校長領導，申請集體退休，顯見校長領導出了問題。

問題討論

1. 這位校長面對師生指控，該如何加以因應？
2. 請分析這位校長的領導出了哪些問題，如何改進？
3. 此一事件對於校長領導有何啟示作用？

本章摘要

1.「領導」一詞，依中文字義有率先示範、啟迪、引導以達到所預期之目標之意；而依英文字義亦有帶領、引導之意。

2.「領導」可界定為團體中的份子（領導者）在一定的情境之下，試圖影響其他人的行為，以達成特定目標的歷程。

3. 領導的權力基礎，依富蘭琪和芮文的看法，可分為五大類：法職權、獎賞權、強制權、專家權、參照權。

4. 領導的功能，主要可歸納為：促進團體達成目標、維持團體組織完整、激勵成員工作士氣。

5. 領導理論的發展，可分為四期：特質論（大約從 1900～1945 年）、
　　行為論（約自第二次世界大戰～1960 年）、情境論（約 1960～1990
　　年），以及新興領導理論（1990 年迄今）。

6. 特質論所持論點乃是一位成功的領導者必然具有不同於一般人的特質，
　　所以主要從生理和人格特質來解釋領導。

7. 行為論研究焦點在於領導者影響團體的一套行為模式，主要的研究機
　　構，以愛荷華州立大學、密西根大學、俄亥俄州立大學為代表。愛荷華
　　州立大學的研究，主要是由勒溫、李比特及懷特所主持，旨在研究領導
　　者三種行為：民主式、權威式及放任式，對團體成員行為的影響。而密
　　西根大學的研究，是由卡茲、麥考比、摩斯等人所負責，旨在了解領導
　　者行為、團體歷程與團體表現的關係，以找出何種領導行為有助於團體
　　的表現；後來研究發現三種領導行為可以區別有效與無效的管理人員，
　　即「任務取向行為」、「關係取向行為」及「參與式領導」。至於俄亥
　　俄州立大學的研究，最初的目的在發展一份問卷，測量部屬對領導者行
　　為的描述，後來經過因素分析後，歸納為兩個因子，命名為「關懷」與
　　「倡導」。

8. 情境論的基本論點為：領導效能的高低需視領導者行為與情境的配合
　　程度而定，主要的代表有：費德勒的「權變理論」、豪斯的「途徑—目
　　標理論」、荷賽和布蘭查的「情境領導理論」。

9. 費德勒的「權變理論」的要素：領導方式、情境（領導者與部屬關係、
　　工作結構、職權）、領導方式與情境的配合。

10. 豪斯的「途徑—目標理論」主要包括三要素：領導者行為（指示性的、
　　成就取向的、支持性的、參與性的）、調節變項（部屬特徵：個人需
　　求、能力、個人特質；環境特徵：工作結構、正式化、工作團體規
　　範）、結果變項（部屬工作滿足、部屬的動機、領導者的接納程度）。

11. 荷賽及布蘭查的「情境領導理論」是以下列三者交互作用為基礎：(1)
　　領導者給予的指導和指示（任務行為）；(2) 領導者給予的社會情緒支
　　持（關係行為）；(3) 成員在執行某一特別工作、任務或目標時的準備
　　度。

12. 新興領導理論主要有：魅力領導、轉型領導、僕人領導、分布式領導、協作領導等。

13. 有效的學校行政領導，可從下列途徑著手：(1) 增進領導者的素質和修養；(2) 建立人性化的領導；(3) 採用適宜的領導情境理論；(4) 實施分層負責方式；(5) 實施用人唯才原則。

評量題目

1. 試說明特質論對學校行政領導的啟示。
2. 試說明行為論對領導理論的影響。
3. 請說明荷賽和布蘭查情境領導理論在學校行政領導上的應用。
4. 假如您是某校的校長，如何增進您的領導效能？

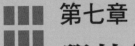

第七章
學校行政的溝通

　　學校係由許多不同的單位和人員所組成，由於每個單位有不同的業務，同時每個人都來自不同的環境。所以，在業務的處理上，難免會產生誤解或形成歧見，導致業務無法順利推動。因此，為減少誤解和化除歧見，就必須重視溝通，俾使能達成學校教育目標。

第一節　溝通的基本概念

壹、溝通的意義

一、文字的意義

「溝通」一詞，依照中文字義，原指開溝使兩水相通，例如：《左傳・哀公九年》：「吳城邗溝，通江淮。」即為此意；後來引申為疏通意見使之融洽，謂之溝通（臺灣中華書局辭海編輯委員會，1986）。而英文的溝通——communication，係源自於拉丁文的 communicatus，它有事實或訊息的交換等涵義（*Webster's Third New International Dictionary*,1986）。

二、學者專家的看法

「溝通」一詞，各學者專家所下的定義不盡一致，茲分別說明之：
1. 施拉姆（W. Schramm）和羅伯茨（D. E. Roberts）認為，溝通乃是分享消息、事實或態度，試圖與他人或團體建立共同的了解與看法（Schramm & Roberts, 1971）。
2. 麥克羅斯基（G. McCloskey）認為，溝通是個人或團體藉以傳遞觀念、態度或事實到其他個人或團體之一種心理—社會歷程（McCloskey, 1967）。
3. 黎維斯（P. V. Lewis）指出，溝通乃是藉分享訊息、觀念或態度，使發訊者與收訊者間產生某種程度的了解（Lewis, 1975）。
4. 穆曼（E. Moonman）也認為，溝通乃是一個人或團體傳達情感或意見給另一個個人或團體的歷程（Moonman, 1970）。
5. 張金鑑（1986）亦將溝通視為使機關的問題與任務獲得共同了解，使思想一致、精神團結的方法和程序。
6. 謝文全（1989）綜合各家的看法，將溝通界定為個人或團體相互交換訊息的歷程，藉以建立共識協調行動，集思廣益或滿足需求，

　　進而達成預定的目標。

　　綜合以上的說明，「溝通」可視為：「個人或團體傳達情感、訊息、意見或事實到其他的個人或團體，彼此能夠產生相互了解的一種歷程。」

　　基於以上的定義，再將溝通做進一步說明：

1. 溝通的本質：它是二人或二人以上的互動歷程。
2. 溝通的內容：它的範圍相當廣，舉凡情感、訊息、意見或事實等都可涵蓋在內。
3. 溝通的目的：主要在於獲得相互的了解，俾能建立一致的行動。

貳、溝通的功能

　　溝通是一種有目的的活動，有時候在說服別人、消除歧見、建立共識，有時候在發抒情感、滿足需求，當然有時候則在集思廣益、尋求對策。所以，溝通是具有其功能存在的。

　　因此，史考特與密契爾認為，溝通的基本功能有四：表達情感、激勵士氣、資訊傳遞，以及任務控制，如表 7-1 所示。說明如下。

表 7-1

溝通之目的

功能	取向	目標	理論及研究焦點
表達情感	感情	增加組織角色之接受程度	滿足；衝突；緊張；角色
激勵士氣	影響	致力組織目標之達成程度	權力；順從；期望；行為改變；學習
資訊傳遞	技術	供給決策所需資料之程度	決策；資訊處理；決策理論
任務控制	結構	澄清任務、責任之明確程度	組織設計

註：引自 *Organizational theory: A structural and behavioral analysis* (p. 193), by W. Scott & T. Mitchell, 1976, Richard D. Irwin.

一、表達感情

在任何組織中，人與人之間必須相互接觸，因而建立其溝通網絡（communication networks），透過網絡，人員可將心中的感受表達出來，有時可滿足內在的心理需求，有時可減輕內在的緊張情緒，進而增加對組織角色的接受程度。因此，情感的發抒對自己、對團體都有益處。

二、激勵士氣

組織中的領導者，為了了解部屬的工作任務及工作績效，就必須利用溝通的方式來進行，使部屬知道自己的工作內容、要求和獎酬等。因此，為激勵部屬工作士氣、強化其工作行為，使其致力於組織目標的達成，溝通是必要的。

三、資訊傳遞

任何主管人員要建立一個最佳的決策，必須有足夠的資訊作為分析和研判之用，否則將流於空談，不切實際。因此，在溝通的過程中，就可蒐集到一些資訊，來增加決策的正確性。

四、任務控制

在組織中，成員都有其工作的任務和責任，如果遇到成員對自己職責混淆不清，則須靠溝通來澄清；此外，亦可對組織的結構重新規劃或設計，以適應新的發展需求，才能增強對部屬的任務控制。

參、溝通的歷程

溝通的歷程主要包括六大要素：發訊者、訊息、通路、收訊者、回饋作用及知覺。這些因素的組合，如圖 7-1 所示。

圖 7-1

溝通的歷程

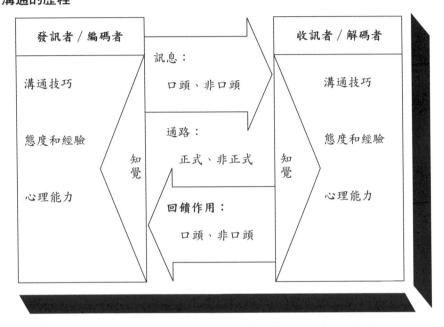

註：引自 *Business communication: Strategies and skill* (p. 33), by R. C. Huseman, J. M. Lahiff, J. M. Pence Jr. & J. D. Hatfield, 1985, CBS College Publishing.

一、發訊者

溝通需要二人或二人以上，一人傳送訊息，稱為發訊者，另一人則接受訊息，稱為收訊者。一般而言，發訊者發出訊息愈具體明確，則溝通效果愈佳。因此，發訊者的溝通技巧、態度、經驗和心理能力，便相當重要。

二、訊息

發訊者所傳送的訊息，可能是口頭的，也可能是非口頭的，為了增進溝通效果的訊息，應避免語義不清，而應簡明扼要，易為收訊者所熟悉和注意，甚至有時可用圖表或舉例說明之。

三、通路

任何訊息，由發訊者至收訊者之路徑，謂之通路，例如：口頭溝通所透過的「空氣」及「線路」，就是「通路」。在通路中，有些是正式的，它是法定的、循組織體系的，如公告、公函之類；有些是非正式的，它不是法定的，也不是循組織體系的，如演講或報載之類。

四、收訊者

發訊者發出訊息，接受訊息者即為收訊者。當收訊者對訊息認識不清，則可能遭誤解或忽視，就達不到溝通的效果，所以收訊者的溝通技巧、態度、經驗和心理能力，在溝通效果上扮演著重要的角色。

五、回饋作用

在溝通過程中，收訊者對發訊者所採用的反應及回送訊息，即為回饋作用。此時，收訊者變為發訊者，發訊者成為收訊者，於是成為雙向溝通，進而達到意見交流的目的。在回饋的過程中，可採用口頭的，亦可採用非口頭的。

六、知覺

在溝通的歷程中，發訊者與收訊者本身對訊息的知覺，也會影響到溝通的效果，因為它會影響到訊息的編碼（encoding）及解碼（decoding）。

在一般訊息的傳遞中，需經過轉碼，才能了解，所以發訊者與收訊者的知覺能力顯得相當重要。學校行政人員了解溝通的歷程之後，將來在傳遞訊息時，才能掌握其要件，達到溝通的目的。

肆、溝通的媒介

在學校溝通的過程中，所使用的媒介相當多，有時是採用書面方式，有時是採用口頭方式。在資訊化時代，透過網路科技作為媒介，更可掌握其即時性和便利性，茲將溝通媒介列如表 7-2 所示。

表 7-2

溝通媒介

書面（紙張或網路）	口頭（面對面）	口頭（電話或視聽或網路）
・通告	・面對面會議	・電話
・信函	・視訊會議	・電視
・備忘錄		・光碟
・電子報		・Line、Facebook、Skype、
・e-mail		WeChat 等網路語音系統
・Line		・Google Meet、Webex、
・Facebook		Zoom、Microsoft Teams
・Skype		
・WeChat		
・Instagram		

　　學校行政人員究竟應採用何種溝通的媒介最有效，恐怕要視訊息、時間、人員、場所及設備而定。換言之，所採用的溝通媒介要有彈性，方易見到效果。

伍、溝通的方式

　　在各種組織（包括學校）的溝通，有時可透過組織的正式結構來溝通，有時則以非正式的管道進行。因此，依成員進行溝通之途徑來看，溝通的方式主要有二：正式溝通與非正式溝通，茲分別說明之。

一、正式溝通

　　正式溝通乃是依循組織的層級節制（hierarchy）或組織的權力路線（line of authority）作為溝通的管道（channel）（吳挽瀾，1989，頁234）。所以在正式溝通時，不可越級報告或越級下達命令，否則會產生衝突。

　　在正式溝通中，又可分為三種：向下溝通（downward communication）、向上溝通（upward communication）及平行溝通（horizontal communication）。

（一）向下溝通

係指透過行政組織的層級節制體系，上級人員將訊息傳遞給下級人員的過程。所以，它是由上而下的溝通，也就是領導者向被領導者進行的訊息溝通。這種溝通方式的主要目的有五：(1) 給部屬明確組織的目標；(2) 有關工作方面的指示；(3) 為提醒部屬對於工作及其他任務關係的了解；(4) 對部屬提供關於程序與實務的資料；(5) 對部屬回饋其本身工作的績效。但其缺點是：(1) 易形成一種「權力氣氛」而影響士氣；(2) 由於曲解、誤解、擱置等因素，沿線而下的訊息不免逐步失真（王加微，1990）。

（二）向上溝通

係指在行政組織中，下級人員向上級人員表達意見的過程。所以，它是自下而上的溝通。向上溝通的主要優點：(1) 可幫助主管人員掌握實況，做出較佳決定；(2) 員工能夠有反映意見的機會，可獲得心理上的滿足。但其缺點則是：(1) 易招致逢迎或打小報告之譏；(2) 層級眾多，溝通時間費時；(3) 部分主管人員對於部屬所表達的意見缺乏興趣，致效果不彰。

（三）平行溝通

係指在行政組織中，同一層級的單位或人員之間的相互溝通。這種溝通方式主要優點有：(1) 加強單位之間的了解，消除本位主義；(2) 減少層級輾轉，提高工作效率；(3) 彌補向上、向下溝通之不足。而其缺點則是平行溝通如未經主管人員授權，很難獲得有效結論。

為便於了解，乃以學校為例，將正式溝通圖示於圖 7-2。

圖 7-2

正式溝通──以學校為例

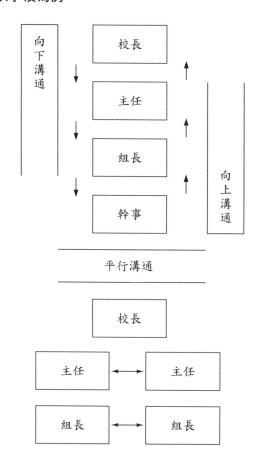

二、非正式溝通

非正式溝通係指在正式溝通之外,所進行的訊息傳遞和交流。所以,它通常建立在工作人員的社會關係上,因此具有變動性。這種溝通方式、地方、時間和內容均不固定,可能採用閒聊方式,也可能採用餐敘方式。

其主要優點為:(1) 溝通方便且速度快;(2) 可提供一些正式溝通中難以獲得的訊息;(3) 容易傳播新訊息;(4) 疏導員工不滿情緒反應。但其缺點則為:(1) 易造成「謠言」,混淆視聽;(2) 運用不當會降低正式溝通功

能；(3) 有時會造成人身攻擊，影響成員向心力。

陸、溝通的網絡

　　任何組織都可能發展多種變化的網絡來導引溝通，有些溝通網絡是單向的（one-way），有些是雙向的（two-way），這些溝通網絡對組織都會產生某種程度的影響。

　　米德密斯特和希特曾將溝通網絡界定為：它是溝通管道的型態，提供了組織溝通流程的架構（Middlemist & Hitt, 1981）。溝通網絡彼此之間的差異主要是在管道的分配、數量，或者單、雙向。希特、米德密斯特與馬蒂斯曾提出一個溝通網絡圖，如圖 7-3 所示。所以，溝通網絡的型態可以歸納為輪式、輪轉式、圓周式、鏈式、Y 式和全管道式，分述如下。

一、輪式

　　主管人員分別向下級人員溝通聯繫，只有主管人員才能了解全部狀況，下級人員只能了解其服務單位狀況，大部分偏重於指示或下達命令。

二、輪轉式

　　沒有主管人員，溝通人員處於平等地位，可以收到互動效果，但溝通是採輪轉方式。

三、圓周式

　　又稱環式，是屬於同層次的或水平的溝通狀況，任何人都可以擔任溝通者的地位。與輪轉式不同，一次可同時收到兩人所發出的訊息。

四、鏈式

　　它是指在溝通訊息時，採用層級傳遞，最高主管人員的訊息可以依層級傳遞至最基層人員。

圖 7-3

溝通網絡

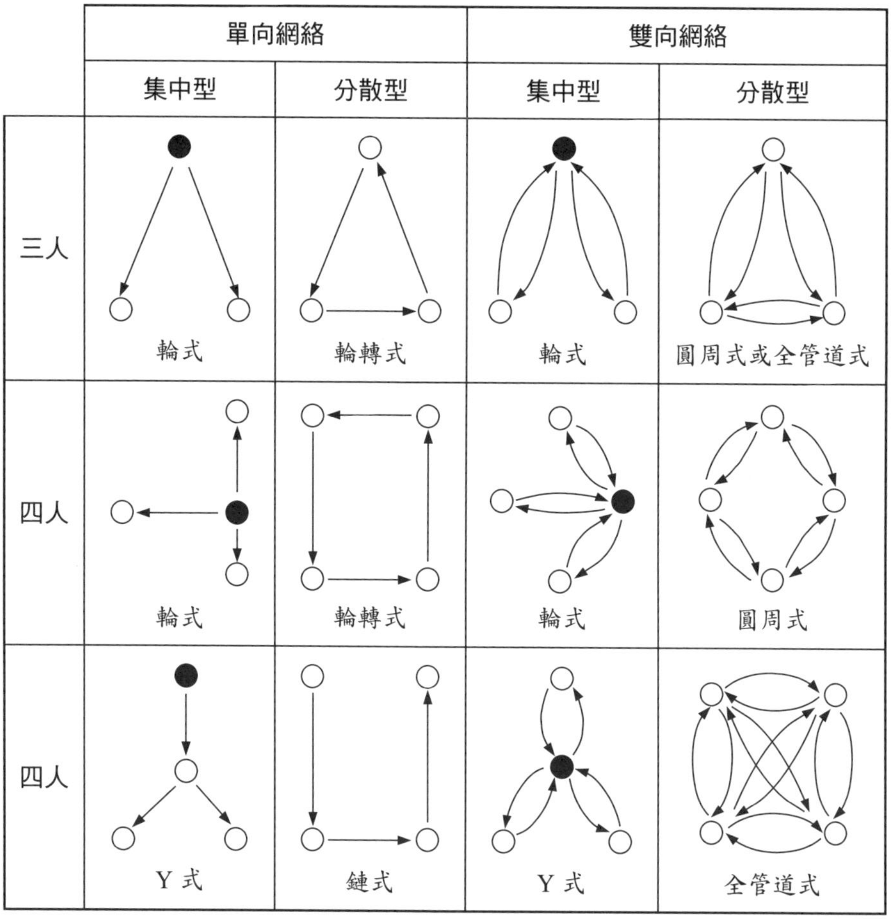

	單向網絡		雙向網絡	
	集中型	分散型	集中型	分散型
三人	輪式	輪轉式	輪式	圓周式或全管道式
四人	輪式	輪轉式	輪式	圓周式
四人	Y 式	鏈式	Y 式	全管道式

●係指主要的人，可能是一位領導者或者其他高地位的人。

→箭頭指示溝通的方向。

註：引自 *Management: Concepts and effective practice* (p. 410), by M. A. Hitt et al., 1986, West.

五、Y 式

　　表示訊息傳遞時，採用集中型的單向溝通，主管人員傳遞訊息給下級

主管，然後再由下級主管將訊息傳遞給其他人員，猶如一個倒 Y 字；而雙向溝通時，主管人員處於核心地位，將訊息傳遞給其他人員，但亦獲得其他人員的回饋。所以此種溝通型態只跟上一層或下一層溝通，因此大部分的溝通都會透過一位核心人員，它可視為鏈式的修正。

六、全管道式

　　組織的成員處於平等地位，可以相互溝通聯繫，沒有主管人員與下級人員之分。

　　在這些溝通型態之中，論解決問題的速度，以輪式最快，正確性也最高，其次是鏈式、圓周式；但對成員的服務士氣而言，以圓周式最高，輪式最低。如表 7-3 所示。

表 7-3

溝通網絡之效果

評價標準	鏈式	輪式	環式	全管道式	Y 式
集中性	適中	高	低	很低	適中
速度	適中	1. 快（簡單任務） 2. 慢（複雜任務）	慢	快	適中
正確性	高	1. 高（簡單任務） 2. 低（複雜任務）	低	適中	高
領導能力	適中	很高	低	很低	高
團體份子滿足	適中	低	高	很高	低

註：引自**圓滿的溝通**，曾仕強、劉君政，1989b，駿馬。**現代管理學**，龔平邦，1984，三民。

教育加油站

肢體語言

　　肢體語言，又稱為身體語言，是指使用身體運動或動作來代替或輔助聲音、口頭言語或其他交流方式而進行交流的一個術語。它是副語言（paralanguage）的一種類型（副語言包括各種形式的非口頭語言之人類交流方式），包括不為人注意的最細微動作，例如：眨眼和眉毛的輕微運動。肢體語言可以與面部表情結合使用。

註：引自**肢體語言**，維基百科，無日期，https://zh.wikipedia.org/wiki/肢體語言。

第二節　影響溝通障礙的因素

　　在訊息傳遞的過程中，發訊者與收訊者之間的溝通所遭遇的障礙，是難以完全排除的。史迪爾斯（R. M. Steers）曾指出，不能有效溝通的障礙主要包括：缺乏興趣、知識不足、接受者的偏見、社會障礙及情境本身（Steers, 1984）。陳義勝（1980）也指出，有效溝通的障礙為：知覺、語言文字與語意上的問題、連結人數、地位、時間的壓力。

　　綜合各家的看法，影響溝通障礙的因素主要有二：人際上的障礙和組織上的障礙，茲分別說明之（Hitt et al., 1986）。

壹、人際上的障礙

　　溝通之人際上的障礙，主要涉及到發訊者與收訊者的技巧、態度和知覺等方面。五種人際上的障礙是：知覺、語意上的問題、發訊者的信任程度、不良的傾聽技巧、主管人員與部屬的關係。

一、知覺

　　知覺在訊息傳遞過程中扮演著頗為重要的角色，因為發訊者要經過

「編碼」才能把訊息發送出去，而他只能在所知覺的經驗和知識範圍內進行編碼；同樣地，收訊者也要經過「解碼」，才能接收訊息，也只能在所知覺的經驗和知識範圍內進行，否則溝通將遭遇障礙。一般而言，知覺常會受價值觀念、信仰及過去經驗所影響，因而影響到溝通效果。因此，若發訊者與收訊者所感受到的是同樣經驗，較不易產生溝通不良的現象。

二、語意上的問題

語言（包括口頭語言與書面語言）可說是人與人之間最主要的溝通媒介。由於每個人出身背景、教育經驗、語言素養及表達能力都不太一樣，常常會產生語意上的問題。對同一種概念或訊息，有些人表達很清楚；有些人表達不很清楚，溝通就產生問題。所以，在訊息傳遞過程中，發訊者與受訊者彼此間對訊息的了解是相當重要的，語意上的誤解，常會影響到溝通的效果。

三、發訊者的信任程度

訊息的解碼或解釋，受到收訊者對發訊者信任程度影響極大。假如收訊者對發訊者有信心，則他（她）將很樂意接受訊息。反之，收訊者對發訊者不予以信任，則他（她）可能對訊息產生懷疑，甚至不予以理會，因為收訊者常常發現發訊者的訊息有所隱瞞。因此，一旦發訊者不受到信任，其所發出的訊息必受到扭曲，則很難達到溝通的效果。

四、不良的傾聽技巧

很多溝通問題是由不良的傾聽技巧所造成。假如收訊者沒有聽到訊息，就不可能產生溝通。一般主管人員常常只扮演著發訊者的角色，忘了自己也是一位收訊者，於是就產生了溝通障礙，也就很難從收訊者處獲得回饋，進而得到更多的訊息。一位主管很少有時間來傾聽和接收回饋，這種不良的傾聽技巧，成為有效溝通的障礙之一。

五、主管人員與部屬的關係

主管人員與部屬的不和諧關係，常常影響到溝通，因為在此種情境

下，主管人員不願與部屬溝通，部屬也不把主管人員的話放在心上。此外，主管人員具有獎賞權、人事升遷等各種權力，部屬有時儘量不與主管溝通，以免被主管抓到把柄，影響到將來升遷。基於以上因素，常常阻礙了主管人員與部屬相互間的溝通。

貳、組織上的障礙

雖然人際上的障礙深深影響著有效溝通，但是組織上的障礙，在溝通過程中也同樣具有很大的影響力。一般而言，組織上的障礙主要包括網絡故障、資訊過量、時間壓力等。

一、網絡故障

在組織中，網絡故障常會干擾到溝通的管道，例如：電話受到干擾、人員彼此猜忌、幕僚人員資料不全等，都可能造成網絡故障，因而產生溝通不良的現象。因此，組織為維持有效的溝通，必須確保網絡暢通無阻。

二、資訊過量

訊息並非愈多愈好，有時候過量的訊息常會造成溝通的障礙。因為過量的訊息會造成收訊者的一大負擔，無法有效地處理。由於組織經常要面臨著不確定的未來，所以常需要大量的訊息來處理這種不確定的問題，隨著科技的進展，每個人的工作愈來愈專精，所需的訊息也愈來愈多，這種過量的訊息不是造成混淆和誤解，就是根本予以忽視。所以，重要的是要有充分有用的訊息。

三、時間壓力

時間壓力造成無法有效溝通的主要原因：(1) 發訊者沒有足夠的時間提供完整的訊息，或者所選擇的溝通管道偏重於方便（如用電話）而不重有效（如面對面）；(2) 發訊者不願發出訊息給有關人員，也許他們沒有足夠時間獲得回饋。因此，發訊者受到時間的限制，常常無法給予收訊者詳細的訊息，以致收訊者無法了解溝通的訊息和目的。

第三節　增進學校行政溝通的有效途徑

　　溝通是學校行政組織運作最重要的方式之一，賽蒙曾指出：「沒有溝通，即無組織」（引自 Luthans, 1973）。由此可見，學校如果缺乏溝通，整個行政則無法運作，學校教育功能也就無從發揮。

　　為了有效增進學校行政溝通效果，盧尼堡（F. C. Lunenburg）與歐恩斯坦（A. C. Ornstein）曾提到，克服溝通障礙的做法，包括：重複、同理心、理解、回饋、傾聽（Lunenburg & Ornstein, 2008），讀者可從下列兩方面著手：掌握有效溝通原則、肯定非正式溝通功能，茲分別說明如下。

壹、掌握有效溝通原則

一、重視雙向溝通

　　在溝通過程中，它涉及到發訊者與收訊者，假如發訊者只顧發出訊息，而不顧收訊者的需要及反應，則溝通效果必大打折扣。所以，身為學校行政人員，不要偏重單向溝通，更要重視並善於利用雙向溝通，使收訊者有表達自己意見的機會，才容易達到溝通的目的，對達成共識有很大的助益，也有助於工作的推動。因此，學校在決定重大政策（如校務發展計畫）或解決重大問題時，應以雙向溝通為主。

二、善用溝通媒介

　　溝通的媒介相當多，可採用書面方式，亦可採用口頭方式；學校行政人員可依人員的多寡、訊息的內容、場地的大小等各種因素，採用不同的媒介，例如：向校外人士做學校簡報，最好利用視聽器材，增加視覺效果，加深觀眾印象；又如行政會議，則採用口頭（面對面）方式較佳；其他校務重大事情的轉達，仍以通告的方式較佳。所以，學校行政人員要能善用溝通媒介來增強溝通效果。

三、培養傾聽技巧

傾聽的技巧，在有效的溝通也扮演著頗為重要的角色。具有良好的傾聽技巧，有助於雙方的溝通。鮑威爾（J. T. Powell）曾提出七項有效的傾聽技巧（Powell, 1983），可供學校行政人員參考：

1. 他人在講話時，不要讓自己的心思徘徊在其他主題上；而且，也不要搶先去猜測發訊者最後的結論。
2. 傾聽重要訊息而非簡單事實。
3. 不要憑過去的經驗來判定發訊者所發出訊息的重要性。
4. 排除外在的干擾，如電話鈴聲或其他干擾。
5. 讓發訊者完成發出訊息，不要打斷其思路。
6. 發訊者完成訊息發送後，摘記或重述其重要概念，以避免誤解或模糊不清。
7. 發展一種回饋的過程。

如果學校行政人員能把握住這七項傾聽技巧，當能提高溝通效果。

四、訊息簡明扼要

訊息傳遞是溝通過程中最重要的因素之一，如果所傳遞的訊息語意不清、模棱兩可、東拉西扯，則收訊者將很難了解其溝通訊息。所以，溝通時訊息要簡明扼要；必要時，可重複訊息。部分學校行政人員（尤其是校長），傳遞訊息太多且無重點，致使師生很難接受訊息，導致「言者諄諄，聽者藐藐」的現象。所以，學校行政人員在傳遞各種訊息時，一定要抓住要點，才能提高溝通效果。

五、適當控制時間

溝通時，適當控制時間是有其必要性，若時間太長，易造成疲憊，對訊息注意力也就降低；有些學校開會時間長達 4、5 小時，將不可能得到好的溝通效果，若時間太短，也無法充分表達意見，亦不是一種好現象。所以，學校行政人員在進行溝通時，如何有效地控制時間是相當重要的。

六、建立信賴程度

發訊者與收訊者之間能夠建立良好的信賴程度，將有助於雙方溝通，俗語說：「話不投機半句多」，意謂著雙方若不能彼此尊重，則多談無益。要能建立別人的信賴，需從下列三方面著手：一是充實專業知能，二是培養良好的品德，三是平時及溝通進行時態度要誠懇（謝文全，1989，頁 279）。這些都是學校行政人員平時所必須培養的。

貳、肯定非正式溝通功能

學校除了正式組織外，亦有非正式組織的存在，所以在學校組織中，常有一些非正式溝通，如傳聞、謠言等。因此，學校不可能否定非正式溝通的存在，亦不可能忽視其正向的功能，如果能夠善用它，將可與正式溝通功能相輔相成。下列六項可供學校行政人員參考（曾仕強、劉君政，1989b）：

1. 善用員工之間的傳言，作為探測真正意見的工具。
2. 發現非正式組織的領袖，做非正式的溝通，以蒐集重要的訊息，達成正確的決策。
3. 明辨讒言，及時予以制止，免得彼此猜忌，而且殃及無辜。
4. 明察謠言，正確闢謠，以免混淆視聽。
5. 透過非正式溝通，放出氣球，以測試大家的反應，作為決策或修正的參考。
6. 正式宣達命令之前，先經由非正式通路，使大家心理上有所準備，並適當消滅抗拒或抱怨。

教育補給站

有效溝通的小技巧

　　溝通是一種技術,也是一門藝術,運用之妙,存乎一心。有效的溝通技巧,可以達到皆大歡喜的雙贏境界,為人際關係大大加分。下列的溝通小技巧,可供參考:

1. 尊重對方:每個人都渴望受到尊重,溝通時多給對方一分尊重,就可讓對方感受多一分善意,雙方溝通就可減少障礙。

2. 同理傾聽:溝通必須是雙方能夠暢所欲言,才有效果。尤其必須以同理心的態度,細心傾聽對方表達意見,千萬不能單方面一直說,要求對方接受,將遭致反效果。

3. 正向用語:在面對面溝通時,不僅要心平氣和,而且切勿口出惡言,俗語說:「話不投機半句多。」運用正向語言,才是王道。

4. 適當回饋:溝通就是要化解鴻溝,給予對方適當回饋,了解彼此想法,共同找到大家可以接受的方式或條件,這才是高明的溝通。

案例

教師與校長溝通不良,做出危險動作

日期:2020 年 7 月 6 日
地點:某國小
事件:

　　有位女老師心情沮喪,在課堂下課時間,逕自爬上四樓圍牆,且坐在圍牆上疑似有不當動作,在場學生看到這一幕,嚇了一大跳,趕快奔回教室告訴老師,放學後也傳到家長耳中,此一事件才傳開來。

　　據該校教務主任表示，該名女老師於 6 日上午與校長溝通事情時，疑似溝通不良，導致情緒無法控制，進而有此舉動，其他老師見狀趕緊安撫她的情緒，並將她送醫平緩情緒，到院後已無大礙，也請該名老師在家休養。

　　事發後，學校也召開危機處理會議，向其他老師說明事情發生經過，也向教育局通報，對於目睹事件學生亦進行個別輔導。

問題討論

1. 身為一位學校校長或行政人員，如何與教師進行有效的良性溝通？
2. 您認為教師與校長溝通時，遇到哪些障礙，導致想不開？
3. 此一事件對於學校行政人員有何啟示作用？

本章摘要

1. 「溝通」一詞，中文有疏通意見使之融洽之意；英文則有事實或訊息交換之意。
2. 「溝通」一詞，定義紛歧，可界定為個人或團體傳達情感、訊息、意見或事實到其他的個人或團體，彼此能夠產生相互了解的一種歷程。
3. 溝通具有表達感情、激勵士氣、資訊傳遞及任務控制等四大功能。
4. 溝通的歷程主要包括六大要素：發訊者、訊息、通路、收訊者、回饋作用及知覺。
5. 溝通的媒介有書面方式，亦有口頭方式（包括面對面或使用電訊設備等）。
6. 溝通的方式，可分為正式溝通和非正式溝通。正式溝通又可分為向下溝通、向上溝通及平行溝通。
7. 溝通的網絡，主要有六種型態：輪式、輪轉式、圓周式（環式）、鏈式、Y 式及全管道式。

8. 溝通的障礙，有人際上的障礙（包括：知覺、語意上的問題、發訊者的信任程度、不良的傾聽技巧、主管人員與部屬的關係）和組織上的障礙（包括：網絡故障、資訊過量、時間壓力）。

9. 增進學校行政溝通的有效途徑，首先要掌握有效溝通原則：重視雙向溝通、善用溝通媒介、培養傾聽技巧、訊息簡明扼要、適當控制時間、建立信賴程度；其次要肯定非正式溝通功能。

評量題目

1. 試說明溝通歷程的各種因素。
2. 請指出各種溝通網絡的價值。
3. 列舉影響溝通障礙的各種因素。
4. 提高學校行政有效溝通途徑有哪些？

第八章
學校教務工作實務

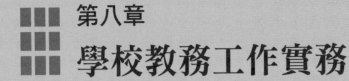

　　教務工作複雜又廣闊，舉凡教師教學工作、學生學習活動、教學設備計畫擬訂、資訊與網路設備、專業發展及實務創新等，都為教務工作的一部分。

　　教務工作推動，除教務主任負責籌劃處理之外，並分由教學組、註冊組、設備組、資訊組負責有關業務，各組業務如表 8-1 所示。

表 8-1

教務處各組工作內容

組別	工作內容
教學組	1. 各種教學章則之擬訂事項。 2. 教師授課編排查堂考核事項。 3. 各領域教學觀摩計畫之擬訂事項。 4. 舉辦學藝競賽及成績展覽事項。 5. 策劃及督導課後輔導及學習扶助事項。 6. 各科教學進度之擬訂與查閱事項。 7. 調閱學生各科作業事項。 8. 辦理定期或不定期考試與測驗事項。 9. 差假教師調代課及補缺課之查核事項。 10. 教師研究進修之專業發展訓練計畫之擬訂事項。 11. 行事曆編排事項。
註冊組	1. 新生入學資料及學籍卡之繕寫保管與處理事項。 2. 學生註冊編班及學號編排事項。 3. 辦理學生轉、休、復、退學事項。 4. 辦理學籍統計及學生異動事項。 5. 核發學生各項證明及畢業證書事項。 6. 學籍保管及成績考查資料之處理事項。 7. 辦理畢業生資料之調查統計事項。 8. 未就學適齡兒童之調查統計事項。 9. 辦理獎助學金及各項補助事項。 10. 辦理學生學習評量事項。 11. 辦理多元入學及考場服務事項。
設備組	1. 教學設備計畫之擬訂事項。 2. 選編各科補充教材及教學資料事項。 3. 圖書及學科教材之請購、編類及保管事項。 4. 介紹書報及指導兒童閱讀事項。 5. 規劃自製教具及設備事項。 6. 分發教科書及有關書刊事項。 7. 學生課外讀物借閱事項。 8. 規劃圖書閱覽室，教具之設備及辦理事項。 9. 出版學校性刊物事項。 10. 各種刊物、照片資料之蒐集保管事項。 11. 擬訂實施計畫事項。

組別	工作內容
資訊組	1. 資訊教育活動計畫之擬訂事項。 2. 行政電腦化軟硬體管理與維護事項。 3. 網際網路管理與維護事項。 4. 電腦教室軟硬體管理與維護事項。 5. 辦理教師資訊素養研習事項。 6. 資訊競賽及能力檢定事項。

第一節　教務主任的角色、職責與素養

教務主任秉承校長之命令，負責全校教務工作之推動，其地位至為重要，故對其角色、職責和素養需有所認識。

壹、教務主任的角色

一、單位主管角色

教務主任是教務處的主管，他須領導教務處各組同仁共同推動教務工作，故其須負起教務工作成敗之責；此外，他亦是教務會議的主席，裁決有關教務工作事項。

二、代理校長角色

校長因公、因病或因其他事故請假而不能視事時，校務工作委由教務主任代理，此乃凸顯教務主任在學校行政上的重要性。

三、幕僚輔助角色

教務主任是校長重要的幕僚人員之一，他須秉持校長辦學理念，全力輔助配合執行業務，使教務工作順利運作，而且須提供有關教務資訊，供校長裁決。

四、計畫執行角色

教務主任為使教務工作推展順利，須督導所屬擬訂各項活動計畫，並隨時檢討計畫成效。所以，他本身須擔負計畫執行角色。

五、溝通協調角色

教務工作經常與學校各處室產生密切關係，教務主任為有效推展教務工作，除了維持良好的上、下溝通管道外，而且也要保持良好的橫向聯繫，使各處室都能支援教務工作推動。

六、課程推動角色

教務主任具有引導教師正常教學之責，所以他本身對課程標準、內容及特質需要深入了解，才能有效擔負課程推動角色。若教師在課程教學中遭遇困難應給予必要協助。

七、教學評鑑角色

教學評鑑的主要目的在確認教師的教學績效及學生的學習效果（吳金香，1990，頁112）。為了提高教師的教學績效、增進學生學習效果，教務主任必須隨時充實有關教學評鑑知識，提供給教師們參考。

八、學藝活動推展角色

學校經常舉辦朗讀比賽、演講比賽、書法比賽、作文比賽、美術比賽、勞作比賽等活動，以培養學生各種學藝能力。為使這些學藝活動達到培育人才的目的，教務主任應重視這些活動的價值，全心投入這些活動的推展。

九、教學研究倡導角色

目前學校都設有「教學研究會」組織，或舉辦「公開授課」，對於革新教材或改進教法有所助益。所以，教務主任應重視這些組織或活動；此外，教務主任本身也應致力於研究工作，作為教師表率，帶動教師從事各

種研究工作，提升教學品質。

貳、教務主任的職責

教務主任扮演多種角色，他所擔負的職責，主要有下列各項：
1. 秉承校長指示，策劃學校教務工作事宜。
2. 綜理教務處工作事宜。
3. 協助教務處各組組長及有關人員，擬訂教務工作計畫。
4. 主持教務會議。
5. 出席校務會議和行政會議，報告教務工作推展狀況。
6. 分配教師擔任課務事宜。
7. 巡查各班教學情形。
8. 協助教師教學，並解決其困難。
9. 策劃及督導教學環境布置。
10. 策劃全校性各項學藝活動。
11. 與各處室協調，共同合力推展校務。
12. 協助教師從事研究與進修工作事宜。
13. 評鑑教務工作績效。

參、教務主任的素養

教務主任為做好上述的各項職責，必須具備一些素養，茲說明如下。

一、基本修養方面

具有良好的品德和健康的身心。

二、學識修養方面

熟悉有關教育法令及國民教育特性，並具備運用語言和文字能力。

三、專業才能方面

除具有一般管理能力（如計畫、組織、執行、評鑑等）外，也要具有課程設計、教學理論、教育研究、教學評價、教學媒體、圖書館學等各種知識。

第二節　教學組工作實務

教學組工作，主要是推動教師教學工作，激發學生學習效果，故其工作也頗為繁瑣，例如：擬訂各種教學章則、教師授課編排查堂考核、擬訂各科教學觀摩計畫、舉辦學藝競賽及成績展覽、策劃及督導課後輔導及學習扶助事項、擬訂及查閱各科教學進度、調閱學生各科作業、辦理定期或不定期考試與測驗、差假教師調代課及補缺課之查核、擬訂教師研究進修之專業發展訓練計畫、編排行事曆等。僅擇其重要部分分別說明之。

壹、擬訂各種教學章則

教學章則是教務活動的依據，是辦事的準則。在擬訂教學章則，應合於教育法令，並顧及學校需要及特性，條文力求簡明扼要。國民中學主要教學章則，約為各科教學觀摩實施計畫、教師請假代課辦法、學藝競賽辦法、成績展覽辦法、學生作業抽查辦法、教室布置辦法、教師研究進修之專業發展訓練計畫等。

貳、舉辦教師公開授課

「十二年國民基本教育課程綱要總綱」規定：「為持續提升教學品質與學生學習成效，形塑同儕共學的教學文化，校長及每位教師每學年應在學校或社群整體規劃下，至少公開授課一次，並進行專業回饋。」教學組

必須為教師公開授課進行規劃，以利教師遵循。基本上，公開授課還包括教師備課、觀課和議課等過程，才能提供教師教學改進之參考。國中小教學組規劃公開授課，可參考教育部所發布的《國民中學與國民小學實施校長及教師公開授課參考原則》第 6 點規定的方式辦理：「(1) 公開授課時間，每次以一節為原則，並得視課程需要增加節數；(2) 共同備課，得於公開授課前，與各教學研究會、年級或年段會議合併辦理；並得於專業學習社群辦理；(3) 教學觀察時，授課人員得提出教學活動設計或教學媒體，供觀課教師參考；學校得提供觀課教師紀錄表件，以利專業回饋之進行；(4) 專業回饋，得由授課人員及觀課教師於公開授課後，就該公開授課之學生課堂學習情形及教學觀察結果，進行研討。」

至於高級中等學校教學組可參考《高級中等學校實施校長及教師公開授課參考原則》第 5 點規定的方式辦理：「(1) 每學年至少公開授課一次，每次以一節為原則，並得視課程需要增加節數；(2) 公開授課，得結合學校之定期教學觀摩、教師專業研習、課程與教學創新、教育實驗及相關計畫辦理；(3) 公開授課內容，應包括課前說明、教學觀察及專業回饋；必要時，得增加共同備課及專業成長計畫；(4) 公開授課時，應至少由一位校內教師擔任教學觀察者；並得視需要邀請校外專家學者，觀察其課程設計與教學、班級經營與輔導，進行專業回饋；(5) 授課人員、教學觀察者，應檢具共同備課、教學觀察、專業回饋或專業成長計畫或其他相關紀錄、證明，由學校依實際參與時數，核實發給研習時數證明；(6) 公開授課內容，應由學校教學研究會或教師專業社群討論決定，經教務處彙整，並陳校長核定後實施；其資訊應於每學期開學一個月內公告於學校網站；(7) 授課人員經學校同意於非原授課班級進行公開授課，原授課教師須參與共同備課，並於該堂課與授課人員進行協同教學。」

參、舉辦學藝活動及成績展覽

學藝活動又稱學藝競賽，通常分校內和校外兩種，而校外比賽又因承辦單位主旨之不同，而競賽辦法各有不同（劉建芳，1980）。在校內最常舉辦的學藝活動有下列各項：(1) 朗讀比賽；(2) 演講比賽；(3) 書法

比賽；(4) 作文比賽；(5) 聽寫比賽；(6) 地理知識比賽；(7) 漫畫比賽；(8) 說故事比賽；(9) 查字典比賽。

在這些學藝活動中，主要是由教學組負責，有些則須與學生事務處協辦。但教學組辦理這些學藝活動，必須在開學前事先擬訂，納入學校行事曆中。

至於成績展覽，主要是將學生平時的作業及成績展示出來，供學生相互觀摩和學習，以及供教師檢討教學效果。一般而言，成績展覽每學期以舉辦一次為原則，可配合家長參觀教學日、學校日辦理，但亦可在假期辦理。在辦理成績展覽時，應事先擬妥計畫，並注意工作分配。

肆、策劃課後輔導及學習扶助

課業輔導係針對學生課業複習及相關補充課程，以現有的完備課程內容實施。學校為配合學生學習及家長需求，經常辦理課後輔導活動，係由教學組規劃並執行，在擬定計畫時，必須依所屬教育局（處）對於課後輔導的規定辦理。基本上，學校實施課後輔導，學生以自由參加和課業補救教學為原則，且實施時間不得占用原上課時間或利用國定假日及例假日實施，若屬於學藝活動性質，其實施時間可以假日、寒暑假期間為原則，有關收費標準則需報教育局（處）核定。至於學習扶助，就是早期所推動的補救教學，教學組必須了解教育部對於學習扶助作業的相關規定，國中小可上「國民小學及國民中學學生學習扶助科技化評量」網站（https://exam.tcte.edu.tw/tbt_html/）查詢。而高級中等學校辦理學習扶助作業，則必須依《教育部國民及學前教育署辦理高級中等學校學生學習扶助方案補助要點》規定，教學組必須有所了解。

伍、編排日課表及作息時間表

教學組在編排日課表及作息時間表時，應該要清楚了解課程綱要對於各領域階段之劃分及對學習節數的規定。在 2019 年起推動的「十二年國

民基本教育課程綱要」（一般稱之為 108 新課綱），從國小、國中和高中職一年級實施，因而中小學的課表採雙軌制；換言之，108 學年度入學新生適用新課綱，而舊生則沿用舊課綱（「國民中小學九年一貫課程綱要」、「普通高級中學課程綱要」、「職業學校群科課程綱要」）。因此，針對不同規定，教學組必須於每一學年度開學前召開課程發展委員會，依課綱之規定，合理分配各學習領域之學習節數，以做為編排日課表及作息時間表之依據。

陸、擬訂與查閱教學進度

　　教學組在學期開學之初，應將行事曆及空白教學進度表分送任課教師，以供任課教師擬訂教學進度表之參考。然後，請任課教師依據課程標準、學科教學目標及教材大綱編訂教學進度表，並請於開學後一週內送教學組彙訂成冊。一份自存，一份送教務處備查之用。

　　教學組並請各任課教師於每週五在教學進度表上填寫實際教學進度，教學組應隨時查閱，如發現實際進度與預定進度差距較大時，應通知任課教師酌予調整。

柒、辦理教師調、代、補缺課

　　教師有時遇到婚喪喜慶或參加重要集會時，勢必辦理請假，那麼教學組必須負責辦理教師調、代及補缺課等事宜。為能有效辦理教師調課，最好建立調課登記表，如表 8-2 所示。

　　至於教師請長期或短期的公假、事假、病假、婚假、喪假、分娩假，只要合乎法令代課之規定，即可遴選適當教師代課，使學生課業不會受到影響。

表 8-2

○○學校教師調課登記表

原排上課時間						暫調上課時間				
時間		星期	班級	節次	科目	時間		星期	節次	調課原因	任課教師
月	日					月	日				
教務主任						教學組長					

捌、調閱學生作業

　　為了解學生作業寫作情形和教師批閱作業情形，教務處每學期應定期調閱學生作業，有時亦可不定期抽閱。

　　教學組在辦理調閱學生作業時，應辦好下列事項：

1. 擬訂各科作業調閱辦法及調閱時間表，並公布周知。
2. 遴選教師分配調閱工作。
3. 作業調閱後，應於每本被抽查作業內頁最後習作之處，加蓋教務處調閱章。
4. 提供調閱作業意見表供教師參考。

玖、擬訂教師研究進修之專業發展計畫

　　學校為提升教師專業知能，除了鼓勵教師利用課餘時間前往師資培育機構進修或參加各種研習活動；同時也利用適當時間舉辦教師進修活動。

因此，教學組應依學校特性及教師興趣，規劃教師進修活動，以促進教師專業發展，提升教師專業知能。

拾、編訂行事曆

行事曆是學校一學年度的工作計畫，在擬訂行事曆時，必須確定暑假時間、寒假時間，以及教務處重要工作事項。

國小教務行事曆，一般學校都列入全校行事曆中，很少單獨呈現。有些學校為便於師生及家長了解學校行事曆，乃採用簡曆方式。

第三節　註冊組工作實務

註冊組主要工作是學生註冊編班、編學號、學籍管理、核發各項證明書，以及畢業生、未就學適齡學生之調查統計。

壹、註冊編班及編排學號

註冊編班是註冊組重要工作之一，可分為舊生註冊和新生報到註冊兩部分說明。

一、舊生註冊

舊生註冊手續較為簡單，由各級任教師統一辦理收費等事宜。但在舊生註冊前，註冊組須先決定舊生是否重新編班，若需要時，應把握下列原則：

1. 男女分開，依名次排好，以五育成績為主。
2. 分配班級時，每班皆有第一至第三十名（假設每班人數 30 位）之學生。
3. 抽籤決定教師擔任班級。

4. 名冊公布後，絕不能有調班的情形，如有特殊情形（肢體殘障、行動不便等）則可另案辦理。

二、新生報到及註冊

1. 編造各班之新生名冊，採男女合班、打破里鄰、男女人數平均原則，於新生報到時公布，供家長參考。
2. 張貼歡迎新生海報及注意事項。
3. 設置服務臺，提供家長諮詢之用。
4. 請低年級教師假期中來校協助。
5. 影印新生名冊。
6. 當天詳細核對入學通知單、戶口名簿、學生姓名及出生年月日。
7. 發給開學通知，並請新生開學時，將戶口名簿影印本及相關文件交給級任老師，並辦理註冊，參加新生訓練。
8. 入學後，即進行學號編列。

貳、辦理學生轉學、休學及復學事項

一、轉學

（一）轉入

　　註冊組須檢查轉入學童下列文件：(1) 原就讀學校轉學證明書；(2) 學籍資料；(3) 核對戶口名簿（是否在學區之內）。上項文件齊備後，註冊組即准予轉入，開始編列學號，並請其至各處辦理繳費、領取簿本等手續。

（二）轉出

　　由家長出具已異動之戶口證明文件向原學校辦理，經核對確已遷至學區外者，即登錄於轉出登記簿，並發給轉學證明書。

二、休學與復學

目前有關國民中小學休學與退學的做法是：學生因病或重大事故而無法繼續上課者得辦理休學，由學生家長填妥休學申請書，然後經註冊組核准後，發給休學證明書，休學期滿後，再憑休學證明書向註冊組申請復學。

參、核發各項證明書

學校所核發各項證明書，主要是轉學證明書、在學證明書、修業證明書、畢業證明書、畢業證書、肄業證明書，其格式均有統一規定，這項業務屬於例行性工作，所以可以援例辦理。

肆、辦理各項調查統計

註冊組依規定每學年度均要辦理學籍統計、畢業生資料之調查統計、未就學適齡兒童之調查統計，這些統計表格均有所規定，所以註冊組在辦理各種調查統計時，一定要注意教育行政機關所做的各項規定。

伍、學籍保管與整理

註冊組在平時要指定專人專櫃集中保管，開學並請級任老師協助清查，並予以更正；此外也要編造學籍總目錄，按學號、年度編排，建立永久性檔案，特別要注意防濕、防蟻蛀，俾能永久保存，對於歷屆畢業生的學籍一定要注意永久保存，將來查閱時，才能找到資料。

陸、辦理學生學習評量

學校都有定期或不定期考試與測驗，這項工作是由教學組負責。所

以，註冊組應讓每位教師閱讀《國民小學及國民中學學生成績評量準則》之規定，使教師能了解評量的內容及方式。其次在學期初，應將點名記分簿分發給每位教師，供教師上課之用。

此外，部分國高中也要辦理學生獎學金申請，以及協助辦理多元入學和考場服務。

第四節　設備組工作實務

設備組工作繁多，至少包括下列十項：(1) 教學設備計畫之擬訂事項；(2) 選編各科補充教材及教學資料事項；(3) 圖書及學科教材之請購、編類及保管事項；(4) 介紹書報及指導兒童閱讀事項；(5) 規劃自製教具及設備事項；(6) 分發教科書及有關書刊事項；(7) 學生課外讀物借閱事項；(8) 規劃圖書閱覽室，教具之設備及辦理閱覽事項；(9) 出版學校性刊物事項；(10) 各種刊物、照片資料之蒐集保管事項。僅擇重要項目分別說明。

壹、擬訂教學設備計畫

各校可針對學校需要及未來發展，擬訂短期或中期教學設備計畫，在擬訂教學設備之時，應由各處室及教師共同參與；至於計畫的格式，可參考前述所列，自行訂定。

貳、規劃圖書館（室）

圖書館（室）為學生學習資訊的重要來源，其設備充實與否，深深影響學生學習。高級中等學校因有專設圖書館單位和專職人員，就不必由設備組負責；至於國中小，設備組則必須承擔相關圖書館業務。設備組必須了解基本館藏和館舍面積之規定，依《圖書館設立及營運標準》第 8 條附表二之規定：「(1) 國民中學圖書館圖書、視聽資料及數位媒體等出版品

至少九千種（件）或每名學生六十種以上；學校班級數逾十三班者，每增一班增加圖書四百種（件），並有期刊至少三十種，報紙三種；(2) 國民小學圖書館圖書、視聽資料及數位媒體等出版品至少六千種（件）或每名學生四十種以上；學校班級數逾十三班者，每增一班增加圖書二百種（件），並有期刊至少十五種，報紙三種。」

而依《圖書館設立及營運標準》第9條附表三之規定：「基本館舍面積以下列數量為原則，並得視學校條件調整之：(1) 十二班以下學校：至少二間普通教室大小；(2) 十三至二十四班學校：至少三間普通教室大小；(3) 二十五至三十六班學校：至少四間普通教室大小；(4) 三十七至六十班學校：至少五間普通教室大小；(5) 六十一班以上學校：按照比例增加。」

一、硬體的充實

有關學校圖書館（室）器具設備，應力求充實，例如：書架、閱覽桌、閱覽椅、梯形桌、座椅、目錄屜（櫃）、出納臺、雜誌架、報架、報夾、運書車、揭示板、活動黑板、資料櫃、字典櫃、裝訂工具、修補工具、工作桌椅、辦公桌椅、輿圖架、布告牌，以及電子化、資訊及視聽器材等，都是學校圖書館（室）必備設備；此外圖書的購置，也應列入長期充實計畫。

二、軟體的規劃

圖書館（室）是為師生服務，所以圖書的管理，應便利師生閱覽為原則，能夠採用開架式，對師生是相當方便，目前多數國小也大都採用此種方式；此外，圖書館（室）也要辦理各項圖書館（室）利用教育活動，例如：閱讀指導、查字辭典比賽、認識圖書館活動、說故事、推介優良讀物等，擴展圖書館（室）活動服務。

參、圖書及學科教材之請購、編類及保管

一、圖書及學科教材請購

1. 編列圖書請購預算。
2. 請各科教師提出購買書籍名稱及數量，送回設備組彙整，經過彙整篩選後，再參考年度預算，填好請購單，辦理請購手續。

二、圖書及學科教材編類

　　請購回來的書籍，可依圖書的內容性質安排，將性質相同的歸在一類，像是按圖書歸類編碼：000 總類、100 哲學類、200 宗教類、300 自然科學類、400 應用科學類、500 社會科學類、600 ～ 799 史地類、800 語文類、900 美術類，經過分類之後，開始編碼，使每一本書都有一書碼，接著依圖書號碼將書排架。

三、圖書及學科教材保管

　　所有圖書館藏目錄應隨時查核，以保持準確完整及良好的使用狀態，而且館藏圖書應隨時整理，保持清潔，並注意防蛀、防潮、防火，有破損者應修補裝訂。

肆、分發教科書及書刊

　　設備組在分發教科書及書刊時，可參酌下列三方面來進行：
1. 按照各班學生人數及授課老師一份，把各科數量算妥，每班所發的教科書排成一行。
2. 教科書安排好位置，一次請一個年級，把該班教科書一次搬完，如此可節省很多時間。
3. 每一班請導師負責填好簽收單，填好後送回教務處設備組。

伍、教具管理與製作

教具是指教學上所用的各種工具，可作為補充教材，以提高學生學習興趣，增加學習效果。所以，設備組應妥為規劃自製教具與設備，例如：可利用校內教學觀摩會，鼓勵教師自製教學資料卡，觀摩完畢送回教具室，作為將來上課之用。此外，對於教具也要妥為管理，應指定專人負責，分別就教具（依科目類）予以分類，並加以編號登記，而且為便於領用及保管，應具備教具使用登記簿。

陸、出版學校刊物

學校可依實際需要出版各種刊物，例如：校刊（每學期或每學年，可採期刊型或報紙型方式出版）、月刊（大部分是報紙型），或者教師論文著作專集等。為使學校刊物達到教育效果，內容力求充實，編排力求精美，所以平時應多鼓勵師生創作，並將各種活動資料及照片妥為保存，並註明活動名稱、日期及內容，以供將來編排刊物之參考。

以上乃是將設備組重要工作實務做一簡單扼要介紹，為使設備組工作順利推展，仍有賴周詳的計畫及各處室的配合，才能發揮效果。

此外，部分學校有推動實驗教育，亦屬設備組的工作項目之一。

第五節　資訊組工作實務

資訊組旨在負責資訊與網路設備等工作，其主要工作項目包括：擬訂資訊教育活動計畫、行政電腦化軟硬體管理與維護、網際網路管理與維護、電腦教室軟硬體管理與維護、辦理教師資訊素養研習、協助教師使用各項視聽器材等方面。茲說明如下。

壹、擬訂資訊教育活動計畫

資訊組在開學之初，必須針對學校發展需要，擬訂學校資訊教育活動計畫，作為學校推動資訊教育之依據。此項計畫宜分別就計畫目標、實施原則、實施內容、實施方式、人員組成、實施時間、經費、預期效益等方面列舉說明之。如果學校有成立資訊小組，最好將事先研擬的草案提予該小組討論，使計畫更能集思廣益、具體可行。

貳、行政電腦化軟硬體管理與維護

學校行政電腦化已是時代之所趨，不管是教務、學生事務、輔導、總務、人事、會計都已走向行政電腦化，以提高行政效率與效能。學校行政電腦化，除了硬體的充實與維護，同時也包括軟體的管理，其工作項目主要有：校園網路連線維護、NT 主機帳號軟硬體維護、校務行政系統帳號管理，以落實校務行政系統開發及維護工作。

參、網際網路管理及維護

網際網路的使用日益普及與便利，如何有效地管理與維護，更是資訊組重要工作內涵之一，目前資訊組有關網際網路的管理與維護，包括：WWW、e-mail、DNS、PROXY 伺服器管理；教職員工電子郵件管理；網頁管理；學校首頁製作、資料更新、更新維護；網際網路防火牆系統維護；IP 位址管理等；同時，也要宣導及落實資訊安全工作。

肆、電腦教室軟硬體管理與維護

一般而言，學校為利於實施資訊教育，都有電腦教室之設置。為了使電腦教室發揮功能，除了主機及相關設備的充實與維護外，軟體安裝之管理也是相當重要。當然，電腦教室設備相當昂貴，為延長使用年限與避免

故障，一方面要確保空調品質及環境整潔，一方面也要訂定電腦教室使用管理規則。

伍、辦理教師資訊素養研習

教師資訊素養已是 21 世紀教師必備知能之一，為提高教師資訊素養，學校必須有系統地規劃教師的資訊教育活動。基本上，教師資訊素養有利於其教學效果的提升，所以電腦文書處理、網際網路使用、e-mail 使用、PowerPoint 使用、Excel 使用等方面，都是很需要的電腦知能，資訊組宜詳加規劃，以增進教師資訊素養，有助於推動資訊融入教學活動。

此外，若是學校有設立資訊中心網站，也要負責管理與維護，使網站能夠順利運作；當然，也要積極辦理各項資訊比賽及能力檢定，以擴大資訊教育效果。

教育相對論

常態編班乎？能力分班乎？

國民教育階段的編班方式，應該採行常態編班或能力分班，常常是爭論不休的課題，尤以國中階段更為激烈。

贊成常態編班者，認為可避免學生被貼上不當標籤，減少學生人格偏差產生，使學生人格健全發展；此外亦可減少請託關說，靠關係走後門，有助於淨化校園風氣。

贊成能力分班者，認為同學程度整齊、教師授課方便，有利於教師教學和學生學習，教學效果較佳；此外，亦可根據學生不同程度，傳授難易不同的教學內容，有助於學生潛能的開發。

教師竄改成績，遭受處罰

　　某高中老師在 2015 年 9 月期初考完畢時，感覺學生成績不盡理想，即登入學生成績系統，將任教的二、三年級共三個班的 133 位學生擅自加 4 ～ 5.8 分；在 10 月期中考完畢時，該老師再度登入成績系統，將任教的一、二、三年級共四班的 171 位學生擅自加 7 ～ 17 分，同時還手動竄改二年級 44 位學生的非選擇題答案，使之提高 2 ～ 10 分，這種行為已損害學校評量學生成績正確性與升學公平性。

　　學校得知後，調查屬實，除依《公立高級中等以下學校教師成績考核辦法》，記一大過、考績列為「四條三」的處分，並報司法單位調查，經地檢署偵結，認為該老師坦承犯行，所生危害非鉅，給予緩起訴一年，但應向公庫支付 3 萬元。

問題討論

1. 學生考試，旨在評量學生學習成就，老師偷偷幫學生加分，有哪些可議之處？
2. 此一事件，給予教師在評量學生成績上有哪些警惕作用？

本章摘要

1. 教務主任扮演的角色，主要為單位主管角色、代理校長角色、幕僚輔助角色、計畫執行角色、溝通協調角色、課程推動角色、教學評鑑角色、學藝活動推展角色、教學研究倡導角色。
2. 教務主任主要職責，在秉承校長指示，策劃學校教學、註冊、設備、資訊工作等事宜。
3. 教務主任為能勝任其職責，必須具備基本修養、學識修養和專業才能。

4. 教學組工作範圍甚廣，主要包括擬訂各種教學章則；舉辦教師公開授課；舉辦學藝活動及成績展覽；策劃課後輔導及學習扶助；編排日課表及作息時間表；擬訂與查閱教學進度；辦理教師調、代、補缺課；調閱學生作業；擬訂教師研究進修之專業發展訓練計畫；編訂行事曆。

5. 註冊組工作範圍，主要有：註冊編班及編排學號；辦理學生轉學、休學及復學事項；核發各項證明書；辦理各項調查統計；學籍保管與整理；辦理學生學習評量。

6. 設備組工作繁多，主要內容為：擬訂教學設備計畫；規劃圖書館（室）；圖書及學科教材之請購、編類及保管；分發教科書及書刊；教具管理與製作；出版學校刊物。

7. 資訊組工作範圍，主要包括：擬訂資訊教育活動計畫、行政電腦化軟硬體管理與維護、網際網路管理與維護、電腦教室軟硬體管理與維護、辦理教師資訊素養研習。

評量題目

1. 假如您是某所學校的註冊組長，在核發各項證明書時應注意哪些事項？
2. 假如您是某所學校的設備組長，請問您如何鼓勵學生利用圖書館（室）？
3. 假如您是某所學校的資訊組長，請問您如何從軟、硬體方面提高學生學習電腦的興趣？

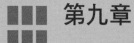 第九章
學校學務工作實務

 本章綱要

　　學校學生事務工作範圍廣泛，任務艱鉅，舉凡民族精神教育、安全教育、生活教育、常規訓練、衛生保健等，都是學生事務工作的一部分。

　　學生事務工作的推動，除學務主任負責籌備處理外，並分由訓育組、生活教育組、體育組、衛生組負責有關業務，各組業務如表9-1所示。

表 9-1

學生事務處各組工作內容

組別	工作內容
訓育組	1. 學生事務工作計畫及行事曆之擬訂事項。 2. 策劃團體活動及校外教學事項。 3. 辦理學生課後社團活動事項。 4. 策劃及訓練童軍活動事項。 5. 指導學生自治活動事項。 6. 策定重大節日學校刊物、壁報之出版事項。 7. 策劃新生和舊生始業訓練事項。 8. 處理學生緊急危難救助事項。 9. 召開導師會議
生活教育組	1. 生活教育計畫之擬訂及推行事項。 2. 處理學生偶發事件事項。 3. 辦理交通安全教育事項。 4. 規劃導護工作及路隊組訓事項。 5. 辦理學生品德評量及獎懲事項。 6. 服裝儀容檢查事項。 7. 辦理家庭聯絡及推行社區活動事項。 8. 處理學生請假、曠課及缺課情形事項。 9. 辦理人權法治及公民教育宣導事項。 10. 防制校園暴力和維護校園安全事項。 11. 中輟生通報事項。 12. 處理拾遺物品事項。
體育組	1. 各項體育活動計畫之擬訂事項。 2. 辦理校內外運動會及各項體育競賽事項。 3. 運動場所及設備之管理與維護事項。 4. 辦理學生體能測驗事項。 5. 辦理晨間及課間活動事項。 6. 各項體育競賽選拔及訓練事項。 7. 學生體育成績評量與統計報告事項。
衛生組	1. 擬訂各項環境及衛生教育工作章則。 2. 辦理全校衛生保健工作及其設備事項。 3. 衛生隊之組訓及指導晨間檢查事項。 4. 辦理學校環境衛生及整潔活動教育事項。 5. 協助健康中心辦理健康檢查及協助預防接種事項。 6. 辦理衛生保健及健康促進宣導事項。 7. 學校營養午餐、外訂餐盒衛生管理事項。 8. 辦理垃圾分類、資源回收、環保教育。 9. 維護環境及飲水設備之清潔事項。 10. 辦理學生平安保險事項。

第一節　學務主任的角色、職責與素養

學務主任秉承校長之命令，負責全校學生事務工作之推動，對學生事務工作成效影響甚鉅。茲將其角色與職責說明如下。

壹、學務主任的角色

一、單位主管角色

學務主任是學生事務處的主管，他須領導學生事務處各組同仁共同推動學生事務工作，須負起學生事務工作成敗之責，故如何有效運用人力推動業務，至為重要。

二、幕僚輔助角色

學務主任是校長重要的幕僚人員之一，應隨時提供有關學生事務工作資訊，供校長辦學參考，同時也應全力輔助校長執行業務，以盡幕僚之責。

三、計畫執行角色

學務主任為使學生事務工作推展順利，應督導所屬擬訂各項學生事務活動計畫，並隨時檢討計畫成效，以負起計畫執行之責。

四、溝通協調角色

學生事務工作業務經常與各處室發生密切關係。為了使學生事務工作推展順利，學務主任應與各處室維持良好的關係，故須扮演好溝通協調角色，使各處室都能支援學生事務工作推動。

五、安全維護角色

學生身心安全的維護，是為學生事務工作重要項目之一。為了確保學

生身心安全，減少意外事件發生，學務主任應督導所屬做好安全教育工作，作為學生身心安全的守護者。

六、德育活動推展角色

學生生活教育的實施，以及學生品德的考查，常為學生事務工作的要項之一，而學務主任為這些活動推展的舵手，故應扮演德育活動推展角色。

七、體育活動推展角色

學校每年經常會辦理校內體育表演會及各項體育競賽，這些活動推動的靈魂人物是為學務主任，故體育活動的好壞，端視學務主任重視與否。

八、群育活動推展角色

學校各種康樂活動及自治活動，對學生群性陶冶影響甚大，故學校對於各種群育活動的實施極為重視，學務主任應隨時提供學生良好的社團活動環境，使學生受到潛移默化效果。

貳、學務主任的職責

學務主任扮演多種角色，其職責可綜合歸納為下列要項：

1. 秉承校長指示，策劃學校學生事務工作事宜。
2. 綜理學生事務工作事宜。
3. 出席校務會議和行政會議，報告學生事務工作推展狀況。
4. 督導各組辦理學生事務工作計畫。
5. 策劃各項訓育活動推展事項。
6. 策劃各項體育活動推展事項。
7. 策劃各項群育活動推展事項。
8. 督導及規劃衛生保健工作事項。
9. 策劃親職教育及推行社區活動事項。

10. 其他交辦事項。

參、學務主任的素養

學務主任為做好上述的各項職責，必須具備一些素養，茲說明如下。

一、基本修養方面

具有良好的品德和健康的身心。

二、學識修養方面

熟悉有關教育法令及國民教育特性，並具備運用語言和文字的能力。

三、專業才能方面

除具有一般管理能力（如計畫、組織、執行、評鑑等）外，也要具有安全維護、體育衛生保健、康樂活動等各種知識。

第二節　訓育組工作實務

訓育組工作主要在於陶冶學生德性，培養健全品格，其工作要項為：擬訂學生事務工作計畫及行事曆、辦理學生課後社團活動事項、策劃團體活動及校外教學、處理學生緊急危難救助事項、策劃及訓練童軍活動、指導學生自治活動、策定重大節日學校刊物及壁報出版、策劃新生和舊生始業訓練、處理學生緊急危難救助事項，僅擇扼要說明之。

壹、擬訂學生事務工作計畫及行事曆

學生事務工作計畫及行事曆是為學生事務處各組的工作，而訓育組主要工作是把各組所擬的計畫及行事曆加以彙整。為使各組所擬的計畫及行

事曆便於彙整，訓育組最好將計畫格式分送各組參考，並註明擬訂計畫注意要項。

　　各組擬妥各項工作計畫，為了達到目標，必須依一定工作進度表進行，於是應將一學期的行事曆擬妥，並由訓育組予以統整。各校學生事務行事曆都併入在全校行事曆中。

貳、策劃團體活動及校外教學

　　學生團體活動由訓育組策劃，至於教職員工康樂活動則由人事單位負責。學生團體活動，大都利用課餘時間或星期例假日，以校內或近郊為主，辦理舞蹈、球類、郊遊等各項活動，使學生能從事有益身心的休閒活動。

　　至於校外教學，亦為訓育組重要業務之一，一般校外教學，地點不限，但以一日往返為原則。訓育組為達到校外教學的效果，必須參考有關法令依據，事先擬訂周詳的計畫，計畫的內容應包括地點的選擇、日期的確定、職務的分配、參加人數的調查與編組、收費、準備交通工具等。

參、辦理學生課後社團活動

　　為配合家長需求及有效運用學校設施、提供學生課後藝能學習、培養多元能力，大部分學校都會開辦學生課後社團活動，訓育組辦理這項業務，必須了解和遵守相關規定（各縣市政府都會訂定辦理學童課後社團活動實施要點或注意事項），並採取下列原則辦理：(1) 應依學生意願自由參加，不得強迫；(2) 學校不得為遷就課後社團活動而變更原定作息時間及教學計畫；(3) 不得以營利為目的，其經費收支採零利潤、成本均攤、明細公開化等原則；(4) 課程規劃應以藝能活動課程設計為主，不得藉社團之名義進行正式課程加廣、加深或補救教學。

　　訓育組辦理這項業務，必須事先研訂招生、收費、場地安排、行政策劃、遴聘師資、活動內容設計與教學評鑑等各項工作；必要時，可請家長

擔任協辦。有關收支部分，除由學校設專戶代收代付，對於身心障礙、單親、低收入戶、清寒等學童，得酌予減免費用。

肆、策劃及訓練童軍活動

學生在童軍活動中，可激發其潛能，並培養其互助合作、熱心服務態度，達到培育良好公民之目的。

訓育組組織童軍團，以自願為原則，並利用課餘時間來實施，各校組團後，必須向各屬童子軍理事會或女童軍分會完成三項登記（團部、服務員、女童軍）；同時，組成團務委員會，積極展開活動，每年至少舉行團集合 12 次以上，並至少舉行探涉活動或舍營一次以上，列入學校行事曆，積極辦理。

伍、指導學生自治活動

學校實施自治活動，主要透過級會及自治市活動方式辦理。前者有助於學生熟悉開會規則和議事程序，培養學生成為具有自治能力和民主精神的好公民；後者則透過選舉活動，建立學生民主憲政的知識和觀念，以及體認選賢與能的價值，有助於未來成為一個好公民。因此，訓育組應充分利用這些自治活動，來啟發學生自治精神，樹立民主風範。

陸、策定壁報出版及教室布置競賽

學校為紀念重大節日或慶典活動，常常需要舉行各種壁報比賽。因此，訓育組應將一學年來所要出版的壁報，做一統整的分配，必要時可列入行事曆中。

訓育組將各班參展的壁報，請校長聘請專人評分，優勝班級於朝會時間頒獎，以資鼓勵。對於各班的教室布置，亦進行比賽，以激勵各班對教室布置的重視，收到見賢思齊之效。

柒、策劃新生和舊生始業訓練

　　新生始業訓練的目的在指導學生認識學校環境，培養其對學校生活的興趣，以奠定未來良好學習的基礎；至於舊生始業訓練則在指導學生了解本學期各項教導措施之重點和各種常規，以適應學校的規律生活。

　　因此，訓育組在擬訂新生始業訓練辦法時，內容應該包括認識學校環境、認識師長同學、認識學校信號及校歌等，以三天為原則；至於舊生始業訓練，則應包括團體訓練、自治活動、常規訓練、禮節訓練、交通安全訓練、勞動服務訓練，以一天為原則。

捌、處理學生緊急危難救助事項

　　學生在校學習，難免會遭遇變故，例如：因公傷亡、意外傷亡、重病住院或家中突遭重大變故（如父母病重、病故）等，學校發現學生有變故或緊急危難時，應主動積極協助學生提出申請及辦理相關救助事宜。訓育組辦理這項業務時，應把握事件發生時隨時申請，經查屬實即予濟助，才能發揮幫助學生救急的目的。

　　以上乃是就訓育組重要工作項目做一扼要說明，事實上，訓育組仍有多項業務要辦理，例如：擬訂中心德目訓練規條、辦理模範學生選拔等項目。由此可見，訓育組工作亦相當繁重。

玖、召開導師會議

　　學校為溝通導師輔導與管教觀念，發揮導師制功能，以培養學生健全人格，各校在每一學期的期初、期中和期末都會召開導師會議；必要時，也會加開會議，以利幫助學生解決問題。訓育組必須訂定導師會議的實施要點，並就每一學年度的導師會議時間加以規劃，且確立相關會議議程，讓會議能夠順利召開，且收到會議的效果。

第三節　生活教育組工作實務

　　生活教育組的業務，主要為擬訂生活教育計畫及推行事項、處理學生偶發事件、辦理交通安全教育、辦理學生品德評量及獎懲、規劃導護工作及路隊組訓、處理學生請假／曠課／缺課情形、檢查服裝儀容、辦理家庭聯絡及推行社區活動、處理拾遺物品等，僅擇重要項目扼要說明之。

壹、擬訂生活教育計畫及推行事項

　　生活教育是國民教育實施的重要內容之一，因為學生有了良好的生活教育，可減少很多問題行為或不良行為的發生。生活教育組在擬訂辦法時，應以所屬主管教育行政機關所頒布的「生活教育實施計畫」為依據，並參酌學校環境、設備、師資及其他條件，才能具體可行。基本上，「生活教育實施計畫」包括：依據、目的、實施時間、實施對象、實施內容和策略、獎勵、預期成效等項目。

貳、處理學生偶發事件

　　學生在校內外活動，難免會發生偶發事件，一旦發生時，生活教育組必須迅速處理，才不會延誤時效。因此，必須建立學生生活安全資料卡暨學生通訊錄，以利緊急處理和聯繫家長。倘若需要通報時，也必須依校園偶發事件通報、處理流程標準作業程序辦理。基本上，處理學生偶發事件要掌握「發現快、反應快、處理快」三快原則，才能降低偶發事件的傷害性和後遺症。

參、辦理交通安全教育

　　交通知識為現代國民人人所必具，加強學生交通安全教育之教學活

動，使學生熟悉一些交通安全法令、道德及技能，對於個人或社會均有益處。

　　生活教育組為實施交通安全教育，可採用定期性（如利用「生活與倫理」時間），亦可採經常性（如朝會、夕會、週會、級會及校外教學）實施隨機教學，此外亦可配合各科聯絡教學。

　　為了激發學生學習交通安全教育興趣，生活教育組可安排動態活動，例如：交通安全教育各項競賽活動（如美術比賽、演講比賽、作文比賽、書法比賽、漫畫比賽等）、座談會，或者交通安全演示活動。

肆、規劃導護工作及路隊組訓

　　生活教育組須負責規劃全校導護工作，讓每位老師均能了解導護工作的性質和內容，並做好路隊組訓工作，以確保學生安全。導護的職掌主要有下列十三項：

1. 上、放學交通安全之維護。
2. 推行各週中心德目和生活規範，輔導並激勵學生實踐力行。
3. 巡視晨修、午睡及課間活動，並維持校園之秩序。
4. 朝夕會及臨時集會的集合整隊指揮廣播與報告。
5. 督導全校學生致力美化環境，消除髒亂工作並保持整潔和養成良好衛生習慣。
6. 處理學生之間的紛爭及偶發事件，並糾正學生犯規及不正常行為，遇有嚴重或特殊事故，應會同有關老師予以處理。
7. 詳實記載導護日誌。
8. 評定各項生活規範（秩序）和衛生習慣（整潔）的競賽成績，並適時公布及獎懲。
9. 每天朝會公布優良事蹟，表揚好人好事，並處理失物招領事宜。
10. 報告檢討及反省導護工作的推行情形。
11. 指導各種遊戲運動方法，並防止學生從事危險的遊戲活動。
12. 輔導學生校外生活。

13. 與級任老師聯繫處理其班上學生問題，必要時作家庭訪視。

伍、辦理學生品德評量及獎懲

學生品德評量及獎懲的法令依據，前者是以《國民小學及國民中學學生成績評量準則》為依據；後者則以《教師法》第 32 條之規定，訂定「學生輔導與管教辦法」草案，提經校務會議討論通過施行，即使爾後修正，亦須經過此一程序。因此，生活教育組人員必須對於相關獎懲法令有所了解，才能做好品德考查及獎懲工作。

陸、服裝儀容檢查

為了培養學生自動整肅儀容的好習慣，以及培養學生能時時注意服裝之穿著及整潔，各校都有辦理服裝儀容檢查工作。檢查方式有兩種：(1) 定期檢查：每個月或每兩週檢查一次；(2) 臨時抽查：不定期於朝會時抽查。可全部檢查，亦可分項檢查。

柒、辦理家庭聯絡及推行社區活動

「家庭聯絡」是指學校或教師善用各種方式與機會，隨時與學生的家庭取得密切的聯繫（教育部訓育委員會、臺灣省教育廳、臺北市教育局、高雄市教育局，1986，頁 65），一方面可讓家長了解其子女在學校生活的情形，一方面可讓教師了解學生在家庭生活情形。

生活教育組辦理家庭聯絡工作，可採用家庭訪問、家長到校面談、通訊聯絡、舉辦家長參觀教學日、辦理親職教育座談（如母姊會或懇親會）方式，增進家長與學校之間的了解，共同負起教育子女責任。至於有關社會資源的運用、社區活動的推動，亦為生活教育組例行業務之一。

捌、處理學生請假、曠課及缺課情形

學生請假的類別主要有公假、病假、事假及喪假等,為便於學生請假,生活教育組最好擬訂一份請假規則,茲舉一例供參。生活教育組除了辦理學生請假手續外,亦須登記和統計缺曠課情形,並適時公布周知。

○○學校學生請假規則

一、凡本校在籍學生,悉依本規則辦理請假。

二、請假種類及限制:

    1. 公假:限代表學校,或經學校認可之代表上級,以及服行校內外公務(須經由師長證明)。

    2. 事假:學生有關個人及家庭事項,得准請假。

    3. 病假:二日以上者得附醫院(校醫)證明方得准假。

    4. 喪假:限學生直系親屬(非直系算事假),並附有效證明方得准假,但以一週為限,超過一週以事假計算。

三、學生請假核准權責:

    1. 一日以內者由級任老師核准。

    2. 二日以內者由生活教育組核准。

    3. 五日以內者由學務主任核准。

    4. 五日以上呈請校長核准。

四、請假程序:學生請假應由學生親至生活教育組領取請假單填寫後附有效證件依程序請假,核准後送繳生活教育組登記。

五、學生請假一律使用統一格式之請假單。

六、本規則經行政會議通過後實施。

玖、辦理人權法治及公民教育宣導

為增進學生民主素養、培養學生守法守紀,學校可參酌教育部與法務

部共同擬訂之「加強學校法治教育計畫」，研訂相關人權法治及公民教育宣導計畫，其實施原則如下：(1) 生活化原則：配合學生生活經驗，將民主法治知識落實於生活實踐中；(2) 持續性原則：訂定合宜的規範內容，列入學校行事曆辦理；(3) 全面化原則：結合學校、家庭及社區各資源，全面推展人權法治及公民教育活動。至於實施方式，可利用各種集會或活動進行宣導、辦理各類講座或者結合教師課堂教學，均有其效果。

拾、防制校園暴力和維護校園安全

學校是學生學習的場所，安全乃是最重要的考量。學生在安全、身心不受威脅的環境下，才有學習可言。生活教育組除了積極宣導和落實友善校園外，也必須針對影響校園安全的因素做有效掌握，例如：隨時留意校園死角、加強門禁管制嚴防陌生人侵入。其次，也要定期進行校園危機演練，確保學生安全意識，遇到危機時可以有效因應。此外，針對學生偏差、學生暴力問題、學生疾病和意外事件、藥物濫用、食物中毒、燒燙傷、溺水、重大衝突等方面，都要建立標準化作業流程，作為處理問題的依據。

拾壹、中輟生通報

中輟生不僅喪失其教育權利，而且還會影響社會安全，把中輟生找回來，乃是學校重要工作之一。因此，學校必須有效建立及落實中輟生通報系統，達到「零中輟」目標。一般而言，中輟生分為三大類：(1) 第一類：未經請假未到校上課達三日以上之學生；(2) 第二類：學期開學未到校註冊達三日以上之學生；(3) 第三類：轉學時未向轉入學校報到達三日以上之學生。學生有第一類中輟狀況時，由生教組即時填具中輟學生通報單，函報所在地之強迫入學委員會及上網通報；學生有第二、三類中輟狀況時，由註冊組填具中輟學生通報單，函報所在地之強迫入學委員會及上網通報。期間進行必要的追蹤輔導，一旦學生返校復學後，生教組立即填

具中輟學生復學通報單，致強迫入學委員會並立即上網通報；並做適切之安置輔導（包括編班、補救教學、親師懇談、個案輔導、結合認輔制度、技藝教育等）。

第四節　體育組工作實務

「體育組」顧名思義，它是辦理與體育有關的各項活動，包括：擬訂各項體育活動計畫、辦理校內外運動會及各項體育競賽、管理與維護運動場所及設備、辦理晨間及課間活動、辦理學生體能測驗、各項體育競賽訓練與選拔、體育成績評量。茲擇重要項目說明之。

壹、擬訂各項體育活動實施計畫

學校為發展學生基本動作能力、學習運動技能、培養參與體育活動之必備技能、建立正確體育觀念和運動習慣、促進促進身心均衡發展，體育組都會訂定各項體育活動實施計畫。體育組研訂該計畫都會參考教育部頒布的《各級學校體育實施辦法》，其內容包括：依據、目標、策略和方式、配合措施、預期成效等方面，作為學校推動體育活動之依據。體育組規劃辦理各項運動競賽，必須結合學生體適能活動，輔導學生落實「體適能 333 計畫」，其中一週至少運動三天，每天至少 30 分鐘，其運動強度達每分鐘心跳 130 下。

貳、辦理校內外運動會及各項體育競賽

各校每學年至少舉行一次運動會或體育表演會，此為體育組每學年重大工作之一。為了使運動會或體育表演會辦理得有聲有色，必先做好籌備工作，約有下列數項工作。

一、成立籌備委員會

校長為主任委員，各處室主任為委員，學務主任為總幹事，體育組長、衛生組長分別為副總幹事。

二、召開籌備委員會

決定時間、競賽項目（表演項目）、分配各組工作，以及其他協調工作。

三、管制各組工作進度

1. 場地組：負責場地整理、畫線及維護。
2. 器材組：負責器材準備、搬運、擺設及收拾。
3. 招待組：負責來賓及家長之簽到招待。
4. 獎品組：負責獎品、獎狀、獎牌、採購、設計、分配及頒發。
5. 服務組：負責場地秩序之維護。
6. 典禮組：負責活動典禮之進行。
7. 總務組：負責物品採購、供應、經費收支及物品採購。
8. 表演組：負責表演節目及出場順序（體育表演會時設置）。
9. 競賽組：負責大會各項競賽之進行。
10. 裁判組：負責督促裁判到場執行工作。
11. 檢錄組：負責領取各組比賽名單並執行點名任務。
12. 宣傳組：負責海報製作及快報印刷分送。
13. 衛生組：負責傷患之處理。
14. 紀錄組：負責各項競賽活動之紀錄。

體育組應掌握上述各組工作項目及進度，必要時可加開多次籌備工作協調會，以確實了解並掌握各組工作進度。

參、管理與維護運動場所及設備

學校運動場所及設備之使用，以安全為第一，所以體育組應派專人維

護，並每月做檢查紀錄。學校體育設備主要有遊戲器材設備、田徑運動設備、球類運動設備、體操設備等，其中以遊戲器材設備最容易疏於維護而造成學生之運動傷害。

肆、辦理學生體能測驗

《高級中等以下學校及專科學校五年制前三年體育實施辦法》第 12 條規定：「學校每學年應至少實施學生體適能檢測一次，並依體適能常模及檢測結果，訂定體適能促進具體措施，落實提升學生體適能。」依此規定，體育組每學年至少要實施學生體能檢測一次，體能檢測包括身高、體重、仰臥起坐 60 秒、坐姿體前彎、立定跳遠、心肺耐力、身體質量等，並根據學生檢測結果，研擬增強學生體能相關措施。

伍、辦理晨間及課間活動

依據教育部發布的《高級中等以下學校及專科學校五年制前三年體育實施辦法》第 13 條規定：「學校應安排學生在校期間，每日均應參與體育活動，其每星期合計應達一百五十分鐘以上，……推行前項體育活動，得依下列措施進行：一、實施晨間、課間或課後健身運動。……」體育組應依此規定，針對晨間及課間活動，進行妥善規劃並加以落實，確實達到強化學生體能之效果。

陸、各項體育競賽選拔及訓練

學校經常要派各種校隊參加對外比賽，為學校爭取最高榮譽。所以，體育組要負起選拔校隊的重責大任。一般校隊的選拔方式有三種：舉行公開選拔賽、利用校內比賽選拔及體育教師推薦。選手經過選拔後，體育組應禮聘教練，共同商訂訓練計畫，才能爭取最佳成績。

柒、學生體育成績評量與統計報告

學生體育成績評量的重要法令依據，是「十二年國民基本教育課程綱要」之健康與體育領域、《國民小學及國民中學學生成績評量準則》及《高級中等學校學生學習評量辦法》，體育組人員必須對這些規定有所了解，才能做好分內工作。除了體育成績評量之外，也要對於學生體適能方面定期提出統計報告，俾了解學生身體發展狀況。

以上乃就體育組重要工作項目做一扼要說明。事實上，為了激勵學校體育風氣和有效使用體育設備，體育組也應就實際需要訂定各種章則或辦法，俾供為推動體育活動之依據。

第五節　衛生組工作實務

衛生組工作種類繁多，計有擬訂各項環境及衛生教育工作章則；辦理全校衛生保健工作及其設備事項；衛生隊之組訓及指導晨間檢查事項；辦理學校環境衛生及整潔活動教育事項；協助健康中心辦理健康檢查及協助預防接種事項；辦理衛生保健及健康促進宣導事項；學校營養午餐、外訂餐盒衛生管理；辦理垃圾分類、資源回收、環保教育；維護環境及飲水設備之清潔；辦理學生平安保險。這些事項都關係到學生的身體健康與安全，需要投入更多的心血和時間。

壹、擬訂各項環境及衛生教育工作章則

衛生組負責全校環境教育及衛生教育工作，為使這兩項工作能夠順利推動，必須訂定各種章則作為辦理業務的依據。基本上，環境教育係指運用教育方法培育國民了解與環境之倫理關係，增進國民保護環境之知識、技能、態度及價值觀，促使國民重視環境，採取行動，以達永續發展之公民教育過程。因此，從基礎教育培養學生環境教育的意識和態度，屬於扎

根的工作,必須能夠落實,才能見到效果。而衛生教育攸關師生健康,學校必須研訂相關衛生教育計畫,作為執行依據。

學校對於環境教育和衛生教育計畫,可從計畫目標、實施對象、期程及方法、實施內容、預期效益等方面訂定之,為使這些計畫順利執行,學校可訂定環境教育委員會設置要點和衛生教育委員會設置要點。至於相關章則的訂定,宜考慮其可行性和實用性。

貳、衛生隊之組訓及指導晨間檢查事項

學校學生衛生隊組訓之目的在於養成學生資源回收及環境保護的習慣,以及協助推動校園整潔與衛生工作,維護校園清潔。主要從事全校學生資源回收工作示範、協助校園整潔活動和環境維護、糾正並勸導不守衛生習慣的同學,其隊員通常從六年級各班遴選體格健全、熱心服務、認真負責、有應變能力及家離校近能早到校者為優先考量,並由衛生組負責招募、訓練及任用,訓練內容包括認識資源回收種類、分配資源回收任務、了解校園環境整潔維護的重要性、校園環境維護工作分配與巡查,幫助其了解工作任務,以利執行衛生隊工作。

目前各校晨間衛生檢查多利用早上時間進行,檢查項目偏重於服裝、手帕、衛生紙、手指甲、抽屜等,大約 10 至 15 分鐘,各校視其需要彈性調整。

參、辦理學校環境衛生及整潔活動教育事項

政府為促進學生及教職員工健康,奠定國民健康基礎及提升生活品質,特制定《學校衛生法》,在該法第 6 條第 1 項規定:「學校應指定單位或專責人員,負責規劃、設計、推動學校衛生工作。」學校係由衛生組負責全校的環境衛生及整潔活動教育工作。因此,身為衛生組長必須深入了解全校性的環境衛生及整潔活動教育,並進行全盤規劃,以利各項工作之執行。

為了做好環境衛生及整潔活動教育工作，學校必須確保教室、公共空間、運動場所、周邊環境整潔，讓師生享有乾淨的教育環境。此外，學校也會辦理班級整潔活動檢查與競賽，以及從事廁所的綠化和美化工作，確保廁所環境品質。

肆、協助健康中心辦理健康檢查及協助預防接種事項

《學校衛生法》第 6 條第 2 項規定：「學校應有健康中心之設施，作為健康檢查與管理、緊急傷病處理、衛生諮詢及支援健康教學之場所。」第 8 條規定：「學校應建立學生健康管理制度，定期辦理學生健康檢查；……」第 10 條規定：「學校應依學生健康檢查結果，施予健康指導，並辦理體格缺點矯治或轉介治療。」第 11 條規定：「學校對罹患視力不良、齲齒、寄生蟲病、肝炎、脊椎彎曲、運動傷害、肥胖及營養不良等學生常見體格缺點或疾病，應加強預防及矯治工作。」第 12 條規定：「學校對患有心臟病、氣喘、癲癇、糖尿病、血友病、癌症、精神疾病、罕見疾病及其他重大傷病或身心障礙之學生，應加強預防及矯治工作。」這些規定相當明確，衛生組必須協助健康中心做好學生健康檢查工作。

此外，在該法第 14 條規定：「學校應配合衛生主管機關，辦理學生入學後之預防接種工作。國民小學一年級新生，應完成入學前之預防接種；入學前未完成預防接種者，學校應通知衛生機關補行接種。」衛生組協助學生預防接種工作，亦是法定任務，必須確實執行，以維護學生健康。

伍、辦理衛生保健及健康促進宣導事項

學校是一個教育園地，衛生知識和保健須藉助於教學或活動來宣導，才可見到其效果。衛生保健宣導項目繁多，舉凡疾病預防、流感預防、口腔衛生保健、視力保健、體重控制等均屬之，衛生組應列入年度計畫項

目,並確實執行,讓學生了解衛生保健的重要性。目前政府積極推動健康促進學校,站在師生的立場,以健康為導向,強調應用協調、溝通與合作的機制進行資源整合,希望提升學校促進師生健康的能力,對學校衛生保健宣導也發揮一定的作用。

陸、學校營養午餐、外訂餐盒衛生管理

學校午餐的供應品質關係到學生的健康,營養午餐辦得好,有助於學生能得到生長、發育、學習與活動所需之足夠營養,因此衛生組必須做好營養午餐督導和管理的工作。衛生組為做好午餐管理工作,除了定期召開營養午餐委員會之外,對於食材安全與品質也要進行有效管控,同時每週都要公告午餐菜單,讓家長和學生清楚每天的午餐內容。衛生組每日也要排定監廚人員,負責廚房內部作業及整齊衛生之管理。

至於外訂餐盒衛生管理,衛生組應依據教育部發布的《中小學外訂餐盒食品衛生管理要點》辦理,並依據該要點第 2 點規定:「學校外訂餐盒食品應以經主管衛生行政機關輔導取得餐盒食品危害分析重要管制點(簡稱 HACCP)制度認可之業者或優良餐盒食品廠商為對象。……」慎選外訂餐盒廠商。此外,為預防食品中毒事件之發生及事後之查處,學校除應向優良餐盒廠商訂購餐盒食品外,應選擇運送車程不超過 30 分鐘及貯存效果良好之廠商訂購(該要點第 4 點)。除情況特殊外,學校應會同家長會向廠商訂購,並提供兩家以上之廠商,以利學生選擇(該要點第 5 點)。學校應依相關法令訂定契約,規定相關管理事項、合乎營養衛生食品內容及違規罰則,並事先要求廠商投保產品責任險(該要點第 6 點)。學校應規定餐盒食品製造完成後至食用不超過 2 小時,並應做初步抽檢,檢視其內容、味道、包裝、標示等,如有衛生安全之虞時,應予退還(該要點第 7 點)。

衛生組千萬要記得,學校應建立留驗制度,將當天所訂餐盒食品各隨機抽存乙份,包覆保鮮膜,標示日期及廠商名稱,立即置於攝氏五度以下,冷藏二天,以備查驗,並應防範遭受汙染(該要點第 10 點)。學校

應指導學生如發現所進食之餐盒食品有異味或異樣時，應立即向學校行政人員報告，俾採必要措施（該要點第 11 點）。學校發現師生有疑似食品中毒跡象（噁心、嘔吐、腹痛、腹瀉等症狀）時，應將病患送醫進行檢查治療等必要緊急救護措施，並通知學生家長。同時，應儘速向主管教育行政機關提出實施情況與處理過程，並聯繫及協助衛生行政機關處理（該要點第 12 點）。

此外，導師必須分別在午餐「進餐前」、「進餐中」及「進餐後」指導學生做好衛生工作，切實掌控用餐衛生與安全。營養午餐做得好，也是一種很好的營養教育，對學生健康亦有幫助。

柒、辦理垃圾分類、資源回收、環保教育

學校是師生活動的重要場所，每天也會製造不少垃圾，基於愛護地球和疼惜這塊土地的堅持，做好辦理垃圾分類和資源回收，乃屬責無旁貸。因此，衛生組必須依據相關環保法規及學校環境，研訂辦理垃圾分類、資源回收、環保教育等計畫，作為執行之依據。其實，學校推動垃圾分類和資源回收最主要的目的在於建立正確的環保教育認知，落實垃圾分類、資源回收工作，培養垃圾減量、節約能源之美德，進而將愛物惜福之經驗推廣至家庭、社會。

就垃圾分類而言，主要有兩大類：非資源垃圾和資源回收。前者包含陶瓷、石頭、砂土、塑膠袋、布類等資源垃圾以外之一般廢棄物，簡稱一般垃圾。後者包括紙（含餐盒、面紙盒）類、鋁罐頭、鐵罐類、寶特瓶、鋁箔包、塑膠（瓶）類等，學校設立回收點、回收站和回收庫，就可辦理資源回收工作。

學校環保教育是全校性的公共工作，每個人都有責任，只是由學務處衛生組統籌辦理，這項工作必須結合教務處、輔導處和總務處，才能發揮效果。基本上，衛生組應積極訂定環保教育實施計畫，以及辦理相關的環保活動（例如：環保壁報和海報宣導、辦理環保小局長選舉和環保尖兵等），讓環保意識能融入在每個人的生活之中，可說是最重要的課題。

捌、維護環境及飲水設備之清潔

　　學校環境維護及飲水設備之清潔關係到師生的健康，一點都不能馬虎，必須切切實實地執行。為了確保師生飲水設備之安全，政府都會進行嚴格的規範。依據《飲用水連續供水固定設備使用及維護管理辦法》第6條第2項規定：「飲用水設備管理單位應自行或委託專業機構辦理維護，每月至少一次，並將每次維護內容詳細記載於飲用水設備水質檢驗及設備維護紀錄表；其紀錄應保存二年，以備主管機關查核。」學校衛生組必須依照此項規定，每臺飲水機機身必須貼上「飲用水設備水質檢驗及設備維護紀錄表」，做好定期維護工作，以確保飲水設備之清潔。

玖、辦理學生平安保險

　　政府為保障學生安全及健康，減輕意外事故及疾病造成之家庭經濟負擔，特別辦理學生團體保險。依《高級中等以下學校學生及教保服務機構幼兒團體保險條例》規定，其中被保險人就是參加本保險之學生，而要保單位則是學校，至於保險人乃是辦理本保險之保險公司。學生繳交的保險費，由教育部定之，再由保險人向被保險人收取保險費。依該條例第14條規定，保險給付項目如下：身故保險金、醫療保險金、失能保險金、生活補助保險金、集體中毒保險金。

　　學生平安保險具有社會保險的功能，可減輕學生因疾病或意外事故造成經濟上的損失，有助於保障學生權益。衛生組應將其視為政府一大德政，盡全力來幫助需要幫助的學生。

教育相對論　動員學生參加慶典活動，適不適合？

　　不管在中國大陸或臺灣，各級機關單位在各種慶典、儀式、會議活動，都喜歡動用學生或學校樂隊、鼓號隊助興，以壯聲色，這種方式合適不合適，正反意見都有，頗具爭議。

　　贊成者主要論點為：

1. 讓學生去參加一些活動，提高學生表演和鍛鍊機會。

2. 它有助於學生觀察和認識實際社會現象，體驗實際社會生活。

3. 它可視為一種開放式教育內容的一部分。

4. 透過活動讓學校與學生展現智育以外的教學成果。

5. 參加活動可培養學生群性行為。

　　反對者主要見解為：

1. 將學生當成活道具，缺乏教育意義。

2. 剝奪學生上課時間，影響學生課業學習，背離教育目的。

3. 參加活動之後，學生精疲力盡，不利身心發展。

4. 動員學生參加慶典活動，是勞民傷財的做法。

5. 學生參加具有政治性慶典活動，耗費學生資源。

禦寒衣物外穿該禁嗎？

「臺灣青年民主協會」與「臺灣也有一個騰訊」在 2021 年 1 月發布「高中以下禦寒衣物外穿調查」，短短一天共計 1,438 位同學填寫，共包括有 853 間公私立國中小、高中職。初步統計結果發現，違反教育部規定的學校達 84.3%，除禦寒衣物外，許多學校亦規定學生戴圍巾須事先申請、禁止戴毛帽、手套等，此皆違反教育部於本學期新訂服裝儀容原則之要求。

教育部為此發函各校，考量學生對天氣冷熱感受及身體狀況存有明顯個別差異，學校不得限制氣溫「幾度」才能加穿禦寒衣物，應由學生主觀感受判定。連行政院長蘇貞昌也在臉書粉絲專頁發圖表示「學生安心加外套，政府給你靠！」要求學校不得處罰學生加外套、添圍巾的行為。此圖在多個教師群組引發討論，多名教師表示政府不尊重教師專業。

註：引自中小學生加穿禦寒衣物 教育部：不得規定冷到幾度，陳至中，2021 年 1 月 15 日，https://reurl.cc/bzoR8X。「安心加外套政府給你靠」 蘇貞昌 1 句話惹怒中小學教師，潘乃欣，2021 年 1 月 17 日，https://reurl.cc/R6o1Ge。

問題討論

1. 學生的服裝儀容，常常引起學校與學生之間的爭議，學務處人員如何有效拿捏，避免產生爭議？

2. 學生服裝儀容規定之執行，學校應如何遵循「因時制宜」和「因地制宜」之原則？

3. 教育部對於學生的服裝儀容規定，如何兼顧學校管教與學生需求？

本章摘要

1. 學務主任秉承校長之命令，負責全校學生事務工作之推動，其所扮演角色計有：單位主管角色、幕僚輔助角色、計畫執行角色、溝通協調角色、安全維護角色、德育活動推展角色、體育活動推展角色、群育活動推展角色。

2. 訓育組工作實務為：擬訂學生事務工作計畫及行事曆、策劃團體活動及校外教學、辦理學生課後社團活動、策劃及訓練童軍活動、指導學生自治活動、策定壁報出版及教室布置競賽、策劃新生和舊生始業訓練、處理學生緊急危難救助事項、召開導師會議。

3. 生活教育組工作實務為：擬訂生活教育計畫及推行事項；處理學生偶發事件；辦理交通安全教育；規劃導護工作及路隊組訓；辦理學生品德評量及獎懲；服裝儀容檢查；辦理家庭聯絡及推行社區活動；處理學生請假、曠課及缺課情形；辦理人權法治及公民教育宣導；防制校園暴力和維護校園安全；中輟生通報。

4. 體育組工作實務為：擬訂各項體育活動實施計畫、辦理校內外運動會及各項體育競賽、管理與維護運動場所及設備、辦理學生體能測驗、辦理晨間及課間活動、各項體育競賽選拔及訓練、學生體育成績評量與統計報告。

5. 衛生組工作實務為：擬訂各項環境及衛生教育工作章則；辦理全校衛生保健工作及其設備事項；衛生隊之組訓及指導晨間檢查事項；辦理學校環境衛生及整潔活動教育事項；協助健康中心辦理健康檢查及協助預防接種事項；辦理衛生保健及健康促進宣導事項；學校營養午餐、外訂餐盒衛生管理；辦理垃圾分類、資源回收、環保教育；維護環境及飲水設備之清潔；辦理學生平安保險。

評量題目

1. 假如您是某校學務主任，請試擬一份「○○學校○○學年度學生事務工作計畫」。
2. 假如您是某校訓育組長，請試擬一份「新生始業訓練實施計畫」和「舊生始業訓練實施計畫」。
3. 假如您是某校體育組長，請試擬一份「○○學校運動會實施計畫」。
4. 假如您是某校衛生組長，請問您如何推動衛生保健工作？

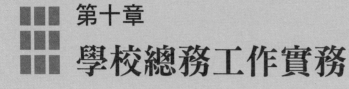

第十章
學校總務工作實務

　　總務工作就是配合各單位任務，以提高學校教育行政效率，達成學校整體教育目標，其性質是一種服務及支援性工作，其範圍包含除了會計、人事及教學業務以外的全部工作，其目的在便利、配合及協助各項校務活動的推展。

　　總務工作相當繁雜，舉凡文書處理、檔案管理、出納管理、校舍及辦公處所管理、環境衛生、安全管理、工友管理、財產及物品管理收購或撥用土地校舍營建等，為利於業務推動，有賴制度化、科學化、專業化之管理，並依據預算經費及需要來衡量輕重緩急，才能發揮總務行政的功能。

　　總務工作之各項細目工作，可由表10-1得知。

表 10-1

總務處各組工作內容

組別	工作內容
事務組	1. 擬訂總務年度工作計畫及各項事務章則。 2. 規劃及監督校舍建築與整修事項。 3. 辦理整建工程及設備採購作業事項。 4. 校舍管理事項。 5. 校產及物品管理事項。 6. 工友管理事項。 7. 辦理校園安全檢查與防護事項。 8. 規劃及實施學校環境綠化美化事項。 9. 學校場地借用管理維護事項。 10. 水電及通訊管理事項。 11. 彙報各項總務業務統計資料事項。
文書組	1. 典守學校印信事項。 2. 公文收發繕校登記及訂定文書處理章則事項。 3. 辦理公文查催及統計事項。 4. 檔案管理及差送文件傳遞事項。 5. 處理全校會議紀錄事項。 6. 記載學校大事記事項。 7. 管理校史事項。 8. 校長交接彙辦。
出納組	1. 學校現金及有價證券、票據之保管事項。 2. 收支款項之核算事項。 3. 收支款項之交存事項。 4. 各項費用之支付及發公庫支票事項。 5. 各項收款收據之製發事項。 6. 薪資所得稅之報繳及有關事項。 7. 出納簿冊之登記及編製表報事項。 8. 編製員工薪水清冊、各項扣繳及保險費報繳事項。

第一節　總務主任的角色、職責與素養

壹、總務主任的角色

　　總務主任秉承校長之命令，負責全校總務工作之推動，所以所扮演的角色至為重要，主要如下。

一、單位主管角色

　　總務主任是總務處的主管，他須領導總務處各組同仁共同推展總務工作，任何總務工作也須由他來決定，所以他要負起總務處工作成敗之責。

二、幕僚輔助角色

　　總務主任是校長的重要幕僚人員，他要依校長的辦學理念，全力輔助配合執行業務，使校務順利推展，所以須隨時提供校務資料供校長裁奪，並適時提出建議。

三、計畫執行角色

　　總務工作為求順利推動，需要擬訂一份計畫，總務主任須負起這種責任；同時要督導所屬執行計畫，並隨時檢討計畫成效，以供改進參考。

四、美化綠化推動角色

　　學校環境的美化綠化，影響到學生學習效果。因此，如何發揮境教效果，也為教育工作者所重視。所以，身為總務主任，應把校園美化綠化列為重要工作項目，扮好一位園丁園藝者的角色。

五、有效財產管理角色

　　學校財產種類甚多，隨時要加以注意，舉凡財產之登記、增置、經管、維護、減損等都是財產管理的重要項目，為完全有效掌握全校財產的動態，總務主任應當扮演一位有效財產管理者角色。

貳、總務主任的職責

總務主任扮演多種角色，其職責可綜合歸納為下列要項：

1. 秉承校長指示，策劃學校總務工作事宜。
2. 綜理總務工作事宜。
3. 出席校務會議和行政會議，報告總務工作推展狀況。
4. 督導各組辦理總務工作計畫。
5. 督導全校營繕工程順利進行。
6. 策劃全校美化綠化工作事項。
7. 督導全校財產管理事項。
8. 督導全校各項出納事項。
9. 督導學校文書處理及檔案管理事項。
10. 其他交辦事項。

參、總務主任的素養

總務主任為能做好上述職責，必須具備一些素養，茲說明如下。

一、基本修養方面

具有良好的品德和健康的身心。

二、學識修養方面

熟悉有關教育法令及國民教育特性，並具備運用語言和文字能力。

三、專業才能方面

除具有一般管理能力（如計畫、組織、執行、評鑑等）外，也要具有一些文書、事務、營繕工程、建築管理、財物管理、採購、出納及工友管理知識和能力。

有了這些素養，對於總務工作的推動，必能得心應手，事半功倍。

第二節　事務組工作實務

　　事務組從事後勤支援工作，工作範圍甚廣，舉凡校舍管理、校產管理、物料和設備採購、工友管理、校園安全檢查、環境綠化美化、場地借用管理維護、水電管理，以及彙報各項總務業務統計資料等，都是事務組工作項目。茲擇其重要項目說明之。

壹、擬訂總務年度工作計畫及各項事務章則

　　學校除了中長期校務發展計畫和年度工作計畫之外，各處室大都會依據學校相關計畫及業務推動需求，研訂年度工作計畫。總務處的年度工作計畫係由事務組主政，並會同文書組和出納組訂定之，作為年度推動總務工作之依據。總務年度工作計畫之大綱，大致包括依據、目標、組織、任務、實施原則、實施內容、實施方式、經費、配套措施、預期效益等，各校就其實際需求訂定之。

　　為利於推展事務工作，事務組也會訂定各項章則，如《工友管理要點》、《場地借用管理要點》等。

貳、規劃及監督校舍建築與整修

　　學校校舍為師生使用的重要空間，確保符合安全、衛生和舒適原則，則有賴於事務組做好校舍建築興建與整修之規劃與監督的各項工作。學校有哪些校舍需要規劃興建、哪些校舍需要整修，事務組必須有全盤的規劃和有效的監督，有關校舍整修，儘量在假期辦理，才不會干擾老師教學和學生學習。

參、辦理整建工程及設備採購作業

　　學校營繕工程乃是事務組最辛苦的工作之一，任何一件營繕工程和設備採購都會涉及到估價、招標、發包、採購、監工、驗收、結算等作業程序。因此，事務組人員對政府採購法及其施行細則，必須仔細研讀和深入了解；同時也要參與「營繕工程」和《政府採購法》研習課程，才能提升營繕工程和設備採購知能。

　　依《政府採購法》第2條規定：「本法所稱採購，指工程之定作、財物之買受、定製、承租及勞務之委任或僱傭等。」是故，工程定作和財物買受皆屬於政府採購法規範之項目。採購過程之招標、決標、驗收、履約管理和爭議處理，必須依《政府採購法》相關規定辦理。復依該法第18條第1項規定：「採購之招標方式，分為公開招標、選擇性招標及限制性招標。」其中，公開招標指以公告方式邀請不特定廠商投標；選擇性招標指以公告方式預先依一定資格條件辦理廠商資格審查後，再行邀請符合資格之廠商投標；而限制性招標指不經公告程序，邀請二家以上廠商比價或僅邀請一家廠商議價。學校倘若要辦理選擇性招標，則必須符合《政府採購法》第20條：「機關辦理公告金額以上之採購，符合下列情形之一者，得採選擇性招標：一、經常性採購。二、投標文件審查，須費時長久始能完成者。三、廠商準備投標需高額費用者。四、廠商資格條件複雜者。五、研究發展事項。」至於採取限制性招標，則須符合該法第22條規定。

肆、校產及物品管理

　　依《國有公用財產管理手冊》之規定，財產管理係指辦理國有公用財產增置、產籍登記、經管、養護、減損、報告及檢核等事項（財政部國有財產署，無日期）。同時，在該手冊亦規定財產管理工作，除車輛、宿舍，以及珍貴動產、不動產管理，應分別依《車輛管理手冊》、《宿舍管理手冊》及《中央政府各機關珍貴動產不動產管理要點》之規定辦理外，依本手冊之規定。

　　至於各類財產之最低使用年限，依行政院「財物標準分類」為準。其中財產分為六大類，包括：土地、土地改良物、房屋建築及設備、機械及設備、交通及運輸設備、什項設備。其中土地及土地改良物因個體財產有限，為簡化編號，並列於同一編號。各類財產之編號，採四級分類、五級編號制，其分類科目之名稱為類、項、目、節，第五級為各該個體財產名稱之編號。物品分為二類，包括非消耗品及消耗用品，編號採三級分類制，其分類科目之名稱為類、項、目。

　　事務組對於《國有公用財產管理手冊》和行政院「財物標準分類」應有深入了解，才能做好校產管理工作。

伍、工友管理

　　學校除了教職員生外，還有非生產性之普通工友及技術工友（含駕駛）參與校務工作，有關工友之工作分配、訓練、差假、離職、考核與獎懲等管理，都是由事務組負責。

　　學校工友管理，係依行政院發布之《工友管理要點》規定辦理，該要點對工友之僱用、服務、請假、待遇、考核與獎懲、退休、撫卹、資遣均有明確規定，各學校僱用工友時，應依該要點規定訂定工作規則，載明工友管理事項，以利做好工友管理工作。

陸、辦理校園安全檢查

　　教育部為確保校園安全，出版了《國民中小學校園安全管理手冊》，內容包括：一般建築及教學設備安全管理、教學及校園生活安全管理（含教學安全管理；實驗安全管理；游泳安全管理；校外教學安全管理；嬉戲及運動安全管理；飲食衛生安全管理；校園公共衛生安全管理；校園性侵害或性騷擾防治；校園暴力、霸凌及藥物濫用防治；校園門禁安全管理）、一般校園安全事件之通報與處理、特殊校園安全事件之通報與處理等（教育部，無日期），頗具實用性，事務組相關人員能深入了解並加以落實，將有助於維護校園安全。

　　事務組可參考《國民中小學校園安全管理手冊》中所提供的各類檢核表範例，做好公共安全、電梯安全、飲水安全、遊戲器材安全、消防安全、電氣安全等各項工作。

柒、規劃及實施學校環境綠化美化

　　學校本身具有境教功能，學校環境良好與否，攸關教師教學與學生學習效果；尤其學生在優質學校環境耳濡目染下，有助形塑其優良人格。因此，加強學校環境綠化美化工作，成為學校經營重要的一環。事務組為了做好學校環境綠化美化工作，必須訂定實施計畫，作為推動之依據。

　　學校環境綠化美化，除了可改善學校環境、消除髒亂，使學校達到整潔、綠化及美化之境地；更可促進學校環境教育化，以提高教學情緒、增進教學效果，達成境教之目標。因此，事務組不管在教室整潔工作、廁所整潔、消滅髒亂死角、環境綠化、校園內種植花木及草皮、庭園布置及設計等方面，皆要做好妥善規劃並全力執行，如此才會產生效果。

捌、學校場地借用管理維護

　　政府為達到學校場地充分利用、提倡正當休閒活動、鍛鍊強健體魄、促進社會和諧氣氛與社會教育功能，提供民眾聯誼活動場地，都會要求學校將場地開放給社區民眾使用。為使社區民眾了解學校並協助管理及維護學校場地，各校事務組都會訂定《場地借用管理要點》，就其依據、目的、開放時間、開放對象及範圍、開放場地、借用方式等做明確規定，以利學校及借用者遵循。

玖、水電及通訊管理

　　學校水電之使用，乃是學校經營不可或缺的要件，但必須做好有效管理，才能減少浪費，提升效能。行政院在 2006 年同意辦理（2007 年修

正）《加強政府機關及學校節約能源措施》，作為各校進行水電管理的依據。

　　學校水電管理的目的在於落實節約用水、用電安全及節約能源，培養愛護水、電、自然資源，養成師生節儉的美德。這項工作做得好，對於減緩地球暖化和溫室效應亦有其積極性效果。因此，事務組也必須研訂學校水電管理的相關措施，落實節約水電能源之作為。

　　此外，學校也要做好通訊管理，以利學校通訊暢通，並避免學校通訊費用（包括電話、郵電、網路等）不必要的浪費。

第三節　文書組工作實務

　　學校與其他機關（機構）、單位或民眾往來，除了電話或網路聯繫外，公文或信函可說是最為頻繁。為有效處理各種文書，學校在總務處設文書組，處理學校印信、公文收發及文件歸檔等事項。茲擇其重要項目說明之。

壹、典守學校印信

　　印信係指用木或金石雕刻文字，以資信守者，統名曰印信，簡稱曰印。舊制，帝王所用者曰璽，官吏曰印，秩卑者曰鈐記、圖記，非永久性曰關防，私人用者曰私印、小印。民國時凡屬行政系統內之機關有永久性質者用印，其他皆用關防。

　　依《印信條例》第 2 條之規定，印信之種類包括五大類：國璽、印、關防、職章、圖記。學校印信之製發與使用，則依《印信條例》第 11 條規定：「公立專科以上學校，及全國性之教育、文化事業機構印信，由總統府製發；國立中等學校印信，由教育部製發；省（市）立中等學校及教育、文化事業機關印信，由省（市）政府製發；國民學校及縣（市）鄉（鎮）立教育、文化事業機關印信，由縣（市）政府製發。私立專科以上

學校，及全國性之教育、文化事業機構印信，由教育部製發，其餘私立學校及教育、文化事業機構印信，比照前項規定辦理。各級私立學校，及教育、文化事業機構印信之質料、形式及尺度，比照公立者辦理。」

有關印信使用規定，則依《印信條例》第15條辦理：「印信之使用規定如左：一、國璽：中華民國之璽，蓋用於總統所發之各項外交文書；榮典之璽，蓋用於總統所發之各項褒獎書狀。二、印及關防：印蓋用於永久性機關之公文；關防蓋用於臨時性或特殊性機關之公文。三、職章：蓋用於呈文、簽呈各種證券、報表，及其他公務文件。四、圖記：蓋用於公務業務，或各項證明文件上。」

至於印信之製發、啟用、管理、換發及廢舊印信之繳銷事項，則依《印信製發啟用管理換發及廢舊印信繳銷辦法》規定辦理。

貳、公文收發繕校登記及訂定文書處理章則

依《文書處理手冊》規定，文書處理指文書自收文或交辦起至發文、歸檔止之全部流程，分為下列步驟：(1) 收文處理：簽收、拆驗、分文、編號、登錄、傳遞；(2) 文件簽辦：擬辦、送會、陳核、核定；(3) 文稿擬判：擬稿、會稿、核稿、判行；(4) 發文處理：繕印、校對、蓋印及簽署、編號、登錄、封發、送達；(5) 歸檔處理：依《檔案法》及其相關規定辦理。收文處理、文書核擬、發文處理和文書保密，在《文書處理手冊》均有詳細之規定。文書組相關人員必須仔細閱讀，才能讓公文收發、繕打、校對、登記，以及文書處理流程不會產生差錯，同時做好公文保密及文件歸檔與保管事項。

為了做好學校文書處理各項工作，文書組也必須訂定文書處理章則，作為處理文書之依據。

參、辦理公文查催及統計

為加速文書處理，提高行政效率，文書組應對公文處理過程進行有效

管制，亦即建立文書稽催制度。為加強文書稽催功能，文書組對下列事項應有所了解。

一、一般公文處理期限

1. 最速件：一日（但緊急公文仍須依個案需要之時限內完成）。
2. 速件：三日。
3. 普通件：六日。

二、限期公文

1. 來文或依其他規定訂有期限之公文，應依其規定期限辦理。
2. 來文訂有期限者，如受文機關收文時已逾文中所訂期限者，該文得以普通件處理時限辦理。
3. 變更來文所訂期限者，須聯繫來文機關確認。

三、各類公文處理時限之計算標準

1. 公文處理時限，除限期公文、專案管制案件、訴願案件、人民申請案件外，均不含假日。
2. 一般公文發文使用日數：
   (1) 一般公文自收文次日或交辦日起至發文日止，所需日數扣除假日。
   (2) 限期公文於來文所訂或規定期限內辦結，未超過六日者，以實際處理日數計算，超過六日者，以六日計算；逾越來文所訂或規定期限辦結，以實際處理日數計算。
   (3) 專案管制案件、立法委員質詢案件、監察案件、人民申請案件、人民陳情案件、訴願案件之計算基準，於規定處理時限內辦結者列為「依限辦結」，超過規定處理時限辦結者列為「逾限辦結」。
   (4) 處理時限以時為計算基準者，自收文之時起算；以半日為計算基準者，以收文次日起算，但收文當日辦結者，以半日計算。

文書組也必須就每月公文處理情形進行統計，並在行政會議提出報

告，以有效掌握學校公文處理時效。

肆、檔案管理及差送文件傳遞

檔案係指各機關依照管理程序，而歸檔管理之文字或非文字資料及其附件。依《檔案法》第 28 條規定，公立大專校院及公營事業機構準用《檔案法》之規定，中小學則無此規定。由於學校有為數不少的檔案，這些關係到政策執行、學校營運及學生權益，仍必須要做好檔案管理工作。

基本上，學校檔案管理以統一規劃、集中管理為原則。其作業程序包括點收、立案、編目、保管、檢調、清理、安全維護等事項。此外，文書組也要做好學校檔案公文及相關文件傳送，以減少失誤現象。

伍、處理全校會議紀錄

學校全校性重大會議，一是校務會議，另一是行政會議。文書組應負責出列席人員的簽到，並進行會議紀錄。

會議紀錄整理完畢後，送陳校長核閱，經核可後發送相關單位及出列席人員。基本上，會議紀錄以完整和精確為原則。

此外，文書組也必須記載學校大事記，倘若學校成立校史室，也必須做好管理工作，以發揮校史室的功能。另外，遇到新卸任校長交接，也必須由文書組彙辦。

第四節　出納組工作實務

學校經費之收支與運用，除涉及到主計室之外，總務處出納組也必須負起責任。一般而言，學校現金及有價證券、票據之保管；收支款項之核算；收支款項之交存；各項費用之支付及發公庫支票；各項收款收據之製發；薪資所得稅之報繳及有關事項；出納簿冊之登記及編製表報；編製員工薪水清冊等均屬於出納組工作項目之一。茲擇其重要項目說明之。

壹、學校現金及有價證券、票據之保管

有價證券，包括政府債券、公司債券、公司股票、定期存款單及遠期票據等，學校現金及有價證券之收付、移轉及保管事務，由出納人員依據核准之轉帳撥款辦理之。

為防止弊端，學校應訂定《現金及有價證券之管理與稽核要點》，作為執行依據。

貳、收支款項之核算及交存

出納人員對每天的收入和支出必須做好各項核算工作，力求精確無誤；同時也要做好收支款項交存工作。此外，出納組必須遵守政府對專戶存管款項收支管理之規定，以避免弊端之發生。

參、編製員工薪水清冊、各項扣繳及保險費報繳

出納人員應依人事室通告書造冊，編製員工薪水清冊。目前各校薪水支付都採取劃撥方式，直接存入銀行、郵局或其他金融單位。在薪水支付時，應注意下列事項：(1) 每個項目都要正確無誤；(2) 注意所得稅扣法；(3) 按時送件；(4) 按時存入；(5) 代扣繳項目註明清楚，以便當事人核對。

依財政部國稅署之規定，學校採用劃帳發薪方式發放員工薪津，應辦理下列事項：

1. 預算分配：依《中央政府各機關單位預算分配注意事項》四之（二）規定，員工薪津預算（不包括加班值班費、其他給與、加發年終工作獎金等費用），除元月份分配在當月外，其餘月份應分配在上個月之分配數內；加發年終工作獎金，應分配在農曆春節前十五日之月份。

2. 委託金融機構：依照《中央政府機關學校員工劃帳發薪處理要點》第 4 點規定，各機關應自行委託金融機構辦理。

3. 編製入帳明細：每月應將入帳明細資料編製成冊（含電腦媒體），於發薪日前七天送受委託之金融機構，以供辦理匯撥。

4. 編送付款憑單：編製付款憑單時，受款人應為受託之金融機構，並於發薪日前七天，將付款憑單送達國庫署。

此外，出納組對各項費用之支付及發公庫支票、各項收款收據之製發、薪資所得稅、保險費等各項報繳及有關事項；出納簿冊之登記及編製表報等，也都要依相關規定辦理。

教育相對論

校園該不該設監視器？

目前部分中小學為確保校園安全，紛紛在校園或教室內設置監視器，學校反應大致不錯，認為自從裝設監視器之後，已經收到下列效果：(1) 校舍遭竊率大幅降低；(2) 學生上課打瞌睡、傳紙條等擾亂課堂秩序也相對減少；(3) 可以隨時掌握學生行為，預防不良或暴力行為產生。

然而有些人卻持不同的想法，認為在校園或教室內設置監視器會產生下列後遺症：(1) 侵害到師生隱私權；(2) 校園不是監獄，易形成不當的「監視文化」；(3) 易造成學生恐懼或猜忌心理；(4) 師生未受信任和尊重，與教育方式不符；(5) 學生想盡辦法，規避監視掃描器，易養成學生弄虛做假和潛意識反抗心理。

校園餘裕空間活化

　　某校成立迄今已邁入百年，是一所歷史相當悠久的學校，校地達3公頃多，學生人數曾高達5,000多人。但隨著少子化衝擊，生員減少，如今學生人數已剩下500多人，學校留下不少閒置空間，也就是目前大家所說的餘裕空間，學校校長和總務主任如何活化這些空間，還真傷腦筋。

　　正在傷腦筋之際，學校接到某一個團體洽詢，說想要租空間和教室辦理非營利幼兒園，希望到學校跟校長和相關人員談談，也希望學校玉成。真是無巧不成雙，辦理機構式的非學校型態實驗教育負責人，也要來學校租借場地，而民間文教團體也來參一腳。

　　這時學校的教師和家長聽到此一風聲，紛紛表示反對立場，認為學校有太多團體租借，會影響到學生安全和受教權，而校長又看到教育局的《國民中小學校園餘裕空間活化實施要點》，要求學校配合政府重大政策、社會發展及社區需求，辦理餘裕空間活化利用，讓校長和總務主任相當為難。

問題討論

1. 校園餘裕空間活化，如何兼顧學生受教權？
2. 校園餘裕空間活化，如何確保校園安全？

本章摘要

1. 總務主任的角色包括單位主管角色、幕僚輔助角色、計畫執行角色、美化綠化推動角色、有效財產管理角色。
2. 總務主任的素養分為三方面：基本修養、學識修養和專業才能。
3. 事務組主要工作項目如下：擬訂總務年度工作計畫及各項事務章則、規劃及監督校舍建築與整修、辦理整建工程及設備採購作業、校產及物品管理、工友管理、辦理校園安全檢查、規劃及實施學校環境綠化美化、學校場地借用管理維護、水電及通訊管理。
4. 文書組主要工作項目如下：典守學校印信、公文收發繕校登記及訂定文書處理章則、辦理公文查催及統計、檔案管理及差送文件傳遞、處理全校會議紀錄。
5. 出納組主要工作項目如下：學校現金及有價證券、票據之保管；收支款項之核算及交存；編製員工薪水清冊、各項扣繳及保險費報繳。

評量題目

1. 學校總務工作千頭萬緒，假如您是學校總務主任，請問您如何順利推動總務工作？
2. 工友管理為事務組主要工作項目之一，假如您是事務組長，請問您如何做好工友管理工作？
3. 公文處理時效影響到行政效率，假如您是文書組長，請問您如何做好公文稽催工作？
4. 出納組長涉及到學校收支款項的核算事項，假如您是出納組長，請問您如何做好收支管理工作？

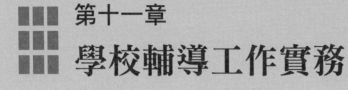

第十一章
學校輔導工作實務

　　自《國民教育法》公布及其施行細則發布後，輔導行政體制才正式設置，輔導活動也正式展開推動。

　　輔導工作，其目的在於培養學生健全的人格，主要是由資料管理組和輔導組負責，若設有特殊教育班級 3 班以上者，得增設特殊教育組，各組所負責的工作內容，如表 11-1 所示。

表 11-1

輔導室各組工作內容

組別	工作內容
資料 管理組	1. 學生輔導資料之蒐集、整理、分析、保管、轉移及提供教師參考等事項。 2. 學生智力、性向、興趣、人格等測驗之調查及分析研究事項。 3. 各項輔導會議資料之準備、記錄與整理事項。 4. 蒐集、保管及提供輔導活動有關之工具與融入教學資料事項。 5. 畢業學生資料轉移事項。 6. 出版輔導刊物及提供升學就業輔導資訊事項。 7. 家長會、社區里長、社區機構、心理輔導機構聯繫事項。 8. 推行各項社區活動，做好家庭及社會資源聯繫事項。 9. 辦理生涯教育、家庭教育課程及活動、學習型家庭事項。 10. 協助教師處理學生輔導資料電子化業務，建立檔案及保存事項。
輔導組	1. 擬訂輔導計畫與章則。 2. 實施學生輔導與諮商事項。 3. 協助級任老師解決學生困難問題事項。 4. 協助教師從事學習輔導並規劃班級輔導活動課程事項。 5. 提供學校行政人員、教師、家長輔導專業諮詢服務及輔導知能成長事項。 6. 策劃與實施團體輔導事項。 7. 策劃與實施輔導專欄事項。 8. 推展性別平等教育、生命教育、家庭暴力防治及性侵害防治之教學與輔導活動事項。 9. 對生活適應困難學生提供諮商服務事項。 10. 規劃和推動認輔工作事項。 11. 辦理中輟生、中途離校學生之輔導追蹤事項。
特殊 教育組	1. 擬訂特殊教育計畫及章則。 2. 組織及運作特殊教育推行委員會事項。 3. 規劃推動特殊教育實施方案及督導個別化教學方案實施事項。 4. 協辦校內各類身心障礙學生之鑑定安置和輔導事項。 5. 辦理特殊需求學生個案研究與輔導事項。 6. 甄別及安置各類資賦優異班學生事項。 7. 辦理特殊教育教師之教學研究及輔導工作事項。 8. 辦理特殊教育學生教學輔具事項。 9. 協助教師從事各班特殊學生之教育與輔導事項。 10. 特殊教育活動宣導事項。 11. 申請身心障礙學生各項獎助學金、教育代金輔助事項。 12. 辦理特殊教育學生通報及辦理特殊教育畢業學生之追蹤輔導事項。

第一節　輔導主任的角色、職責與素養

壹、輔導主任的角色

　　輔導主任秉承校長之命令，負責全校輔導工作之推動，其所扮演的角色至為重要，主要如下。

一、單位主管角色

　　輔導主任是輔導室的主管，須領導輔導室各組同仁共同推動輔導工作，故任何輔導工作須由主任來決定，並負起輔導室工作成敗之責。

二、幕僚輔助角色

　　輔導主任是校長重要的幕僚人員之一，他要秉持校長辦學理念，全力輔助配合執行業務，使校務順利推展，所以須隨時提供有關輔導資訊供校長裁奪，以發揮幕僚人員角色功能。

三、計畫執行角色

　　學校輔導工作為求順利推動，任何活動都要擬訂一份計畫，輔導主任要負起計畫的責任；同時也要督導所屬執行計畫，並隨時檢討計畫成效，以供改進參考。

四、溝通協調角色

　　學校輔導工作的推動，需要教師及各處室配合。因此，輔導主任要扮演良好的溝通協調角色，溝通觀念與做法，使各單位人員樂於協助輔導工作推展。

五、輔導評鑑角色

　　學校輔導工作推動的成效，輔導主任居於重要的角色，可針對輔導活動之設計依據、內容架構、實施方法、實施過程，做有系統、有目的的評

鑑，以作為改進參考。評鑑方式很多，可用晤談、訪問、調查等，輔導主任可視實際需要而酌予使用。

六、發展研究角色

輔導理念與方法常隨時代進步而改進，因此輔導主任必須隨時吸收新知，革新輔導業務，促進輔導工作發展，增進輔導工作效能。

七、顧問諮詢角色

輔導是一種助人的歷程，因此輔導主任除了幫助學生的發展外，也要擔任教師的顧問和諮詢，協助教師解決各種疑難問題，所以輔導主任一定要使自己成為「輔導專家」。

貳、輔導主任的職責

輔導主任扮演多種角色，他所擔負的職責計有下列各項（馮觀富，1989，頁 51-52）：

　1. 秉承校長之指示，策劃學校輔導工作事宜。

　2. 綜理輔導室工作事宜。

　3. 協助輔導室各組組長及有關人員，擬訂輔導工作計畫。

　4. 主持輔導室工作會議及個案研究會議。

　5. 出席校務會議，報告輔導工作計畫及工作概況。

　6. 參與家長會議，報告輔導工作內容，並與家長交換意見。

　7. 與校外地方社會資源人士或單位取得聯繫，爭取輔導支援單位。

　8. 蒐集資料，協助所屬工作之推展。

　9. 協助教師推動輔導工作，並解決其困難。

10. 與教務處協調配合，實施學習輔導與生活輔導事宜。

11. 配合學校及社區特殊需要，從事各種輔導工作。

12. 評鑑（檢討）輔導工作績效。

參、輔導主任的素養

輔導主任為做好上述的各項職責，必須具備一些素養，茲說明如下。

一、基本修養方面

具有良好的品德、健康的身心，以及尊重和容忍態度。

二、學識修養方面

熟悉有關教育法令及國民教育特性，並具備運用語言和文字能力。

三、專業才能方面

除具有一般管理能力（如計畫、組織、執行、評鑑等）外，也要具有諮商理論、輔導活動、心理衛生、個案研究、親職教育、測驗與統計等各種知識。

第二節　資料管理組工作實務

資料管理組主要從事學生輔導資料之蒐集、整理、分析、保管、轉移及提供教師參考等事項；並實施學生智力、性向、興趣、人格等測驗及有關調查事項；辦理家庭教育和協助推行各項社會活動等事項。茲就其所掌理工作事項說明如下。

壹、學生輔導資料之蒐集、整理、分析、保管、轉移及提供教師參考

輔導的目的在於協助學生學習與成長，其前提必須先了解學生相關資料，以作為輔導學生之依據。因此，學生輔導資料之蒐集、整理、分析、保管、轉移等方面，顯得格外重要。一般而言，輔導資料的蒐集，可採用晤談、問卷調查、家庭訪視、觀察或測驗等方式得到相關資料。

　　蒐集學生資料之後，就必須加以整理和分析，一旦學生需要進行輔導時，這些資料就具有很好的參考價值，對於學生輔導資料，必須妥善保管，並嚴守《個人資料保護法》之相關規定，以維護學生之人格權。倘若學生基於轉學、升學或就業之需，需要進行資料轉移，也必須符合法定程序辦理。

　　因應 2014 年實施十二年國民基本教育，每位入學之國中生都會收到《生涯輔導紀錄手冊》，係配合國中階段學生的生涯學習暨發展探索活動所形成之書面紀錄，目的是協助孩子認識自己的學習興趣、能力以及探索適合個人發展的方向，有助於學生進行生涯抉擇。資料管理組必須妥為運用，對於學生未來適性入學和生涯決定有相當大的幫助。

貳、實施學生智力、性向、興趣、人格等測驗及有關調查

　　資料管理組為了蒐集學生資料，通常會進行智力、性向、興趣、人格等測驗，這些測驗各有其不同目的，例如：智力測驗用來評量一個人的智商高低、性向測驗是用來測量個人學習潛能的一種工具、興趣測驗用來測量一個人對某種事物或活動喜歡或不喜歡的程度、人格測驗用來評量一個人的人格特質。為了有效利用各種測驗，身為資料管理組長必須對這些測驗有所認識與了解，才能幫助學生有效學習。

　　學校基於學生生活或學習之需要，有時也會實施相關的調查，以了解學生在班級或學校的各種生活情形，這些也屬於資料管理組工作的一部分。

參、各項輔導會議資料之準備、記錄與整理

　　學校基於輔導學生之需要，經常召開各種輔導會議，其中會議資料的準備、記錄與整理，係由資料管理組負責。因此，事前的資料準備、會中的會議記錄和事後會議資料整理，均屬相當重要，而且相當費力耗時。由

於資訊科技的高度發展，不管是資料之準備、記錄與整理，都可藉助於電腦處理，以減輕人力負擔和提高工作效率。

肆、蒐集、保管及提供輔導活動有關之工具與融入教學資料

學校是一個整體性的發展，各單位都需相互支援，資料管理組要支援輔導組的輔導工作，也要支援教學組的教學工作。一般而言，輔導活動有關的工具和融入教學資料，都必須由資料管理組蒐集和保管，一旦輔導或教學單位有需求時，就可加以提供。

伍、畢業學生資料轉移

學生畢業之後，依規定必須將相關資料移轉，例如：國小畢業後移轉至國中、國中畢業之後移轉至高中職或五專、高中職畢業之後移轉至大學校院。基本上，由畢業生就讀之學校以信函索取，資料以影本密封寄出，未來透過電子化的移轉，將更為便利，但仍應注意保密，確保學生的隱私權。

陸、出版輔導刊物及提供升學就業輔導資訊

學校出版輔導刊物，主要目的在提供師生輔導的相關訊息，增進師生對輔導工作的了解；此外，亦可作為親師溝通的管道，強化親師合作，幫助孩子的學習。資料管理組在學年度開始，就必須規劃刊物的主題和內容，以及出版的時間和次數，對於所需經費也需一併考量。由於資訊科技的便利性，除了採紙本方式，亦可採電子報形式呈現，提供親師生接觸輔導刊物的多元機會。

柒、聯繫家長會與社會資源機構及辦理家庭教育與生涯教育活動

學校為辦理親職教育及親師活動，促進家長之成長及親師合作關係，都必須依規定（如《高級中學學生家長會設置辦法》、各縣市的《各級學校學生家長會設置辦法》等）成立家長會，讓家長有機會參與學校和班級事務，共謀教育事務發展。一般家長會可分為班級家長會和家長代表大會。前者主要任務如下：(1) 研討班級經營及協助推展，並提供改進建議事項；(2) 選舉家長代表大會代表；(3) 研商家長與教師合作機制，建立親師共識；(4) 執行家長代表大會或家長委員會之決議事項。後者主要任務如下：(1) 研討及參與學校教育計畫之推行，並提出改進建議事項；(2) 審議家長會組織章程；(3) 討論家長代表或委員會之建議事項；(4) 審議委員會所提出之會務計畫及經費收支事項；(5) 聽取校務及家長會務執行報告；(6) 選舉委員會委員。學校家長會的聯繫工作，都是屬於資料管理組的職掌之一。

資料管理組除了與家長會聯繫之外，有關社區里長、社區機構、心理輔導機構的聯繫，亦為該組工作項目之一。因此，資料管理組必須協助推行各項社區活動，並做好家庭及社會資源聯繫工作。此外，也要積極辦理家庭教育課程及活動、學習型家庭等各項工作。

此外，資料管理組也要積極辦理學生生涯教育各項活動，以培養學生做好自我覺察、生涯覺察和生涯探索與進路。

捌、協助教師處理學生輔導資料電子化業務，建立檔案及保存

隨著資訊科技、通訊科技和網路科技的發達，校務行政電子化已是大勢所趨，輔導資料電子化成為校務經營的一部分。由於電子化可節省人力和提升效率，減少儲存空間，對於建立檔案和資料保存具有其價值。為了讓輔導資料電子化更具便利性和可利用性，資料管理組除了建立本身輔導資料電子化系統外，也要協助教師處理學生輔導資料電子化。倘若缺乏學

校教師的配合，則資料建置將會耗費更多的時間，輔導資料電子化目標也不容易達成。

第三節　輔導組工作實務

輔導組顧名思義，主要在提供學生輔導與諮商，舉凡與學生輔導和諮商有關事項，均屬該組工作內容。詳細而言，該組工作項目包括擬訂輔導計畫與章則；實施學生輔導與諮商；協助級任老師解決學生困難問題；協助教師從事學習輔導並規劃班級輔導活動課程；提供學校行政人員、教師、家長輔導專業諮詢服務及輔導知能成長；策劃與實施團體輔導；策劃與實施輔導專欄；推展性別平等教育、生命教育、家庭暴力防治及性侵害防治之教學與輔導活動；對生活適應困難學生提供諮商服務；規劃和推動認輔工作；推展「課輔志工」等，茲說明如下。

壹、擬訂輔導計畫與章則

學校輔導工作之推展，必須研訂計畫和相關章則作為遵循依據，才能可長可久。因此，輔導計畫與章則之擬訂，成為輔導組重要工作項目之一。基本上，輔導計畫包括依據、目標、組織、任務、實施原則、實施內容、實施方式、經費、配套措施、預期效益等，各校可針對上述之計畫大綱，依學校環境和需求彈性調整之，最重要的是要讓計畫具有可行性、實用性和價值性。

為了讓輔導工作順利推動，輔導組也必須訂定相關的章則，例如：《新編班級團體活動實施要點》、《小型團體輔導實施要點》、《認輔制度實施要點》、《教師輔導學生實施要點》、《學生懷孕事件輔導與處理要點》等，都是輔導組的工作項目之一。

貳、實施學生輔導與諮商

學生輔導與諮商為輔導組重點工作。輔導係指協助個人了解自己及其周遭環境，增進個體適應能力的過程，而諮商則是面對面或一對一由諮商人員對被諮商人員提供專業建議的過程，以幫助被諮商人員解決其心理適應困難問題。其實輔導與諮商本質並無多大差異，倘若要做嚴格區分，輔導著重於學生資料的彙集、分析、診斷與鑑定，以及較重視學生問題的解決；而諮商主要是以語言溝通為主的心理協助，較強調諮商人員與被諮商人員的人際互動與情感投入，著重人格的改變（魏麗敏、黃德祥，2008，頁5）。

就學校輔導策略來看，可分為三種策略：(1) 初級預防：主動了解學生，改善教育環境，可由學校導師為之；(2) 二級預防：尚未發生問題前，對學生進行諮商，可由學校專業輔導教師或諮商師為之；(3) 三級預防：對於已經發生問題的學生進行診斷與治療，必須藉助於心理治療機構或醫療機構為之。

輔導組實施學生輔導與諮商，可採個別方式或團體方式進行，輔導組必須進行妥善規劃，以利輔導與諮商工作之推動。

參、協助級任老師解決學生困難問題和從事學習輔導

教師在教學過程中，部分學生多多少少有學習適應或生活適應的困難，有些學生問題以老師能力是可以解決的；有些必須尋求學校專業的協助，這時工作就落在學校輔導組的身上。輔導組的人員具有輔導專業知識和能力，應提供教師們專業的建議，協助老師解決學生困難問題。此外，輔導組也必須協助教師從事學習輔導並規劃班級輔導活動課程事項，減少學生學習困難，進而提升學習成效。

肆、提供學校行政人員、教師、家長輔導專業諮詢服務及輔導知能成長

　　輔導組具有專業輔導人力，可提供專業性的輔導服務，它是學校輔導諮詢窗口，能提供學校行政人員、教師或家長輔導專業諮詢服務，並強化他們的輔導知能，這些都是屬於輔導組的工作項目之一。為了有效提供相關人員的輔導專業諮詢服務，輔導人員必須不斷充實輔導專業知識，並建立利他的服務態度。

伍、策劃與實施團體輔導

　　「團體輔導」係在團體中，藉著人際的互動以幫助個人的歷程，藉著輔導人員的帶領，讓成員在安全的環境下，呈現他在真實社會中遭遇的問題，進而學會調適自己和解決困難的過程。由於團體輔導有其便利性和實用性，在學校相當普遍，尤其針對適應或人際關係欠佳之學生輔導更有其價值性。為了有效實施團體輔導，學校輔導組必須擬訂「團體輔導實施計畫」，就其目的、實施對象、實施時間、活動地點、活動設計、活動課程、參與成員、經費和預期效益分別說明之。

陸、策劃與實施輔導專欄

　　學生生活輔導、學習輔導、升學輔導、就業輔導、生涯輔導都是學校輔導室的重要工作之一。因此，學校都會透過教學或辦理各項輔導活動，協助學生認識自己、發展潛能，進而培養其良好的生活和社會適應能力。為了讓學生有機會接觸多元的訊息，輔導室都會開闢輔導專欄，有些放在學校公告欄，有些公告於學校網站。為了讓輔導專欄發揮其效益，每學期或每個月應視學生需求和興趣，規劃合適主題，例如：性別平等教育、網路交友、升學指南、就業規劃、生命探索、人際互動、生涯規劃、情緒管理等，內容儘量具生活性和趣味性，才能吸引學生參與和閱讀。

柒、推展性別平等教育、生命教育、家庭暴力防治及性侵害防治之教學與輔導活動

性別平等教育係指以教育方式教導尊重多元性別差異，消除性別歧視，促進性別地位之實質平等。就其消極面而言，就是要消除性別歧視或不當對待，就其積極面來說，就是要厚植性別平等環境、尊重性別差異和促進性別地位實質平等。因此，政府特別制定《性別平等教育法》，以保障性別平等和維護每個人之人格尊嚴。學校必須依據《性別平等教育法》之規定，做好性別平等教育工作，包括成立性別平等教育委員會和訂定性別平等教育實施規定。依該法第 17 條規定：「學校之課程設置及活動設計，應鼓勵學生發揮潛能，不得因性別而有差別待遇。國民中小學除應將性別平等教育融入課程外，每學期應實施性別平等教育相關課程或活動至少四小時。……」依《性侵害犯罪防治法》第 7 條規定：「各級中小學每學年應至少有四小時以上之性侵害防治教育課程」，其內容包括：「一、兩性性器官構造與功能。二、安全性行為與自我保護性知識。三、性別平等之教育。四、正確性心理之建立。五、對他人性自由之尊重。六、性侵害犯罪之認識。七、性侵害危機之處理。八、性侵害防範之技巧。九、其他與性侵害有關之教育。」針對這些課程，學校應運用多元方式進行教學，是故輔導組必須依《性別平等教育法》和《性侵害犯罪防治法》的規定，配合教務處教學組做好這項工作。

另外，學校也必須做好家庭暴力防治及性侵害防治之教學與輔導活動。依《家庭暴力防治法》第 60 條規定：「高級中等以下學校每學年應有四小時以上之家庭暴力防治課程。但得於總時數不變下，彈性安排於各學年實施。」復依《性別平等教育法》第 21 條規定：「學校校長、教師、職員或工友知悉服務學校發生疑似校園性侵害、性騷擾或性霸凌事件者，除應立即依學校防治規定所定權責，依性侵害犯罪防治法、兒童及少年福利與權益保障法、身心障礙者權益保障法及其他相關法律規定通報外，並應向學校及當地直轄市、縣（市）主管機關通報，至遲不得超過二十四小時。……」輔導組必須加以宣導，並讓學校教育人員知道通報時限，以免觸法，同時亦可減少學校性侵害、騷擾的非法作為。

此外，生命是教育的基礎，透過生命教育的教學與輔導活動，培養學生珍惜自己生命和尊重及關懷他人生命的態度，正如孫效智（2009，頁22）所言：「生命教育是全人教育的基礎，亦是終身學習的內涵。」若未來生命教育能在學校朝向寬度和廣度落實，對於學生生命的珍惜與涵養一定有相當大的價值。因此，輔導組應將推動生命教育視為輔導工作重要的一環。

捌、對生活適應困難學生提供諮商服務

學生學習過程中，難免會產生生活或學習適應困難，甚至心理困擾。輔導組必須提供這些學生系統性和專業性的個別諮商或團體諮商服務，並與導師或級任教師保持密切聯繫，以隨時掌握這些學生之適應情形並加以協助，使其有良好的適應行為與態度。

玖、規劃和推動認輔工作

學生輔導工作不能只是輔導室的責任，教師也必須參與學生輔導工作；必要時，亦可鼓勵具有輔導專業知能之退休教師、學生家長或熱心輔導人士參與輔導工作。目前各校所推動之認輔制度，其目的在於藉由教師透過認輔學生的過程中，協助適應困難與行為偏差的學生，減輕其困擾程度，以利接受正常的教育，提高學生學習效果。基本上，認輔對象是屬於有特殊需求的學生（如心理困擾、適應困難或行為偏差者），認輔教師必須和受輔學生家長建立良好的聯絡與溝通管道，才能發揮認輔的效果。輔導組為了做好認輔工作，必須依《教育部推動認輔制度實施要點》之規定，做好下列工作：(1) 定期召開「輔導計畫執行小組」會議，研議討論認輔工作執行計畫及執行情形；(2) 鼓勵教師自願參與認輔工作；(3) 遴選具有專業輔導知能之退休教師、學生家長或熱心輔導人士為兼任輔導人員；(4) 選擇編配接受認輔學生；(5) 規劃認輔教師參與研習與個案研討會之實施；(6) 安排認輔教師接受專業督導；(7) 規劃個別輔導、團體輔導及個案研討會之實施；(8) 受輔學生資料之保管與應用。

拾、辦理中輟生、中途離校學生之輔導追蹤

中輟生係指國民小學及國民中學學生有下列情形之一者：(1) 未經請假、請假未獲准或不明原因未到校上課連續達三日以上；(2) 轉學生因不明原因，自轉出之日起三日內未向轉入學校完成報到手續。而中途離校學生除了中輟生之外，也包括《學籍管理辦法》中的休學之學生。學校對於中輟生和中途離校學生應積極輔導其復學，並於其復學後，除向通報系統進行復學通報外，應主動提供輔導資源，施予適當之課業補救及適性教育措施；必要時，得請求其他相關機關（構）協助，穩定學生就學，並依學校輔導制度之推動，列其為優先輔導對象。

第四節　特殊教育組工作實務

依《特殊教育法》第 17 條規定：「高級中等以下學校為辦理特殊教育，應設專責單位，依實際需要遴聘及進用特殊教育教師、特殊教育相關專業人員、教師助理員及特教學生助理人員；幼兒園設有特殊教育班班級數三班以上者，亦同。⋯⋯」學校必須成立輔導室特殊教育組，辦理特殊教育工作。茲將特殊教育組之重要工作項目說明如下。

壹、擬訂特殊教育計畫及章則

學校特殊教育工作之推展，必須研訂計畫和相關章則，作為執行依據。特殊教育計畫與章則之擬訂，乃成為特殊教育組重要工作項目之一。一般而言，特殊教育計畫通常包括依據、目標、組織、任務、實施原則、實施內容、實施方式、經費、配套措施、預期效益等，各校可針對上述之計畫大綱，依學校環境和需求彈性調整之。特殊教育組研訂特殊教育計畫時，必須對於《特殊教育法》、《特殊教育法施行細則》及相關子法通盤了解，所訂的計畫才會具有可行性。

　　為利於推動特殊教育工作，特殊教育組也必須訂定相關的章則，例如：《資源班實施要點》、《應屆畢業身心障礙特殊教育學生就學輔導工作實施要點》等，都是特殊教育組的工作項目之一。

貳、組織及運作特殊教育推行委員會

　　依《特殊教育法》第15條規定：「高級中等以下學校為促進特殊教育發展及處理校內特殊教育學生之學習輔導等事宜，應成立特殊教育推行委員會，並應有身心障礙及資賦優異學生與身心障礙及資賦優異學生家長代表；其任務、組成、會議召開程序與其他相關事項之辦法及自治法規，由各級主管機關定之。……」學校依法應成立特殊教育推行委員會，其組成與運作方式必須依照所屬主管機關所定《高級中等以下學校特殊教育推行委員會設置辦法》辦理。學校特殊教育推行委員會之任務，主要包括如下（第3條）：

1. 審議及推動學校年度特殊教育工作計畫。
2. 召開安置及輔導會議，協助特殊教育學生適應教育環境及重新安置服務。
3. 研訂疑似特殊教育需求學生之提報及轉介作業流程。
4. 審議分散式資源班計畫、個別化教育計畫、個別輔導計畫、特殊教育方案、修業年限調整及升學、就業輔導等相關事項。
5. 審議特殊教育學生申請獎勵、獎補助學金、交通費補助、學習輔具、專業服務及相關支持服務等事宜。
6. 審議特殊個案之課程、評量調整，並協調各單位提供必要之行政支援。
7. 整合特殊教育資源及社區特殊教育支援體系。
8. 推動無障礙環境及特殊教育宣導工作。
9. 審議教師及家長特殊教育專業知能研習計畫。
10. 推動特殊教育自我評鑑、定期追蹤及建立獎懲機制。
11. 其他特殊教育相關業務。

　　至於組成委員，通常包括下列人員：召集人（由校長兼任之）、處室（科）主任代表、普通班教師代表、特殊教育教師代表、身心障礙及資賦

優異學生家長代表、教師會代表及家長會代表等（第4條）。基本上，推行委員會每學期應召開會議一次，必要時，得召開臨時會。

參、規劃推動特殊教育實施方案及督導個別化教學方案實施

特殊教育組依「學校特殊教育實施計畫」及特殊教育推行委員會決議，規劃推動特殊教育實施方案，這些方案係依學校各類特殊教育學生之需求研訂，而且必須有效落實。

面對特殊班的身心障礙學生，通常教師會針對其個別差異設計「個別化教育計畫」（Individualized Education Program, IEP），透過「因材施教」方式，以開發學生身心潛能。由於特殊班的學生人數並不多，實施個別化教學方案比較容易；但教師必須具備專業知識和能力，以及愛心和耐心，才能發揮個別化教學方案之效果。特殊教育組針對教師實施個別化教學方案必須進行督導，以確實掌握個別化教學方案之實施成效。

肆、協辦校內各類身心障礙學生之鑑定安置和輔導

依《特殊教育法》第30條規定：「高級中等以下學校及幼兒園，應加強普通班教師、輔導教師與特殊教育教師之合作，對於就讀普通班之身心障礙學生及幼兒，應予適當教學及輔導；其適用範圍、對象、教學原則、輔導方式、人員進修、成效檢核、獎勵辦理與其他相關事項之辦法及自治法規，由各該主管機關定之。……」因此，各級主管機關需依此項規定訂定相關教學和輔導辦法，而特殊教育組必須依這些辦法的規定，對於普通班之身心障礙學生，予以適當教學及輔導實施。

身心障礙學生之鑑定必須依《身心障礙及資賦優異學生鑑定辦法》第2條第1項規定：「身心障礙學生之鑑定，應採多元評量，依學生個別狀況採取標準化評量、直接觀察、晤談、醫學檢查等方式，或參考身心障礙手冊（證明）記載蒐集個案資料，綜合研判之。」辦理。就身心障礙學生安置原則而言，學校應提供其最少限制之環境，主要採取下列原則：(1)應依學生之個別化教育計畫予以安置，計畫變更時，應重新評估其安置之

適當性；(2) 應盡最大可能使身心障礙學生與其他學生一同接受適當之教育；(3) 身心障礙學生身心狀況明顯改變或有不適應情形時，得調整其安置方式；並不得以課業成績作為使該學生離開普通班之唯一因素。

至於其輔導原則，大致有下列做法：(1) 特殊教育推行委員會應協調各處室提供相關資源與協助；(2) 配合學生需求實施生活、學習、心理、生涯、職業、轉銜及其他各項輔導工作；(3) 整合校園資源，輔導情緒行為有困難或需求之學生；(4) 提供教師及家長所需之特殊教育知能研習、諮詢、輔導、親職教育、轉介及其他支持服務；(5) 定期辦理全校親師生認識、接納與尊重學生之特殊教育宣導活動，建立多元需求學習環境；(6) 結合專家學者、相關專業人員、巡迴輔導教師及相關資源，提供整合性輔導服務；(7) 運用志工協助推展各項輔導活動。

伍、辦理特殊需求學生個案研究與輔導

特殊孩子有特殊需求，為了協助特殊孩子的特殊需求，從事個案研究和輔導，是有其必要性。顧名思義，個案研究與輔導係以某一個個案為對象，運用各種不同的方法蒐集個案資料，以了解個案現在行為與其發展歷程，並透過縝密的觀察、分析、研究與解釋，採取有效的輔導策略，減低特殊孩子適應困難，進而提高其適應能力。因此，辦理特殊需求學生個案研究與輔導，成為特殊教育組工作項目之一。

陸、甄別及安置各類資賦優異班學生

依《身心障礙及資賦優異學生鑑定辦法》第 2 條第 2 項規定：「資賦優異學生之鑑定，應以標準化評量工具，採多元及多階段評量，除一般智能及學術性向資賦優異學生之鑑定外，其他各類資賦優異學生之鑑定，均不得施以學科（領域）成就測驗。」對於資賦優異班學生之鑑定則依該辦法第 19 條規定：「本法第四條第五款所稱領導能力資賦優異，指具有優異之計畫、組織、溝通、協調、決策、評鑑等能力，而在處理團體事務上

有傑出表現者。前項所定領導能力資賦優異，其鑑定基準依下列各款規定：一、領導才能測驗或領導特質量表得分在平均數正二個標準差或百分等級九十七以上。二、經專家學者、指導教師、家長或同儕觀察推薦，並檢附領導才能特質與表現傑出等之具體資料。」

此外，該辦法第 20 條亦規定：「本法第四條第六款所稱其他特殊才能資賦優異，指在肢體動作、工具運用、資訊、棋藝、牌藝等能力具有卓越潛能或傑出表現者。前項所定其他特殊才能資賦優異，其鑑定基準依下列各款規定：一、參加政府機關或學術研究機構舉辦之國際性或全國性技藝競賽表現特別優異，獲前三等獎項。二、經專家學者、指導教師或家長觀察推薦，並檢附專長才能特質與表現卓越或傑出等之具體資料。」

特殊教育組必須對以上這些規定有所了解，才能做好甄別及安置各類資賦優異班學生的工作。此外，對於資賦優異學生縮短修業年限及資優教育方案之推動，也要積極辦理，以開啟學生資優潛能，並有效培育更多的人才。

柒、辦理特殊教育教師之教學研究及輔導工作

特殊教師教學及輔導，直接關係到特教學生的學習。因此，如何提升特殊教育教師教學及輔導知能，實屬相當重要。特殊教育組必須鼓勵特殊教育教師成立專業學習社群和從事教學行動研究，以及參與各項輔導活動的研習，以提升專業知能。

捌、協助教師從事各班特殊學生之教育與輔導

「融合教育」（inclusive education）已成為目前特殊教育發展的趨勢，係指一種讓大多數身心障礙學生進入普通班就讀，並增進其在普通班學習的一種方式，由普通教師、特殊教師及相關專業人員協同合作，分擔責任，共同完成教學工作。因此，普通班教師具有特殊教育的知能至為重要，如此才能有效落實「融合教育」的精神與目的。特殊教育組有責任協

助教師從事各班特殊學生之教育與輔導，不管辦理研習活動、訊息提供和支援協助，都成為重要工作的一部分。

玖、辦理特殊教育學生通報及辦理特殊教育畢業學生之追蹤輔導

特殊教育組必須將特殊教育學生現況及動態通報至縣市主管機關，彙整後才能通報到教育部所成立的特殊教育通報網，該通報網係教育部為協助各縣市鑑輔會，充分掌握身心障礙學生人數與安置情形，據以提早規劃特殊教育增班設校，各項轉介與銜接工作，以達提供學生特殊教育之需求。此外，特殊教育學生畢業之後，特殊教育組要定期進行追蹤輔導，以了解畢業生之動態，必要時，提供積極性協助措施。

特殊教育組除了上述的工作項目外，也要積極辦理特殊教育活動宣導，增進師生對特殊教育的認識與了解，同時也要協助身心障礙學生各項獎助學金、教育代金輔助之申請，使身心障礙學生能夠得到最好的服務。

案例

陽光學園有陽光

　　雲林縣古坑鄉公所為了讓學校適應不良的學生有喘息空間，開辦了全國唯一一個由鄉鎮市公所主辦的「陽光學園」，設有社工及所長，外聘老師，接受國中轉介需要幫忙的學生，進行「家教式」的輔導，等孩子偏差行為及觀念有所修正後，再返回學校繼續常態性教育。

　　據鄉公所指出，這些需要幫助的學生，以家庭功能不彰、同儕關係疏遠、學習落後為主，這些孩子不是壞，而是需要有人關心、傾聽他們的需求，當孩子行為發生偏差時，讓他們有一個願意接受他們的中繼站，除提供喘息空間外，在專業社工的「陪伴」、「接納」下，降低反社會行為，重新拾回信心，有再出發的機會。

　　目前在陽光學園的志工老師協助下，先後已有8名學子接受輔導，其中半數經過行為矯正後，多主動要求返回原來的學校讀書，也適應得相當良好，這座「充電站」對邊緣生相當有助益。

註：引自古坑陽光學園家教式輔導邊緣生，詹士弘，2013年5月16日，自由時報，A20。

問題討論

1. 古坑陽光學園的作為，對學校教育有何啟示作用？
2. 陽光學園之學生回到學校就讀，學校輔導室如何進一步來幫助這些學生？

本章摘要

1. 輔導主任秉承校長之命令,負責全校輔導工作之推動,扮演單位主管、幕僚輔助、計畫執行、溝通協調、輔導評鑑、發展研究、顧問諮詢等各種角色。

2. 輔導主任須綜理和策劃學校輔導工作事宜。

3. 資料管理組主要工作如下:學生輔導資料之蒐集、整理、分析、保管、轉移及提供教師參考;實施學生智力、性向、興趣、人格等測驗及有關調查;各項輔導會議資料之準備、記錄與整理;蒐集、保管及提供輔導活動有關之工具與融入教學資料;畢業學生資料轉移;出版輔導刊物及提供升學就業輔導資訊;聯繫家長會與社會資源機構及辦理家庭教育與生涯教育活動;協助教師處理學生輔導資料電子化業務,建立檔案及保存。

4. 輔導組主要工作如下:擬訂輔導計畫與章則;實施學生輔導與諮商;協助級任老師解決學生困難問題和從事學習輔導;提供學校行政人員、教師、家長輔導專業諮詢服務及輔導知能成長;策劃與實施團體輔導;策劃與實施輔導專欄;推展性別平等教育、生命教育、家庭暴力防治及性侵害防治之教學與輔導活動;對生活適應困難學生提供諮商服務;規劃和推動認輔工作;辦理中輟生、中途離校學生之輔導追蹤。

5. 特殊教育組主要工作如下:擬訂特殊教育計畫及章則、組織及運作特殊教育推行委員會、規劃推動特殊教育實施方案及督導個別化教學方案實施、協辦校內各類身心障礙學生之鑑定安置和輔導、辦理特殊需求學生個案研究與輔導、甄別及安置各類資賦優異班學生、辦理特殊教育教師之教學研究及輔導工作、協助教師從事各班特殊學生之教育與輔導、辦理特殊教育學生通報及辦理特殊教育畢業學生之追蹤輔導。

評量題目

1. 輔導室常被視為問題學生或適應不良學生進出的場所，假如您是某校輔導主任，如何營造輔導室人性化、溫馨和避免標籤化的環境，讓學生願意接受輔導室各項協助？

2. 資料管理組如何提供有效個案資料，讓輔導人員或諮商人員能夠順利從事輔導工作或諮商工作？

3. 假如您是輔導組長，請問您如何規劃和推動學校認輔工作？

4. 假如您是特教組長，請問您如何協助教師從事各班特殊學生之教育與輔導？

第十二章
學校人事工作實務

本章綱要

　　學校校務能夠順利推展，必須有賴人事管理全力配合方能奏效。因為有效的人事管理不僅能夠激勵成員服務精神，更可提高學校行政效能。

　　學校人事工作實務範圍，舉凡教職員名冊的編造、敘薪、考核、進修，到證明文件的核發等，皆屬於人事業務範圍之內，其詳細工作內容如表 12-1 所示。

　　由表 12-1 可知，學校人事工作業務頗為複雜，僅就其重要的項目說明之。

表 12-1

人事單位工作內容

工作內容
1. 組織編制之擬議及教職員工一覽表之編造報核事項。
2. 教育人力計畫之擬辦事項。
3. 工作簡化案件之擬辦事項。
4. 教職員任免、遷調、敘薪之擬辦事項。
5. 教師登記檢定之擬辦事項。
6. 應徵召服役教職員之查報事項。
7. 兼代課報表之編造報核事項。
8. 教職員差假勤惰管理事項。
9. 教職員差假勤惰之統計事項。
10. 教職員值勤之編排與查核事項。
11. 教職員成績考核之擬辦事項。
12. 教職員獎懲案件之核辦事項。
13. 優良教師之遴報事項。
14. 教職員出（入）境案件之擬辦事項。
15. 教職員訓練進修之遴報事項。
16. 教職員工俸給待遇之簽擬事項。
17. 教職員申請各項補助費之擬辦及實物配給之查核事項。
18. 員工自強活動之擬辦事項。
19. 教職員輔建購宅貸款之擬辦事項。
20. 教職員保險案件之擬辦事項。
21. 教職員退休資遣及撫卹案件之擬辦事項。
22. 退休人員及撫卹遺族之照護事項。
23. 人事資料登記、統計分析及保管事項。
24. 人事資料報表之編報事項。
25. 經管財務人員保證之查對事項。
26. 有關人事證明文件之核發事項。

第一節　教育人員遴用

壹、校長遴用

學校教育人員的遴用，主要的法令依據是《國民教育法》、《國民教育法施行細則》、《教師法》、《教師法施行細則》、《教育人員任用條例》、《教育人員任用條例施行細則》、《高級中等教育法》、《高級中等學校校長遴選聘任及辦學績效考評辦法》、《國民中小學校長主任教師甄選儲訓及介聘辦法》。茲分校長、教師二方面來說明，至於主任和職員皆由合格人員中遴用。

一、任用資格

（一）教育人員之任用

應注意其品德及對國家之忠誠；其學識、經驗、才能、體格，應與擬任職務之種類、性質相當。各級學校校長及社會教育機構、學術研究機構主管人員之任用，並應注重其領導能力。

（二）國民小學校長

《教育人員任用條例》第4條：「國民小學校長應持有國民小學教師證書，並具下列資格之一：

一、曾任國民小學教師五年以上，及各級學校法規所定一級單位主管之學校行政工作三年以上。

二、曾任國民小學或國民中學教師三年以上或合計四年以上，及薦任第八職等以上或與其相當之教育行政相關工作二年以上。

三、曾任各級學校教師合計七年以上，其中擔任國民小學教師至少三年，及國民小學一級單位主管之學校行政工作二年以上。

前項第三款國民小學一級單位主管之學校行政工作年資，於師資培育之大學所設附屬國民小學校長，得為大學法規所定一級單位主管之學校行政工作年資。」

（三）國民中學校長

《教育人員任用條例》第5條：「國民中學校長應持有中等學校教師證書，並具下列資格之一：

一、曾任國民中學教師五年以上，及各級學校法規所定一級單位主管之學校行政工作三年以上。

二、曾任國民小學或中等學校教師三年以上或合計四年以上，及薦任第八職等以上或與其相當之教育行政相關工作二年以上。

三、曾任各級學校教師合計七年以上，其中擔任國民中學教師至少三年，及國民中學一級單位主管之學校行政工作二年以上。

師資培育之大學附設國民中學校長資格，除依前項各款規定辦理外，得曾任教育學院、系專任講師及中等學校教師各三年以上，並應持有中等學校教師證書；前項第三款國民中學一級單位主管之學校行政工作年資，並得為大學法規所定一級單位主管之學校行政工作年資。

持有國民中學主任甄選儲訓合格證書之高級中等學校附設國民中學部教師，其兼任高級中等學校主任者，得以該主任年資，採計為第一項第三款國民中學一級單位主管之學校行政工作年資。」

（四）高級中等學校校長

《教育人員任用條例》第6條：「高級中等學校校長應持有中等學校教師證書，並具下列資格之一：

一、曾任高級中等學校教師五年以上，及各級學校法規所定一級單位主管之學校行政工作三年以上。

二、曾任中等學校教師三年以上，及薦任第九職等以上或與其相當之教育行政相關工作二年以上。

三、曾任各級學校教師合計七年以上，其中擔任高級中等學校教師至少三年，及高級中等學校一級單位主管之學校行政工作二年以上。

師資培育之大學附設高級中等學校校長資格，除依前項各款規定辦理外，得曾任教育學院、系專任副教授或曾任與擬任職業學校性質相關學科專任副教授，及中等學校教師各二年以上，並具各級學校法規所定一級單位主管之學校行政工作一年以上，且應持有中等學校教師證書；前項第三

款高級中等學校一級單位主管之學校行政工作年資，並得為大學法規所定一級單位主管之學校行政工作年資。

　　民族藝術高級中等學校校長資格，除依第一項各款規定辦理外，得曾任高級中等學校或專科以上學校之戲劇、藝術或其相關科、系（所、學程）教師二年以上，及各級學校法規所定主管職務、薦任第九職等以上或與其相當之教育、文化行政工作二年以上。」

（五）特殊教育學校校長

　　《教育人員任用條例》第6-1條：「特殊教育學校校長應持有學校所設最高教育階段教師證書及具備特殊教育之專業知能，並具下列資格之一：

一、曾任特殊教育學校（班）教師五年以上，及各級學校法規所定一級單位主管之學校行政工作三年以上。

二、曾任特殊教育學校（班）教師三年以上，及薦任第九職等以上或與其相當之教育行政相關工作二年以上。

三、曾任各級學校教師合計七年以上，其中擔任特殊教育學校（班）教師至少三年，及高級中等以下學校一級單位主管之學校行政工作二年以上。」

二、任用程序

（一）國民中小學校長任用程序

　　《國民教育法》第20條規定：「……直轄市、縣（市）立學校校長，由直轄市、縣（市）主管機關召開遴選會，就公開甄選並儲訓合格之人員、任期屆滿或連任任期已達二分之一之現職校長或曾任校長人員中公開遴選，並擇定一人後，由直轄市、縣（市）主管機關聘任之。但所屬學校數量國民中學未達十五校或國民小學未達四十校者，得遴選連任中之現職校長，不受連任任期應達二分之一之限制；其相關規定，由直轄市、縣（市）主管機關定之。

　　公立師資培育之大學附設實驗國民小學、國民中學校長，由公立師資培育之大學組織遴選會，就該師資培育之大學、該大學附設之實驗國民小

學、國民中學或其他學校校長或教師中遴選合格人員，並擇定一人後，由公立師資培育之大學校長聘兼（任）之，並報主管機關備查。

私立學校校長之遴選，應召開私立學校校長遴選會為之；其遴選會之組成、召開及相關規定，由學校財團法人（以下簡稱學校法人）董事會定之。……」

（二）高級中等學校校長任用程序

《高級中等教育法》第14條：「……公立高級中等學校校長，由各該主管機關遴選合格人員聘任之；師資培育之大學附屬高級中等學校校長，由各該校組織遴選委員會就各該校或其附屬學校或其他學校校長或教師中遴選合格人員，送請校長聘兼（任）之，並報各該主管機關備查，或委由各該主管機關遴選合格人員聘任之。私立高級中等學校校長，由學校財團法人董事會遴選合格人員，並報各該主管機關核准後聘任之。

高級中等學校校長應採任期制。公立學校校長一任四年，參與遴選之現職校長應接受辦學績效考評，經遴選會考評結果績效優良者，得在同一學校連任一次或優先遴選為出缺學校校長；第一任任期未屆滿，或連任任期未達二分之一者，不得參加他校校長遴選。私立學校校長任期及連任之規定，由學校財團法人董事會定之。……

各該主管機關或學校財團法人董事會為辦理第二項遴選事宜，應召開遴選會；其遴選會之組成與遴選方式、程序、基準、校長辦學績效考評、聘任及其他相關事項之辦法，由中央主管機關定之。

師資培育之大學辦理附屬高級中等學校校長遴選事宜，遴選委員會之組織及運作方式，由各師資培育之大學定之。」

（三）回任教師程序

《高級中等教育法》第15條：「現職公立高級中等學校校長未獲遴聘，或因故解除職務，其具有教師資格願回任教師者，除有教師法所定解聘、停聘或不續聘情事者外，由各該主管機關逕行分發學校任教，免受教師評審委員會審議。

前項校長未具教師資格無法回任或具有教師資格不願回任教師者，各該主管機關得依下列方式辦理：

一、符合退休條件自願退休者，准其退休。

二、不符合退休條件或不自願退休者，依其意願及資格條件，優先輔導轉任他職或辦理資遣。」

貳、教師遴用

《教師法》於 1995 年 8 月 9 日公布後，配合師資培育多元開放，將高級中等以下學校教師聘任的權責，回歸學校自主，教育部並於 1997 年 3 月 19 日發布《高級中等以下學校教師評審委員會設置辦法》，自 86 學年度起由各校組織之教師評審委員會審議教師聘任，復自 95 學年度起教育部為回應外界之期待，自該年度起辦理全國性之高中職教師聯合甄選。

一、教師資格及聘任程序

（一）教師資格

1. 《教育人員任用條例》第 12 條：「國民小學教師應具有左列資格之一：

一、師範專科學校畢業者。

二、師範大學、師範學院各學系、或教育學院、系畢業者。

三、本條例施行前，依規定取得國民小學教師合格證書尚在有效期間者。」

2. 《教育人員任用條例》第 13 條：「中等學校教師應具有左列資格之一：

一、師範大學、師範學院各系、所畢業者。

二、教育學院各系、所或大學教育學系、所畢業者。

三、大學或獨立學院各系、所畢業，經修習規定之教育學科及學分者。

四、本條例施行前，依規定取得中等學校教師合格證書尚在有效期間者。」

（二）聘任程序

1. 《教育人員任用條例》第26條：「……高級中等以下學校教師除依法令分發者外，由校長就經公開甄選之合格人員中，提請教師評審委員會審查通過後聘任。……」

2. 《教師法》第13條：「高級中等以下學校教師聘任期限，初聘為一年，續聘第一次為一年，以後續聘每次為二年，續聘三次以上服務成績優良者，經教師評審委員會全體委員三分之二審查通過後，得以長期聘任，其聘期由各校教師評審委員會統一訂定之。」

二、教師介聘

（一）國民中小學教師介聘

國民中小學教師介聘係依《國民中小學校長主任教師甄選儲訓及介聘辦法》辦理。依該辦法第11條第1項規定：「國民中、小學如有教師缺額時，除直轄市、縣（市）主管教育行政機關依相關法令分發或公開甄選者外，得採介聘方式進用；現職教師有介聘之需求者，得向學校提出申請。」因此，經介聘之教師，學校應依《教師法》及相關規定辦理聘任，不得拒絕。但經學校審查發現有《教師法》第14條第1項各款情事之一者，其聘任得不予通過，此在該辦法第13條亦有明確規定。為了避免達成介聘教師事後反悔，特別在該辦法第13條訂定：「經達成介聘之教師，未在規定期限內至介聘學校報到者，十年內不得再申請介聘；無故未報到者，並依公立高級中等以下學校教師成績考核辦法相關規定議處。」

此外，在該辦法第15條規定：「國民中、小學現職教師，除偏遠地區學校教育發展條例、離島建設條例或直轄市、縣（市）主管教育行政機關另有規定外，應在現職學校實際服務滿六學期以上，且無下列各款情事者，始得申請介聘：

一、教師法第十四條第一項各款情事之一。

二、涉校園性侵害、性騷擾或性霸凌事件，尚在調查階段。

三、已進入不適任教師處理流程輔導期及評議期。

四、中華民國九十二年八月一日師資培育公費助學金及分發服務辦法

修正施行後入學之公費學生，於義務服務期間。」

而國民中小學申請教師介聘者，必須符合在同一學校教學滿六學期以上為原則之規定；因重大傷病而有醫療需要，或服務滿四學期，因結婚或生活不便有具體事實者，不在此限。

（二）高級中等學校教師介聘

高級中等學校教師介聘係依《國立高級中等學校教師介聘辦法》辦理，主要分為「超額教師介聘」和「教師申請介聘」兩大類，茲說明如下。

1. 超額教師介聘

學校因科、組、課程調整或減班、停辦，致教師現有員額超過法定編制員額數者，應按學科、領域、群科、專長別，先於法定編制員額內自行調整。而學校協調各學科、領域、群科、專長超額教師接受介聘之順序，以自願接受介聘者為第一優先；至於非自願接受介聘者，則依具有現職學校編制內合格專任教師期間之服務年資較淺者、年齡較輕者、抽籤決定等順序辦理。此外，有下列情事之一者，不予介聘：(1) 依《教育人員留職停薪辦法》第 4 條第 1 項各款規定應予留職停薪，且其介聘未經本人同意；(2)《教師法》第 16 條不續聘之情事；(3)《教師法》第 30 條各款所定情事之一。

2. 教師申請介聘

依《國立高級中等學校教師介聘辦法》第 14 條規定：「教師除偏遠地區學校教育發展條例、離島建設條例、原住民族教育法另有規定外，應在現職學校實際服務滿六學期以上，且無下列各款情事，並經學校教師評審委員會審查通過者，始得申請介聘：　一、教師法第十六條不續聘之情事。二、教師法第三十條各款所定情事之一。三、中華民國九十二年八月一日師資培育公費助學金及分發服務辦法修正施行後入學之公費學生，於義務服務期間。……」

介聘通過後，由新任教學校校長直接聘任；未在規定期限內報到者，十年內不得再提出申請介聘，並依《公立高級中等以下學校教師成績考核辦法》等相關規定議處。

　　至於教師申請介聘被發現虛報介聘原因和所提證明文件虛偽不實，不予介聘；已介聘者，得撤銷其介聘，涉及刑事責任者，並移送檢察機關依法辦理。

第二節　教職員待遇

　　學校教職員待遇，在教師部分的法令依據為《教師待遇條例》，分本薪（年功薪）、加給及獎金等三種。至於職員部分係屬公務人員進用，則依《全國軍公教員工待遇支給要點》辦理，分為薪俸、加給及生活津貼等三種。本節以教師待遇之說明為主。至於職員部分係屬公務人員進用，則依《全國軍公教員工待遇支給要點》辦理，分為薪俸、加給及生活津貼等三種（行政院，2011）。

壹、教師薪給支給方式

　　依《教師待遇條例》第6條規定，教師薪給之支給方式以月計之，並應按月給付，自實際到職之日起支，並自實際離職之日停支。服務未滿整月者，按實際在職日數覈實計支；其每日計發金額，以當月全月薪給除以該月全月之日數計算。但死亡當月之薪給按全月支給。

貳、教師薪級敘定採計原則

　　依《教師待遇條例》第7條規定，高級中等以下學校教師之薪級，以學經歷及年資敘定之；專科以上學校教師之薪級，以級別、學經歷及年資敘定之。至於教師之薪級，如表12-2所示。

表 12-2

教師薪級表

薪級	薪點	教授	副教授	助理教授	講師	高級中等以下學校教師
一　　級	770	770				
二　　級	740					
三　　級	710		710			
四　　級	680					
五　　級	650			650		
六　　級	625				625	625
七　　級	600					
八　　級	575					
九　　級	550					
十　　級	525	680				
十一級	500					
十二級	475	475				
十三級	450					
十四級	430		600			
十五級	410					
十六級	390		390			
十七級	370					
十八級	350			500		
十九級	330					
二十級	310			310		
二十一級	290					
二十二級	275				450	
二十三級	260					
二十四級	245				245	
二十五級	230					
二十六級	220					
二十七級	210					
二十八級	200					
二十九級	190					
三十級	180					
三十一級	170					
三十二級	160					
三十三級	150					
三十四級	140					450
三十五級	130					
三十六級	120					120

說明：

一、高級中等以下學校教師，如具有大學校院或教育部認可之國外大學校院研究所碩士學位，最高本薪得晉至 525 薪點，年功薪五級至 650 薪點；如具有大學校院或教育部認可之國外大學校院研究所博士學位，最高本薪得晉至 550 薪點，年功薪五級至 680 薪點。

二、大專講師及助理教授具博士學位者，得自 330 薪點起敘。

三、本薪最高級上面之虛線係屬年功薪。

四、《教育人員任用條例》86 年 3 月 21 日修正生效前進用之助教，其薪級自 200 薪點起敘，最高本薪得晉至 330 薪點，年功薪得晉至 450 薪點，本薪十級，年功薪六級。

參、初任教師薪級起敘

依《教師待遇條例》第 8 條規定，初任教師薪級之起敘規定如下：(1) 中小學教師以學歷起敘；其起敘基準如表 12-3 所示；(2) 大專教師以所聘等級本薪最低薪級起敘。但講師及助理教授具博士學位者，得自 330 薪點起敘。

表 12-3
高級中等以下學校教師薪級起敘基準表

薪級	薪點	起敘基準
十九級	330	具大學校院或教育部認可之國外大學校院研究所博士學位者。
二十四級	245	具大學校院或教育部認可之國外大學校院研究所碩士學位者。
二十九級	190	具大學校院或教育部認可之國外大學校院學士學位者。
三十二級	160	高級中等學校畢業後於修業三年之專科學校畢業者。
三十三級	150	高級中等學校畢業後於修業二年之專科學校畢業，或國民中學（初中）畢業後於修業五年之專科學校畢業者。
三十六級	120	高級中等以下學校畢業者。

肆、教師取得較高學歷之改敘

依《教師待遇條例》第 10 條規定，教師在職期間經服務學校或主管機關基於教學需要，同意其進修、研究與其教學有關之知能，取得較高學歷者，以現敘薪級為基準，依下列規定改敘，並受所聘職務等級最高本薪之限制：(1) 以專科以上學校畢業或同等學歷取得碩士學位，提敘薪級三級；逕修讀取得博士學位，提敘薪級五級；以碩士學歷取得博士學位，提敘薪級二級；(2) 提敘薪級後，所敘薪級低於較高學歷起敘基準者，按較高學歷改敘。

伍、教師薪級晉級

依《教師待遇條例》第 12 條規定，公立中小學教師薪級之晉級，依《公立高級中等以下學校教師成績考核辦法》規定辦理。公立大專教師服務滿一學年，由學校按學年度評定其教學、研究、輔導、服務等成績，並得依評定結果晉本薪（年功薪）一級，至所聘職務等級最高年功薪為限。

陸、教師加給種類

依《教師待遇條例》第 13 條規定，教師加給分下列三種：(1) 職務加給：對兼任主管職務者、導師或擔任特殊教育者加給之；(2) 學術研究加給：對從事教學研究或學術研究者加給之；(3) 地域加給：對服務於邊遠或特殊地區者加給之。

柒、公立學校教師之學術研究加給支給

依《教師待遇條例》第 15 條規定，公立學校教師學術研究加給之支給規定有下列二種：(1) 中小學教師：按所支本薪區分四級支給；(2) 大專教師：按教授、副教授、助理教授及講師四級支給。

捌、教師獎金發給

依《教師待遇條例》第 18 條規定，公立學校教師之獎金，政府得視財政狀況發給；其發給之對象、類別、條件及程序等有關事項之辦法，除其他法律另有規定外，由教育部會商其他相關機關後擬訂，報行政院核定。至於私立學校教師之獎金，除由政府依相關規定發給外，由各校視教師教學工作及財務狀況自行辦理；其發給之對象、類別、條件、程序及金額，由各校定之。

此外，依《偏遠地區學校教育發展條例》第21條規定，訂定《自願服務偏遠地區學校校長及教師特別獎勵辦法》，以獎勵校長及教師能夠長久在偏遠地區學校服務。

第三節　教職員考核與獎懲

壹、教職員考核

教職員考核主要的法令依據為《公立高級中等以下學校教師成績考核辦法》、《公務人員考績法》、《公務人員考績法施行細則》，茲分教師成績考核、職員考績、列等及晉薪之限制、考核方式、考核程序、考核核備及通知說明之。

一、教師成績考核

《公立高級中等以下學校教師成績考核辦法》第4條：「教師之年終成績考核，應按其教學、訓輔、服務、品德生活及處理行政等情形，依下列規定辦理：

一、在同一學年度內合於下列條件者，除晉本薪或年功薪一級外，並給與一個月薪給總額之一次獎金，已支年功薪最高級者，給與二個月薪給總額之一次獎金：

(一)按課表上課，教法優良，進度適宜，成績卓著。

(二)訓輔工作得法，效果良好。

(三)服務熱誠，對校務能切實配合。

(四)事病假併計在十四日以下，並依照規定補課或請人代課。

(五)品德生活良好能為學生表率。

(六)專心服務，未違反主管教育行政機關有關兼課兼職規定。

(七)按時上下課，無曠課、曠職紀錄。

(八)未受任何刑事、懲戒處分及行政懲處。但受行政懲處而於同一學年度經獎懲相抵者，不在此限。

二、在同一學年度內合於下列條件者，除晉本薪或年功薪一級外，並給與半個月薪給總額之一次獎金，已支年功薪最高級者，給與一個半月薪給總額之一次獎金：

(一) 教學認真，進度適宜。

(二) 對訓輔工作能負責盡職。

(三) 對校務之配合尚能符合要求。

(四) 事病假併計超過十四日，未逾二十八日，或因重病住院致病假連續超過二十八日而未達延長病假，並依照規定補課或請人代課。

(五) 品德生活考核無不良紀錄。

三、在同一學年度內有下列情形之一者，留支原薪：

(一) 教學成績平常，勉能符合要求。

(二) 曠課超過二節或曠職累計超過二小時。

(三) 事、病假期間，未依照規定補課或請人代課。

(四) 未經校長同意，擅自在外兼課兼職。

(五) 品德生活較差，情節尚非重大。

(六) 因病已達延長病假。

(七) 事病假超過二十八日。

另予成績考核，列前項第一款者，給與一個月薪給總額之一次獎金；列前項第二款者，給與半個月薪給總額之一次獎金；列前項第三款者，不予獎勵。

第一項第一款第四目、第二款第四目及第三款第七目有關事、病假併計日數，應扣除請家庭照顧假、生理假，及經醫師診斷需安胎休養者，其治療、照護或休養期間請假之日數。

第一項第三款第六目因病已達延長病假之情形，不含經醫師診斷需安胎休養者，其治療照護或休養期間之請假。

各學校於辦理教師成績考核時，不得以下列事由，作為成績考核等次之考量因素：

一、依法令規定日數所核給之家庭照顧假、生理假、婚假、產前假、娩假、流產假或陪產假。

二、經醫師診斷需安胎休養者，其治療、照護或休養期間請假之日
　數。

三、依法令規定核給之哺乳時間、因育嬰減少之工作時間或辦理育嬰
　留職停薪。」

二、職員考績

　　各校職員於辦理改任換敘後，係依《公務人員考績法》之規定辦理，
平時考核項目區分工作、操行、學識、才能，作為年終考核之依據。並按
其成績分為甲、乙、丙、丁四等，依下列規定辦理。

（一）《公務人員考績法》第6條

　　「年終考績以一百分為滿分，分甲、乙、丙、丁四等，各等分數如
左：

甲等：八十分以上。

乙等：七十分以上，不滿八十分。

丙等：六十分以上，不滿七十分。

丁等：不滿六十分。

考列甲等之條件，應於施行細則中明定之。

除本法另有規定者外，受考人在考績年度內，非有左列情形之一者，
不得考列丁等：

一、挑撥離間或誣控濫告，情節重大，經疏導無效，有確實證據者。

二、不聽指揮，破壞紀律，情節重大，經疏導無效，有確實證據者。

三、怠忽職守，稽延公務，造成重大不良後果，有確實證據者。

四、品行不端，或違反有關法令禁止事項，嚴重損害公務人員聲譽，
　有確實證據者。」

（二）《公務人員考績法施行細則》第4條

　　「公務人員年終考績，應就考績表按項目評分，除本法及本細則另有
規定應從其規定者外，須受考人在考績年度內具有下列特殊條件各目之一
或一般條件二目以上之具體事蹟，始得評列甲等：

一、特殊條件：

(一) 因完成重大任務，著有貢獻，獲頒勳章者。

(二) 依獎章條例，獲頒功績、楷模或專業獎章者。

(三) 依本法規定，曾獲一次記一大功，或累積達記一大功以上之獎勵者。

(四) 對本職業務或與本職有關學術，研究創新，其成果獲主管機關或聲譽卓著之全國性或國際性學術團體，評列為最高等級，並頒給獎勵者。

(五) 主辦業務經上級機關評定成績特優者。

(六) 對所交辦重要專案工作，經認定如期圓滿達成任務者。

(七) 奉派代表國家參加與本職有關之國際性比賽，成績列前三名者。

(八) 代表機關參加國際性會議，表現卓著，為國爭光者。

(九) 依考試院所頒激勵法規規定獲選為模範公務人員或獲頒公務人員傑出貢獻獎者。

二、一般條件：

(一) 依本法規定，曾獲一次記功二次以上，或累積達記功二次以上之獎勵者。

(二) 對本職業務或與本職有關學術，研究創新，其成果經權責機關或學術團體，評列為前三名，並頒給獎勵者。

(三) 在工作或行為上有良好表現，經權責機關或聲譽卓著團體，公開表揚者。

(四) 對主管業務，提出具體方案或改進辦法，經採行認定確有績效者。

(五) 負責盡職，承辦業務均能於限期內完成，績效良好，有具體事蹟者。

(六) 全年無遲到、早退或曠職紀錄，且事、病假合計未超過五日者。

(七) 參加與職務有關之終身學習課程超過一百二十小時，且平時服務成績具有優良表現者。但參加之課程實施成績評量者，須成績及格，始得採計學習時數。

(八) 擔任主管或副主管職務領導有方，績效優良者。

(九) 主持專案工作，規劃周密，經考評有具體績效者。

(十) 對於艱鉅工作，能克服困難，達成任務，有具體事蹟，經權責機關獎勵者。

(十一) 管理維護公物，克盡善良管理職責，減少損害，節省公帑，有具體重大事蹟，經權責機關獎勵者。

(十二) 辦理為民服務業務，工作績效及服務態度良好，有具體事蹟者。

因特殊條件或一般條件各目所列優良事蹟，而獲記功一次以上之獎勵者，該優良事蹟，與該次記功一次以上之獎勵，於辦理年終考績，應擇一採認。

公務人員在考績年度內，有下列情事之一，不得考列甲等：

一、曾受刑事或懲戒處分者。

二、參加公務人員相關考試或升官等訓練之測驗，經扣考處分者。

三、平時考核獎懲抵銷後，累積達記過以上處分者。

四、曠職一日或累積達二日者。

五、事、病假合計超過十四日者。

六、辦理為民服務業務，態度惡劣，影響政府聲譽，有具體事實者。

前項第五款及第一項第二款第六目有關事、病假合計之日數，應扣除請家庭照顧假及生理假之日數。

依第一項第一款第四目至第八目、第二款第三目至第五目及第七目至第十二目各目所定條件評擬甲等者或依第三項第六款情事，不得評擬甲等者，應將具體事蹟記載於考績表備註及重大優劣事實欄內，提考績委員會審核。

各機關辦理考績時，不得以下列情形，作為考績等次之考量因素：

一、依法令規定日數所核給之家庭照顧假、生理假、婚假、產前假、娩假、流產假或陪產假。

二、依法令規定給予之哺乳時間或因育嬰減少之工作時間。」

三、列等及晉薪之限制

《公立高級中等以下學校教師成績考核辦法》第 5 條：「教師在考核年度內曾記大功、大過之考核列等，除本辦法另有規定外，應依下列規定辦理：

一、經獎懲抵銷後，尚有一次記一大功者，不得考列前條第一項第三款。

二、經獎懲抵銷後，尚有一次記一大過者，不得考列前條第一項第二款以上。」

四、考核方式

平時考核，應隨時根據具體事實詳加記錄，如有合於獎懲標準之事蹟，應予以獎勵或懲處。獎勵分嘉獎、記功、記大功；懲處分申誡、記過、記大過。嘉獎三次作為記功一次，記功三次作為記一大功；申誡三次作為記過一次，記過三次作為記一大過。平時考核同一學年度之獎懲得相互抵銷。

五、考核程序

《公立高級中等以下學校教師成績考核辦法》第 9 條：「成績考核委員會由委員九人至十七人組成，除掌理教務、學生事務、輔導、人事業務之單位主管及教師會代表一人為當然委員外，其餘由本校教師票選產生，並由委員互推一人為主席，任期一年。但參加考核人數不滿二十人之學校，得降低委員人數，最低不得少於五人，其中當然委員至多二人，除教師會代表外，其餘由校長指定之。

委員每滿三人應有一人為未兼行政職務教師；未兼行政職務教師人數之計算，應排除教師會代表。

任一性別委員應占委員總數三分之一以上。但該校任一性別教師人數少於委員總數三分之一者，不在此限。

委員之任期自當年九月一日至次年八月三十一日止。

委員之總數，由校務會議議決。」

六、考核核備及通知

《公立高級中等以下學校教師成績考核辦法》第 15 條：「……教師年終成績考核及另予成績考核結果，應於每年九月三十日前分別列冊報主管教育行政機關核定。……」

《公立高級中等以下學校教師成績考核辦法》第 16 條：「教師成績考核經核定後，應由學校以書面通知受考核教師，並附記不服者提起救濟之方法、期間、受理機關。平時考核之獎懲令應附記理由及不服者提起救濟之方法、期間、受理機關。……」

貳、教師獎懲

教師獎懲係依《公立高級中等以下學校教師成績考核辦法》第 6 條之規定辦理，茲將記大功、記功、記大過、記過、嘉獎、申誡之規定列舉如下。

一、記大功

有下列情形之一者，記大功：
1. 對教育重大困難問題，能及時提出具體有效改進方案，圓滿解決。
2. 辦理重要業務成績特優，或有特殊效益。
3. 在惡劣環境下克盡職責，圓滿達成任務。
4. 搶救重大災害，切合機宜，有具體效果。
5. 執行重要法令克服困難，圓滿達成任務。

二、記大過

有下列情形之一者，記大過：
1. 違反法令，情節重大。
2. 言行不檢，致損害教育人員聲譽，情節重大。
3. 故意曲解法令，致學生權益遭受重大損害。

4. 因重大過失貽誤公務，導致不良後果。

5. 違法處罰學生，造成學生身心傷害，情節重大。

6. 執行職務知有校園性侵害事件，未依規定通報。

三、記功

有下列情形之一者，記功：

1. 革新改進教育業務，且努力推行，著有成效。

2. 對學校校務、設施，有長期發展計畫且能切實執行，績效卓著。

3. 研究改進教材教法，確能增進教學效果，提高學生程度。

4. 自願輔導學生課業，並能注意學生身心健康，而教學成績優良。

5. 推展訓輔工作，確能變化學生氣質，造成優良學風。

6. 輔導畢業學生就業，著有成績。

7. 對偶發事件之預防或處理適當，因而避免或減少可能發生之損害。

8. 教師本人或指導學生代表學校參加各級主管教育行政機關認定之全國校際比賽，成績卓著。

9. 其他優良事蹟，足資表率。

四、記過

有下列情形之一者，記過：

1. 處理教育業務，工作不力，影響計畫進度。

2. 有不當行為，致損害教育人員聲譽。

3. 違法處罰學生或不當管教學生，造成學生身心傷害。

4. 對偶發事件之處理有明顯失職，致損害加重。

5. 有曠課、曠職紀錄且工作態度消極。

6. 班級經營不佳，致影響學生受教權益。

7. 在外補習、違法兼職，或藉職務之便從事私人商業行為。

8. 代替他人不實簽到退，經查屬實。

9. 對公物未善盡保管義務或有浪費公帑情事，致造成損失。

10. 其他違反有關教育法令規定之事項。

五、嘉獎

有下列情形之一者，嘉獎：

1. 課業編排得當，課程調配妥善，經實施確具成效。
2. 進行課程研發，有具體績效，在校內進行分享。
3. 編撰教材、自製教具或教學媒體，成績優良。
4. 教學優良，評量認真，確能提高學生程度。
5. 對學生之輔導或管教，熱心負責，成績優良。
6. 辦理教學演示、分享或研習活動，表現優異。
7. 教師本人或指導學生參加各項活動、比賽，成績優良。
8. 擔任導師能有效進行品格教育、生活教育，足堪表率。
9. 在課程研發、教學創新、多元評量等方面著有績效，促進團隊合作。
10. 其他辦理有關教育工作，成績優良。

六、申誡

有下列情形之一者，申誡：

1. 執行教育法規不力，有具體事實。
2. 處理業務失當或督察不周，有具體事實。
3. 不按課程綱要或標準教學，或者教學未能盡責，致貽誤學生課業。
4. 對學生之輔導或管教，未能盡責。
5. 有不實言論或不當行為致有損學校名譽。
6. 無正當理由不遵守上下課時間且經勸導仍未改善。
7. 教學、訓輔行為失當，有損學生學習權益。
8. 違法處罰學生情節輕微或不當管教學生，經令其改善仍未改善。
9. 其他依法規或學校章則辦理有關教育工作不力，有具體事實。
10. 其他違反有關教育法令規定之事項，情節輕微。

前項所列記功、記過、嘉獎、申誡之規定，得視其情節，核予一次或二次之獎懲。

第四節　教職員請假

　　學校教師請假的法令依據為《教師請假規則》，而職員則依《公務人員請假規則》規定辦理。本節以教師請假說明之。

壹、請假核給

　　依《教師請假規則》第3條：「教師之請假依下列規定：

一、因事得請事假，每學年准給七日。其家庭成員預防接種、發生嚴重之疾病或其他重大事故須親自照顧時，得請家庭照顧假，每學年准給七日，其請假日數併入事假計算。事假及家庭照顧假合計超過七日者，應按日扣除薪給，其所遺課務代理費用應由學校支付。

二、因疾病或經醫師診斷需安胎休養者，其治療或休養期間，得請病假，每學年准給二十八日；其超過規定日數者，以事假抵銷，並依下列規定辦理：

(一) 女性教師因生理日致工作有困難者，每月得請生理假一日，全學年請假日數未逾三日，不併入病假計算，其餘日數併入病假計算。

(二) 患重病非短時間所能治癒或因安胎經醫師診斷確有需要請假休養者，於依規定核給之病假、事假及休假均請畢後，經學校核准得延長之；其延長期間自第一次請延長病假之首日起算，二年內合併計算不得超過一年，但銷假上班一年以上者，其延長病假得重行起算。

三、因結婚者，給婚假十四日，應自結婚登記之日前十日起三個月內請畢。但因特殊事由經學校核准者，得於一年內請畢。

四、因懷孕者，於分娩前，給產前假八日，得分次申請，不得保留至分娩後；於分娩後，給娩假四十二日；懷孕滿二十週以上流產者，給流產假四十二日；懷孕十二週以上未滿二十週流產者，給

流產假二十一日；懷孕未滿十二週流產者，給流產假十四日。娩假及流產假應一次請畢，且不得扣除寒暑假之日數。分娩前已請畢產前假者，必要時得於分娩前先申請部分娩假，並以二十一日為限，不限一次請畢。流產者，其流產假應扣除先請之娩假日數。

五、因配偶分娩或懷孕滿二十週以上流產者，給陪產假五日，得分次申請。但應於配偶分娩日或流產日前後合計十五日（包括例假日）內請畢。

六、因父母、配偶死亡者，給喪假十五日；繼父母、配偶之父母、子女死亡者，給喪假十日；曾祖父母、祖父母、配偶之祖父母、配偶之繼父母、兄弟姐妹死亡者，給喪假五日。除繼父母、配偶之繼父母，以教師或其配偶於成年前受該繼父母扶養或於該繼父母死亡前仍與共居者為限外，其餘喪假應以原因發生時所存在之天然血親或擬制血親為限。喪假得分次申請。但應於死亡之日起百日內請畢。

七、因捐贈骨髓或器官者，視實際需要給假。

前項第一款所定准給事假日數，任職未滿一學年者，依在職月數比例計算後未滿半日者，以半日計；超過半日未滿一日者，以一日計。

第一項所定事假、家庭照顧假、病假、生理假、產前假及陪產假得以時計。婚假、喪假、分娩前先申請部分娩假，每次請假應至少半日。

具原住民族身分之教師，於依紀念日及節日實施辦法由原住民族委員會所公告之各該原住民族歲時祭儀放假日，得申請放假。」

貳、教師公假

依《教師請假規則》第4條規定：「教師有下列各款情事之一者，給予公假。其期間由學校視實際需要定之：

一、奉派參加政府召集之集會。

二、奉派考察或參加國際會議。

三、依法受各種兵役召集。

四、參加政府依法主辦之各項投票。

五、依主管教育行政機關所定獎勵優秀教師之規定給假。

六、因執行職務或上下班途中發生危險以致傷病，必須休養或療治，其期間在二年以內。

七、參加政府舉辦與職務有關之考試，經學校同意。

八、參加本校舉辦之活動，經學校同意。

九、應國內外機關團體或學校邀請，參加與其職務有關之各項會議或活動，或基於法定義務出席作證、答辯，經學校同意。

十、因教學或研究需要，依服務學校訂定之章則或經主管教育行政機關主動薦送、指派或同意，於授課之餘利用部分辦公時間進修、研究，每週在八小時以內。但兼任行政職務教師寒暑假期間之公假時數得酌予延長，不受八小時之限制。

十一、寒暑假期間，於不影響教學及行政工作原則下，事先擬具出國計畫，經服務學校核准赴國外學校或機構自費參加與其職務有關之進修、研究。

十二、因校際間教學需要，經服務學校同意至支援學校兼課。

十三、專科以上學校因產學合作需要，經學校同意至相關合作事業機構兼職或合作服務。

十四、因法定傳染病經各級衛生主管機關認定應強制隔離。但因可歸責於當事人事由而罹病者，不在此限。

教師基於法定義務出席作證性侵害、性騷擾及霸凌事件，應給予公假。」

參、教師休假

依《教師請假規則》第8條規定，教師休假方式如下：「公立中小學教師兼任行政職務者，應給予休假，其專任教師年資得併計核給，服務年資滿一學年者，自第二學年起，每學年應給休假七日；服務滿三學年者，自第四學年起，每學年應給休假十四日；滿六學年者，自第七學年起，每

學年應給休假二十一日；滿九學年者，自第十學年起，每學年應給休假二十八日；滿十四學年者，自第十五學年起，每學年應給休假三十日。

　　初任教師於學年度開始一個月以後到職，並奉派兼任行政職務者，於次學年續兼時，得按到職當學年在職月數比例核給休假。第三學年以後續兼者，依前項規定給假。

　　除初任教師外，於學年度中兼任行政職務未滿一學年者，當年之休假日數依第一項規定按實際兼任行政職務月數比例核給，比例計算後未滿半日者以半日計；超過半日未滿一日者，以一日計。

　　私立學校及公立專科以上學校兼任行政職務教師之休假，由各校自行定之。」

肆、寒暑假到校規範

　　依《教師請假規則》第 12 條規定，公立中小學未兼任行政職務教師於學生寒暑假期間，除返校服務、研究進修等專業發展活動及配合災害防救所需之日外，得不必到校。

伍、曠職與曠課

　　依《教師請假規則》第 15 條規定，教師未依規定請假而擅離職守或假期已滿仍未銷假，或請假有虛偽情事者，均以曠職論；無故缺課者，以曠課論。曠職或曠課者，應扣除其曠職或曠課日數之薪給。

陸、假期扣除

　　依《教師請假規則》第 16 條規定，教師所規定假期之核給，扣除例假日。但請延長病假或因公傷病請公假者，例假日均不予扣除。按時請假者，以規定之出勤時間為準。

第五節　教職員退休、撫卹、資遣與保險

學校教職員退休、撫卹與資遣的法律依據為《公立學校教職員退休資遣撫卹條例》，而保險的法令依據為《公教人員保險法》。茲說明如下。

壹、教職員退休

學校教職員退休的法令依據為《公立學校教職員退休資遣撫卹條例》，茲就退休條件和退休金給與種類說明如下。

一、教職員退休條件

教職員退休主要分為兩大類：申請退休與命令退休。就申請退休條件而言，係依《公立學校教職員退休資遣撫卹條例》第18條規定：「教職員有下列情形之一者，應准其自願退休：

一、任職滿五年，年滿六十歲。

二、任職滿二十五年。

教職員任職滿十五年，有下列情形之一者，應准其自願退休：

一、出具經中央衛生主管機關評鑑合格醫院開立已達公教人員保險失能給付標準所訂半失能以上之證明或經鑑定符合中央衛生主管機關所定身心障礙等級為重度以上等級。

二、罹患末期之惡性腫瘤或為安寧緩和醫療條例第三條第二款所稱之末期病人，且繳有合格醫院出具之證明。

三、領有權責機關核發之全民健康保險永久重大傷病證明，並經服務學校認定不能從事本職工作，亦無法擔任其他相當工作。

四、符合法定身心障礙資格，且經依勞工保險條例第五十四條之一所定個別化專業評估機制，出具為終生無工作能力之證明。」

而在第一種年滿60歲之年齡規定，對所任職務有體能上之限制者，中央主管機關得酌予降低。但不得少於55歲。此外，具原住民身分者，降為55歲，但應配合原住民平均餘命與全體國民平均餘命差距之縮短，

逐步提高自願退休年齡至 60 歲。

依《公立學校教職員退休資遣撫卹條例》第 20 條規定，教職員任職滿五年，且年滿 65 歲者，應辦理屆齡退休：「教師依規定借調辦理留職停薪，除借調依法銓敘審定之公務人員外，於留職停薪期間符合前項規定，且無第二十五條第一項及第七十五條第一項規定情形者，得於屆滿六十五歲之日起十年內辦理退休。

教職員已達第一項規定之年齡，並有下列情形之一者，得予以延長服務，不受第一項應辦理屆齡退休之限制：

一、專科以上學校校長得任職至任期屆滿為止；其任期屆滿而獲續聘者，得繼續服務至任期屆滿。但不得逾七十歲。

二、專科以上學校教授、副教授經學校基於教學需要，並徵得其同意繼續服務者。至多延長至屆滿七十歲當學期為止。」

至於命令退休則依第 22 條規定：「教職員任職滿五年且有下列情事之一者，由其服務學校主動申辦命令退休：

一、未符合第十八條所定自願退休條件，並受監護或輔助宣告尚未撤銷。

二、有下列身心傷病或障礙情事之一，經服務學校出具其不能從事本職工作，亦無法擔任其他相當工作之證明：

(一) 繳有合格醫院出具已達公保失能給付標準之半失能以上之證明，且已依法領取失能給付，或經鑑定符合中央衛生主管機關所定身心障礙等級為重度以上等級之證明。

(二) 罹患第三期以上之惡性腫瘤，且繳有合格醫院出具之證明。」

二、退休金給與種類

學校教職員退休金給與種類，係依《公立學校教職員退休資遣撫卹條例》第 27 條規定辦理：「退休教職員之退休金分下列三種：

一、一次退休金。

二、月退休金。

三、兼領二分之一之一次退休金與二分之一之月退休金。」

另依第 36 條之優惠存款利率調降規定：「退休教職員支領月退休金者，其公保一次養老給付之優惠存款利率，依下列規定辦理：

一、自中華民國一百零七年七月一日至一百零九年十二月三十一日止，年息百分之九。

二、自中華民國一百十年一月一日起，年息為零。」

一般所說的公教人員的年息 18% 優惠存款利率，在 2021 年正式走入歷史。

貳、教職員撫卹

公立學校教職員撫卹的法令依據，是來自《公立學校教職員退休資遣撫卹條例》，相關重要規定如下。

一、撫卹的要件及原因

公立學校教職員撫卹要件係依《公立學校教職員退休資遣撫卹條例》第 51 條規定：「教職員在職期間死亡者，由其遺族或服務學校申辦撫卹。」至於撫卹原因則依第 52 條規定，主要有二：(1) 病故或意外死亡；(2) 因執行公務以致死。

二、撫卹給與

依《公立學校教職員退休資遣撫卹條例》第 54 條規定，其撫卹金給與之種類如下：(1) 一次撫卹金；(2) 一次撫卹金及月撫卹金。

「撫卹金之給與，依下列標準計算：

一、任職未滿十五年者，依下列規定，發給一次撫卹金：

(一)任職滿十年而未滿十五年者，每任職一年，給與一又二分之一個基數；未滿一年者，每一個月給與八分之一個基數；其未滿一個月者，以一個月計。

(二)任職未滿十年者，除依前目規定給卹外，每少一個月，加給十二分之一個基數，加至滿九又十二分之十一個基數後，不再加給。但曾依法令領取由政府編列預算或退撫基金支付之

退離給與或發還退撫基金費用本息者，其年資應合併計算；
逾十年者，不再加給。

二、任職滿十五年者，依下列規定發給一次撫卹金及月撫卹金：

(一) 每月給與二分之一個基數之月撫卹金。

(二) 前十五年給與十五個基數一次撫卹金。超過十五年部分，每
增一年，加給二分之一個基數，最高給與二十七又二分之一
個基數；未滿一年之月數，每一個月給與二十四分之一個基
數；未滿一個月者，以一個月計。」

三、撫卹金領受人順序

依《公立學校教職員退休資遣撫卹條例》第 62 條規定，教職員之遺
族撫卹金，由未再婚配偶領受二分之一；其餘由下列順序之遺族，依序平
均領受之：(1) 子女；(2) 父母；(3) 祖父母；(4) 兄弟姊妹。

參、教職員資遣

學校教職員資遣的法令依據為《公立學校教職員退休資遣撫卹條
例》，茲就資遣條件和資遣金給與種類說明如下。

一、資遣要件

學校教職員依《公立學校教職員退休資遣撫卹條例》第 24 條規定：
「有下列各款情事之一者，由服務學校報主管機關核定後，予以資遣：

一、因系、所、科、組、課程調整或學校減班、停辦、合併、組織變
更，現職已無工作又無其他適當工作可以調任。

二、不能勝任現職工作，有具體事實，且無其他適當工作可以調任，
經教師評審委員會或教練評審委員會審議認定屬實。

三、受監護宣告或輔助宣告，尚未撤銷。」

二、資遣給與標準

教職員之資遣給與，依《公立學校教職員退休資遣撫卹條例》第 42

條規定，準用該條例第 29 條及第 30 條所定一次退休金給與標準辦理。

肆、教職員保險

　　學校教職員保險的法令依據，係來自《公教人員保險法》，其主管機關為銓敘部。依《公教人員保險法》第 3 條規定：「本保險之保險範圍，包括失能、養老、死亡、眷屬喪葬、生育及育嬰留職停薪六項。」茲就保險費、保險給付等說明如下。

一、保險費

　　依《公教人員保險法》第 8 條規定：「本保險之保險費率為被保險人每月保險俸（薪）額百分之七至百分之十五。」教職員保險費率高低，係依據薪俸計算而來。至於保險費的分擔，公私立學校教職員有所差別，依該條例第 9 條規定：「本保險之保險費，由被保險人自付百分之三十五，政府補助百分之六十五。但私立學校教職員由政府及學校各補助百分之三十二點五；政府補助私立學校教職員之保險費，由各級主管教育行政機關分別編列預算核撥之。」依此，公立學校自付 35%，政府補助 65%，但私立學校則由政府及學校各補助 32.5%。

二、保險給付

　　依《公教人員保險法》第 12 條之規定，保險給付被保險人在保險有效期間，發生失能、養老、死亡、眷屬喪葬、生育或育嬰留職停薪之保險事故時，應予現金給付；其給付金額之計算標準，依下列規定辦理：

1. 養老給付及死亡給付：按被保險人發生保險事故當月起，前 10 年投保年資之實際保險俸（薪）額平均計算（以下簡稱平均保俸額）。但加保未滿 10 年者，按其實際投保年資之保險俸（薪）額平均計算。

2. 育嬰留職停薪津貼：按被保險人育嬰留職停薪當月起，往前推算 6 個月保險俸（薪）額之平均數 60% 計算。

3. 失能給付、生育給付及眷屬喪葬津貼：按被保險人發生保險事故當月起，往前推算 6 個月保險俸（薪）額之平均數計算。但加保未滿 6 個月者，按其實際加保月數之平均保險俸（薪）額計算。

就失能給付而言，被保險人失能給付規定如下：

1. 因執行公務或服兵役致成全失能者，給付 36 個月；半失能者，給付 18 個月；部分失能者，給付 8 個月。

2. 因疾病或意外傷害致成全失能者，給付 30 個月；半失能者，給付 15 個月；部分失能者，給付 6 個月。

而在養老給付之規定如下：

1. 一次養老給付：保險年資每滿 1 年，給付 1.2 個月；最高以給付 42 個月為限。但辦理優惠存款者，最高以 36 個月為限。

2. 養老年金給付：保險年資每滿 1 年，在給付率 0.75% 至 1.3% 之間核給養老年金給付，最高採計 35 年；其總給付率最高為 45.5%。

至於被保險人死亡時，依下列規定給與一次死亡給付：

1. 因公死亡者，給與 36 個月。

2. 病故或意外死亡者，給與 30 個月。但繳付保險費 20 年以上者，給與 36 個月。

被保險人之眷屬因疾病或意外傷害而致死亡者，依下列標準，給與喪葬津貼：

1. 父母及配偶，給與 3 個月。

2. 子女之喪葬津貼如下：(1) 年滿 12 歲，未滿 25 歲者，給與 2 個月；(2) 已為出生登記且未滿 12 歲者，給與 1 個月。

此外，被保險人還享有最長發給 6 個月之育嬰留職停薪津貼，以及生育給付，其條件為繳付本保險保險費滿 280 日後分娩或繳付本保險保險費滿 181 日後早產生育。

教育相對論

學校教師考績甲等該不該設限？

　　臺南縣政府人事室於 2007 年度進行中小學教師考績評核時，發現各校呈報的成績幾乎人人都是甲等，經發回要求重評後，再呈報的甲等考績比例仍超過 99%；於是縣長蘇煥智決定設下 90% 的考績甲等上限，並以手稿方式函送各校校長要求配合。

　　此舉引發教師會不滿，要求縣府依照《公立高級中等以下學校教師成績考核辦法》等規定，不應對教師考績設下比例限制。不過，蘇煥智態度強硬，不肯讓步，認為具有行政裁量權，各校校長不願當壞人，幾乎把所有教師的考績評為甲等，根本無法落實考核，那他自己當壞人，才設下 90% 的甲等考績比例上限，希望真正獎優汰劣。

　　新北市政府教育局於 2013 年校長會議中，以書面公布新北市議會審查預算時做成的附帶決議，要求這學年度教師年終考績甲等人數不得超過九成五，引起校長、老師質疑，學年度過了一半才公布，政策太輕率；教育局長林騰蛟說，無法要求各校有齊一性的標準，只能要求「核實考核」，不會嚴格要求九成五的比例。

註：引自**教師考績設限學年過半才公布引反彈**，何玉華，2013 年 3 月 6 日，自由時報。http://www.libertytimes.com.tw/2013/new/mar/6/today-taipei1.htm。**臺南縣教師考績爭議　蘇煥智：絕不讓步**，楊思瑞，2007，大紀元，https://reurl.cc/a9YAX4。

註：依《公立高級中等以下學校教師成績考核辦法》的第 4 條 1 款規定：「……在同一學年度內合於下列條件者，除晉本薪或年功薪一級外，並給與一個月薪給總額之一次獎金，已支年功薪最高級者，給與二個月薪給總額之一次獎金……」，也就是一般所說的「甲等」。

學校辦理教師甄選起爭議

　　某校辦理地理科教師甄試,共有 180 名考生報名,其中有 9 名進入複試,最後階段有 2 名考生達到簡章規定的 80 分錄取門檻。

　　在這 2 名通過 80 分門檻的考生中,必須參加複試的試教和口試,其中一名初試最高分為正取,另一名為備取,在試教時備取的試教成績高於正取,不料在口試階段,備取口試成績卻少於正取 16 分之多,經過依簡章規定占比加權計算,最後正取以 1 分之差險勝備取,據傳該正取就是「內定」人選,學校教師評審委員會不願為此次教師甄試背書,導致最後「從缺」。

　　依學校簡章規定,教師甄選分為初試與複試,複試再分為「口試」與「試教」,「口試」有 3 名評審、「試教」有 5 名評審,外聘委員也有達到三分之二的標準,依簡章規定,「口試」占 30%、「試教」占 70%,兩者加總後平均達 80 分者,擇優錄取。

　　經教育局派員調查發現確實有許多疏失,包括教務處未收取委員個人評分表、成績計算有誤、評分表成績修改處未核章或簽名、低於評分標準者未加註清楚理由、未設定評分向度、試務工作未結束前試教與口試委員有程序以外的接觸等,均已影響評分之客觀與公正性,教育局因而提出糾正,要求學校盡快召開教評會審議,並檢討學校相關人員責任。

問題討論

1. 學校辦理教師甄選,如何確保甄試過程和結果的公平性?
2. 學校教師甄選內定說,對於學校行政有何負面影響?
3. 此事件對於學校行政人員有何啟示作用?

本章摘要

1. 學校教育人員的遴用，主要的法令依據是《國民教育法》、《國民教育法施行細則》、《教師法》、《教師法施行細則》、《教育人員任用條例》、《教育人員任用條例施行細則》、《高級中等教育法》、《高級中等學校校長遴選聘任及辦學績效考評辦法》、《國民中小學校長主任教師甄選儲訓及介聘辦法》。

2. 學校教職員待遇，在教師部分的法令依據為《教師待遇條例》，分本薪（年功薪）、加給及獎金等三種。至於職員部分係屬公務人員進用，則依《全國軍公教員工待遇支給要點》辦理，分為薪俸、加給及生活津貼等三種。

3. 教師的考核，主要依據《公立高級中等以下學校教師成績考核辦法》辦理；而職員則依《公務人員考績法》、《公務人員考績法施行細則》辦理。

4. 教師獎懲係依《公立高級中等以下學校教師成績考核辦法》之規定辦理，分為記大功、記功、記大過、記過、嘉獎、申誡。

5. 學校教師請假的法令依據為《教師請假規則》，而職員則依《公務人員請假規則》規定辦理。

6. 學校教職員退休的法令依據為《公立學校教職員退休資遣撫卹條例》，分為兩大類：申請退休與命令退休。至於退休金給與種類，包括下列三種：(1) 一次退休金；(2) 月退休金；(3) 兼領二分之一之一次退休金與二分之一之月退休金。

7. 學校教職員資遣的法令依據為《公立學校教職員退休資遣撫卹條例》，其條件為有下列情事之一者，由服務學校報主管機關核定後，予以資遣：(1) 因系、所、科、組、課程調整或學校減班、停辦、合併、組織變更，現職已無工作又無其他適當工作可以調任；(2) 不能勝任現職工作，有具體事實，且無其他適當工作可以調任，經教師評審委員會或教練評審委員會審議認定屬實；(3) 受監護宣告或輔助宣告，尚未撤銷。

8. 學校教職員保險的法令依據為《公教人員保險法》，其主管機關為銓敘部。保險範圍，包括失能、養老、死亡、眷屬喪葬、生育及育嬰留職停薪六項。

評量題目

1. 請就您所知，說明學校教師評審委員會之任務及運作方式。

2. 請比較國民中小學和高級中等學校教師介聘規定之異同。

3. 假如您已經在國中服務滿五年，而且具有碩士學位，請計算您的薪資待遇。

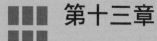

第十三章
學校評鑑與學校效能

　　「追求卓越，提升品質」，一直是教育努力的方向。因此，透過有系統的評鑑，藉以提高教育績效，已成為時代的潮流之一。所以，學校評鑑和學校效能（school effectiveness）的研究，將為教育界所重視。

第一節　學校評鑑的意義與目的

壹、學校評鑑的意義

「評鑑」一詞，係由英文 evaluation 翻譯而來，亦有人譯為「評價」或「評量」。evaluation 由 e + value + ation 三字所結合而成，從其字義而言，它具有價值衡量的涵義。因此，《韋氏新國際辭典》（*Webster's Third New International Dictionary*, 1986, p.786）將評鑑界定為：「就價值、品質、意義、數量、程度或條件進行考查或判斷。」至於中文的字義，亦有類似涵義，如《辭海》將「評價」解釋為：「泛指衡量人物或事物之價值」（臺灣中華書局辭海編輯委員會，1986，頁 4067）。

因此，「評鑑」一詞最初的涵義是指：「價值的判斷」，後來又有很多學者致力於評鑑的研究，慢慢發展出對評鑑各種不同的看法。

一、評鑑是實際表現與理想目標相比較的歷程

持這種觀點的學者以泰勒（R. Tyler）及其弟子塔巴（H. Taba）為代表，泰勒認為評鑑是確定實際表現與理想目標的一致性（Tyler, 1950）。為了解目標達成的程度如何，必須先清楚確定學生學習目標，再根據學生學習結果來判斷目標達成程度（黃政傑，1990）。

二、評鑑是有系統地蒐集和分析資料，透過價值判斷而進行決策的歷程

持這種觀點的學者，以克隆巴（L. J. Cronbach）、史塔佛賓（D. L. Stufflebeam）、麥克唐納（B. MacDonald）、貝比（C. E. Beeby）等人為代表（Cronbach, 1963）。

1. 史塔佛賓認為，評鑑乃是描述、獲得和提供有用的資料作為判斷、決定選擇方案的歷程（Stufflebeam et al., 1971）。
2. 克隆巴將評鑑視為蒐集和利用資料，對教育方案做決定（Cronbach, 1963）。

3. 麥克唐納認為，評鑑是資料構成、獲得與溝通的過程，以作為決定某一特定方案之指導（引自 Straughan & Wrigley, 1980）。

4. 貝比將評鑑視為有系統蒐集和詮釋證據，並進行價值判斷而採取行動的歷程（Beeby, 1977）。

　　基於以上的說明，學校評鑑可界定為：「學校評鑑乃是透過有系統的方法來蒐集、分析和解釋學校各種資料，並進行價值判斷，以作為將來改進教育缺失、謀求教育健全發展的歷程。」

　　此一定義的重點，在於說明學校評鑑的要件有四：

1. 它是採用有系統的方法。
2. 它的方式是蒐集、分析和解釋資料。
3. 它必須進行價值判斷。
4. 它必須能夠提供將來改進教育缺失、謀求教育健全發展。

貳、學校評鑑的目的

　　評鑑之所以為教育界所重視，一定有其功能存在。國內黃炳煌教授曾引用斯克理芬（M. Scriven）的看法指出評鑑的功能有二：(1) 形成的（formative）功能：在蒐集有關教學方案的各個部分之成效證據，而後根據對此種證據之考慮去指出其缺失並提供改進的意見；(2) 總結的（summative）功能：對於已經完成的教學方案加以價值判斷（黃炳煌，1983）。是故，評鑑對學校教育活動是有其積極和正面的意義和價值。

　　那麼，實施學校評鑑是有其必要性，其目的可歸納如下。

一、診斷學校教育缺失

　　學校評鑑正如醫學上的診斷，旨在了解學校教育缺失或問題，作為將來改進之參考。一位醫生在開處方與治療之前，必須先對病人各種狀況有所了解，有時靠醫生的經驗，有時則有賴各種醫療器材進行診斷，所以是一種很有系統的方法；同樣地，為了解學校教育現況，也需要有一套系統的評鑑方法為之。

二、改進學校教育缺失

學校評鑑的另一重要目的在於改進缺失，也是診斷後的目的，此乃猶如醫生所開的處方或者治療方式，對於學校才有實質的助益。所以，辦理學校評鑑的主要目的在於使學校有效地改進缺失，以提高學校教育功能。

三、維持學校教育水準

學校評鑑亦如商品的品管，旨在維持一定的水準。一件商品要為消費者所接受，必須先做好品質管制的工作；同樣地，學校的素質要為社會所認可，也要透過評鑑的方式才能達成。美國曾對各大學校院進行評鑑，其目的就是為了維持大學素質建立認可制度（陳樹坤，1982）。

四、提高學校教育績效

學校教育投入各種經費、人員和設備，透過教學方法、課程內容、訓導方式等過程，是否能夠達到最佳的產出（如學生學業成就、教職員滿意度），就有賴於評鑑。因此，為提高學校教育績效，避免教育浪費，就要透過學校教育評鑑，史塔佛賓所提出的 CIPP 模式（Context, Input, Process, Product Model）的主要目的亦在於此（請參見註 1）。

第二節　學校評鑑的原則與方法

壹、學校評鑑的原則

學校評鑑為一複雜的歷程，為期發揮評鑑功能，必須遵循下列原則。

一、客觀性

評鑑時應使用一定的客觀標準，藉以了解實際表現與理想目標兩者相符合的程度。因此，評鑑時必須設計一些評鑑表，而且評鑑人員在過程

中，應保持謹慎公平的態度，使評鑑結果不會因個人主觀意見而產生偏差。

二、合作性

評鑑過程中，評鑑者與受評鑑者應相互合作，共同完成評鑑工作。所以評鑑者應尊重受評鑑者的意見，並保持充分的溝通，受評鑑者亦應虛心接受評鑑者所提意見。唯有如此，評鑑工作才能順利進行。

三、完整性

評鑑需要全面性、多元性的綜合資料，因為單一的、零散的、片段的資料，很難了解學校的全貌。故設計評鑑項目應從學校整體為出發點，這樣才能從不同角色和層面來分析學校現況，評鑑結果對學校才有幫助。

四、描述性

評鑑結果的敘述應力求通暢，使受評鑑者易於了解，此外應避免僅以「優、良、可、劣」方式呈現，應該將評鑑的具體事實和建議，給予明確說明，使受評鑑者能了解實際狀況，以作為改進之參考。

五、繼續性

評鑑是一繼續不斷的歷程，因此評鑑活動不能因評鑑工作告一段落而結束；相反地，每次評鑑結果應作為下次追蹤評鑑的依據，這樣才能使學校教育不斷地改進與創新，進而提高教育效果。

此外，在進行學校評鑑時，除應遵循一定的評鑑程序，有時會遇到個別狀況或突發狀況，評鑑人員應做彈性處理，以確保評鑑工作順利進行。

貳、學校評鑑的方法

在複雜的評鑑過程中，為達到評鑑的目標，評鑑工作必須因時、因地制宜，採取多種的評鑑方法，以下介紹學校評鑑最常用的三種方法。

一、自我評鑑

由學校校長、主任、組長和教師所選出的代表或邀請外部學者專家組成評鑑小組，辦理學校自我評鑑，此乃針對學校本身的需要而進行，不一定要藉外在的團體壓力。因此，自我評鑑所蒐集到的資料，小組應加以分析和檢討，作為改進校務之參考。

二、交互觀摩評鑑

交互觀摩評鑑旨在收相互觀摩和相互學習之效，因此可由學校自行邀請他校觀摩評鑑。評鑑結果，相互檢討，可以了解彼此的優缺點，具有激勵和學習的雙重功效。

三、評鑑小組評鑑

評鑑小組是由學者專家所組成，具有崇高的學術地位，因此評鑑小組是以專業的知識來判斷學校的素質。為了蒐集更多的評鑑資料，可能會採用觀察法、詢問法、座談會、問卷法，以及檢核有關資料等方式，以了解實況並獲致正確之評鑑結果。

目前國內所辦理的學校評鑑，以評鑑小組評鑑的方法最常用，若是人力、時間和經費許可，教育行政機關亦應鼓勵各校辦理自我評鑑和交互觀摩評鑑，以免流於形式，效果不佳。

第三節　學校評鑑的程序與內容

壹、學校評鑑的程序

學校評鑑在一有系統、有組織的程序下進行，才能達到評鑑的效果。田布林克（T. D. TenBrink）曾將評鑑程序分為十個步驟進行，如圖 13-1 所示。

由圖 13-1 可知：評鑑從確定須做的判斷和決定，到評鑑結果的報

告，是按一定的步驟進行。目前國內所舉辦的學校評鑑的程序並不像田布林克所提的評鑑程序那麼複雜，茲以國民小學評鑑為例，評鑑小組至學校實施評鑑的程序分別如下。

圖 13-1

田布林克評鑑程序圖

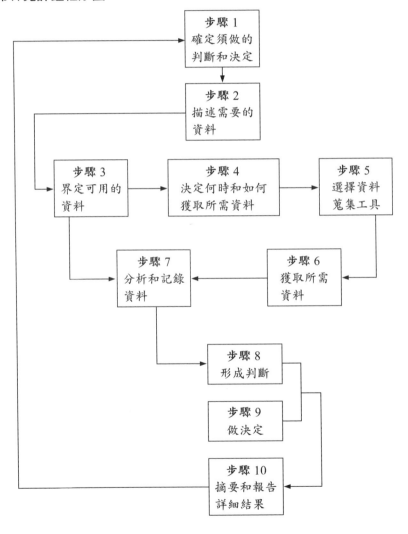

註：引自 *Evaluation: A practical guide for teachers* (p. 20), by T. D. TenBrink, 1974, McGraw-Hill.

一、受評學校應完成準備工作

準備簡報：簡單報告校長之辦學信念與方針及本校狀況。

準備有關書面資料及準備答覆有關問題。

二、介紹人員

介紹雙方出席人員。

三、聽取簡報

評鑑小組蒞校評鑑，首先聽取學校簡報，並交換有關意見。

四、進行評鑑

評鑑小組人員應先參考受評學校自我評鑑及交互評鑑結果，分項實施評鑑。評鑑小組實施各項評鑑時，得以透過觀察（參觀）各項活動或設備；查閱有關資料；訪問有關人員；與教職員或學生晤談；實施問卷；實施測驗；或命學生實際表演、操作等方式，以獲致正確之評鑑資料。受評學校應切實協助評鑑小組進行評鑑工作。

五、召開檢討會

評鑑小組評鑑後經個別整理初步資料即可與受評學校有關人員舉行檢討會，由評鑑小組做一整體之扼要報告，彼此交換意見，由評鑑小組斟酌決定評鑑結果，並提示具體建議，以結束評鑑。

在這五項程序中，以第四步驟最重要，也是影響評鑑效果關鍵所在。

貳、學校評鑑的項目

學校評鑑係對校務經營與運作的了解，幫助學校改進其缺失，以提高學校效能，所設計的評鑑項目必須符合整體性、全面性和可行性。目前各級學校都有辦理校務評鑑，所規劃的評鑑項目不盡相同。茲就大學、高中

職、國中小為例，說明其評鑑項目。

一、大學評鑑項目

　　國內一般大學的評鑑，係由財團法人高等教育評鑑中心基金會辦理，共分系所評鑑和校務評鑑兩大類。系所評鑑第一週期自 2006 年度開始，2011 年度進入第二週期，2017 年教育部宣布停辦系所評鑑，各大學系所可選擇不辦、自辦或委辦評鑑。而校務評鑑則自 2011 年度開始實施。系所評鑑第一週期和第二週期的評鑑項目並不相同，如表 13-1 所示。

表 13-1

系所評鑑第一週期和第二週期的評鑑項目之比較

週期	第一週期	第二週期
項目	• 目標、特色與自我改善 • 課程設計與教師教學 • 學生學習與學生事務 • 研究與專業表現 • 畢業生表現	• 目標、核心能力與課程設計 • 教師教學與學習評量 • 學生輔導與學習資源 • 學術與專業表現 • 畢業生表現與整體自我改善機制

　　至於第一週期的大學校院校務評鑑的項目則包括學校自我定位、校務治理與經營、教學與學習資源、績效與社會責任、持續改善與品質保證機制等五項。而第二週期的評鑑項目為：校務治理與經營、校務資源與支持系統、辦學成效、自我改善與永續發展。

二、高中職評鑑

　　國內國立及教育部管轄之私立高中職評鑑，由教育部分別委託不同單位辦理，高中評鑑部分係委託國立高雄師範大學，高職評鑑則委託國立臺灣師範大學。而直轄市所管轄的高中職評鑑則由該直轄市自行辦理。國立及教育部所管轄私立高中職評鑑項目大同小異，如表 13-2 所示。

表 13-2

高中和高職評鑑項目之比較

類別	高中	高職
項目	• 校長領導 • 行政管理 • 課程教學 • 學務輔導 • 環境設備 • 社群互動 • 績效表現	• 校長領導 • 行政管理 • 課程教學 • 實習教學 • 學務輔導 • 環境設備 • 社群互動 • 專業類科

　　實施多年的高中職評鑑，教育部為落實行政減量，自 109 學年度停辦。

三、國中小評鑑

　　國民中學和國民小學屬於地方政府之權責，其評鑑亦由各地方政府自行辦理，目前已有多縣市宣布停辦評鑑，改以輔導支持系統協助學校辦學；臺北市也宣布改採品質保證機制，鼓勵學校落實自我評鑑。

第四節　學校效能的意義與發展

壹、學校效能的意義

　　效能的定義，一般研究組織學者都同意，它並不是一個「概念」，而是「構念」（construct），「構念」是無法由現實世界的具體事件直接接觸而來的，而必須經過高層次的「抽象化」推演（張竺雲，1986，頁251）。因此，效能的定義很難界定，常常是人言言殊。根據巴納德的看

法，效能和效率（efficient）是有別的，「效能」是指組織目標的達成，而「效率」則指組織成員需求的滿足（Barnard, 1938, p. 19）。而有些學者認為效能是指成果和目標之間的關係；而效率則為輸入和輸出之間的關係。換言之，有效率的組織不一定是有效能的組織；反之，有效能的組織也不見得是有效率的組織，兩者之間沒有必然的關係（*Webster's Third New International Dictionary*, 1986）。所以，學校效能與學校效率兩者是不同的概念，一所學校能夠以最少的人力、物力和時間達成所預訂的目標，可謂有效能又有效率的學校。

　　學校本身是一種複雜的社會系統，其所訂的目標要比一般工商界所訂的目標抽象、籠統，所以學校效能的定義至今尚無一致共同的看法。最初對學校效能的看法，認為是學校具有影響力（school can make a difference），亦即貧窮或文化不利的小孩，透過適當的教育方法，在學校會有良好的表現。因此，應該設計一些學校改革方案（programs of school improvement）來協助這些小孩，所以有效能的學校係指學生智育成績優良的學校，智育成績通常以閱讀（reading）和數學（mathematics）二科的成績為代表（謝小芩，1988）。

　　後來，很多學者研究發現，有效能的學校不單是有較高的智育成績之單一特徵，而是具有普遍而共同的特性，如校長的領導、學校文化和價值等方面（Purkey & Smith, 1983）。

　　因此，學校效能的意義，可視為：「學校效能是指一所學校在各方面均有良好的績效，它包括學生學業成就、校長領導、學校氣氛、學習技巧和策略、學校文化和價值，以及教職員發展等，因而能夠達成學校所預訂的目標。」

貳、學校效能的發展

　　學校效能的研究，最早可追溯到 1960 年代末期至 1970 年代初期，當時所提出的法案和報告書，例如：1965 年的《初等及中等教育法》（1965 Elementary and Secondary Education Act），以及 1966 年柯爾曼（J. S. Coleman）所提出的「教育機會均等」（Equality of Educational

Opportunity）報告書，都可視為研究學校效能的起源。

　　到了 1983 年，美國「卓越教育全國委員會」（National Commission Excellence in Education）發表「危機中的國家」（A Nation at Risk）報告書以後，各州紛紛提出教育改革，以追求「卓越、效率、平等」為目標，學校效能研究更為教育界所關注。

　　因此，學校效能運動的發展，約可分為三個階段：第一階段為因素認定時期，採用分類的方法，設法找出學校效能的因素，然後加以歸納成為一些重要特徵；第二階段為概念架構發展時期，包括效能變項功能的認定，然後把這些功能轉化為方案和政策行動；第三階段為模式建立時期，目的在建立一些學校效能模式，透過這些模式，提供增進學校效能參考（吳清山，1989）。

第五節　學校效能評量指標和模式

壹、學校效能評量指標

　　學校效能亦可視為學校所訂目標與其實際成效的符合程度。但學校是一種非營利性組織，因此所訂的目標遠比一般營利性組織抽象，例如：企業機構可用利潤、生產力、成員離職率、成員工作滿意等方面來評量組織效能；可是用這些指標來評量學校效能，勢必引起相當大的爭議。霍伊和米斯格曾提出評量學校效能的指標有四：適應力（彈性和革新）、成就、工作滿足和主要生活興趣，茲分別說明如下（Hoy & Miskel, 1987）。

一、適應力

　　一般研究組織效能學者，常將適應力及其密切相關的彈性和革新概念，作為評量效能的指標。在學校中，適應力是指專業教育人員感受變遷力量，推展新政策和實務，以適應緊急需求的能力，其最常用的評量工具是採用問卷方式。然而，用問卷評量組織適應力情形，仍缺乏足夠的心理

計量特性，因為大部分研究都著重於評量適應的準備度（readiness），而非真正的適應力反應。

二、成就

一般人常將學校的成就表現，視為學生在標準化測驗中於認知技能上所得分數。但這種觀點，常常忽略了學生動機、創造力、自信和抱負等方面的表現，而這些又是學生在未來學校和成人生活中，想要成功所不可或缺的條件。

將學生的認知成就作為評量學校效能的指標，主要有兩種方法：一是「生產功能研究」（productional function research）；另一種是「組織研究」（organizational research）。

（一）生產功能研究

又稱為「輸入─產出分析」（input-output analysis），在 1960 年代中期大為盛行。此種研究是由微觀經濟學家（micro-economist）所發展出來的，利用許多輸入和獨立的變項來預測系統的產出。在學校環境中，輸入的部分，經常是家庭資源、學校資源、社區特性、學生資源和同儕團體特徵；而產出的部分則為學生在成就測驗上所得的分數，其目的在預測結果，而非解釋結果如何產生。1966 年柯爾曼所提出的「教育機會均等」報告書即是此例。此種研究並未明確指出教學、政策或資源等變項所造成的影響。因此，在解釋學生認知發展的過程，仍有所不足。

（二）組織研究

影響學生的認知成就，究竟是學生的家庭和社會背景，或者是學校的教學環境、教學方法、學校氣氛、學校文化，一直是學者爭論不休的議題。後者即以組織觀點來探討學生成就的差異。布魯克弗（W. B. Brookover）及其同事曾從事學校氣氛與學生成就之研究，結果發現：當學生、教師和校長有高度的期望時，則學生學業成就較高，學校的成就水準也較高（Brookover et al., 1979）。同樣地，史特瓦特（J. W. Stewart）亦進行「學校科層體制、人際關係和學生成就」的研究，他採用李克特氏側面圖（Likert's Profile of a School）來評量教師對學校氣氛的知覺，並

用「愛荷華基本技能測驗」（Iowa Test of Basic Skills）來測量學生的成就分數。結果發現：學校氣氛與學生成就具有正相關。亦即學校較富有參與性氣氛，學生在標準化成就測驗上得分較高（Stewart, 1978）。

國內方德隆（1986）所從事的〈國民中學組織結構與組織效能關係之研究〉，以及吳璧如（1990）所做的〈國民小學組織文化與組織效能關係之研究〉，即屬於組織研究。

三、工作滿足

「工作滿足」最有系統的研究，可追溯到 1930 年代早期的霍桑研究（Hawthorne Studies），霍波克（R. Hoppock）曾將「工作滿足」界定為：「任何心理、生理和環境狀況結合，而使一個人說出『我滿意我的工作』」（Hoppock, 1935）。後來，又有學者將「工作滿足」視為是個人對其工作的一種情感性反應。因此，在教育環境中，可將「工作滿足」視為教育人員評估其工作角色的一種現在和過去取向的情緒狀態。

評量「工作滿足」最常使用的方式是問卷，而最直接的問法是：「你對目前工作的滿意程度如何？」通常從非常滿意到非常不滿意的範圍內做回答；有關工作滿意度的衡量工具，較常見的是由史密斯（P. C. Smith）等人所設計的「工作說明量表」（Job Descriptive Index），因其施測效果良好，故受到廣泛採用（Smith, 1967）。

四、主要生活興趣

「主要生活興趣」可界定為：「個人對某些喜愛活動的偏好態度。」在學校中，成員的主要生活興趣集中在工作環境上，則學校的成就表現將會提高。適合評量教師主要生活興趣的工具，主要有二種：一是杜賓（R. Dubin）與高德曼（D. R. Goldman）所設計的「主要生活興趣問卷」（Central Life Interests Questionnaire）（Dubin & Goldman, 1972），以及米斯格、葛雷斯那普（D. Glasnapp）與赫特黎（R. Hatley）所編的「主要生活興趣量表」（Primary Life Interests）（Miskel et al., 1972）。

後來，有些學者從學校效能的特徵或要素中，找到評量學校效能的指標，強森（N. A. Johnson）曾提出評量學校效能的效標有四大範圍

（Johnson, 1989）：

1. 目標和其他有利的結果：以學術性的目標（用標準化的測驗測量結果）、社會和創造性的發展目標等方面來評估。

2. 教職員的態度和行為。

3. 適當的組織架構。

4. 環境因素：家長和社區的滿意度及參與、政府官員的支持與溝通。

筆者亦以學校效能的特徵，建立國內評量國小學校效能指標共十項（吳清山，1989）：

1. 學校環境規劃。

2. 教師教學品質。

3. 學生紀律表現。

4. 學校行政溝通協調。

5. 學生的學業表現。

6. 教師工作滿足。

7. 學校課程安排。

8. 學校和家長彼此的關係。

9. 師生關係。

10. 校長領導能力。

而史密斯（M. S. Smith）與薄基（S. C. Purkey），以及史契爾恩斯（J. Scheerens）與柏斯科（R. Bosker）致力於學校效能研究，曾提出學校效能的重要因素，如表 13-3 所示。

貳、學校效能評量模式

學校效能不是單一層面，而是多種層面所組成。因此，評量學校效能模式是頗為複雜的。茲歸納各學者所提出的評量模式為三種：目標中心模式、自然系統模式和參與滿意模式，分別說明如下（吳清山，1989）。

一、目標中心模式

目標中心模式的基本假設，認為組織會主動去追求一套目標。因此，

表 13-3

有效能學校模式的兩組要素

史密斯與薄基	史契爾恩斯與柏斯科
• 教學領導	• 教育領導
• 妥善設計和有目的的課程	• 課程品質／學習機會
• 明確目標和高度期望	• 成就導向
• 專注學習時間	• 有效學習時間
• 認可學術成功	• 回饋和增強
• 和諧氣氛	• 班級氣氛
• 社群意識	• 學校氣氛
• 家長支持和參與	• 家長參與
• 學校本位管理	• 獨立性學習
• 教職員專業發展	• 評鑑性的潛能
• 教職員的穩定性	• 共識和凝聚
• 同僚關係和協作計畫	• 結構性教學
• 直接支持	• 適性教學

註：引自 *Educational administration: Theory, research, and practice* (p. 303), by W. K. Hoy & C. G. Miskel, 2008, McGraw-Hill.

組織效能乃被視為組織達成目標的程度，所以該模式較偏重於組織目標達成的評量。

在目標中心模式裡，決定常常是在決策者的手中，他們以追求所訂的目標為本，而釐訂不同的策略來達成目標，例如：《國民教育法》第 1 條規定：「國民教育，以養成德、智、體、群、美五育均衡發展之健全國民為宗旨。」這些為政府所訂的目標，是為官方（official）目標，也可算是一種形式目標，常常是含糊不清、抽象籠統的。因此，有些學者主張以操作（operative）目標取代形式目標來衡量組織的效能，例如：學校以學生的表現、教師的素質和畢業生的表現作為其操作目標，然後再根據所設定的標準，參考學校的資源分配來評估學校的效能。

因此，目標中心模式常以常模或效標參照成就測驗來評量學生在基本技巧上的成就。

目標中心模式雖有其價值，但也遭到許多學者的批評：

1. 太重視官方目標或行政人員的目標，而忽視教師、學生及社會目標。

2. 忽視潛在、隱而不顯的非正式目標和程序。

3. 忽視學校組織追求多重且相衝突的目標。

4. 忽視環境對組織目標的影響，組織目標是動態的，而目標模式則是靜態的。

5. 組織目標是回顧性的，可用來確認學校和教育人員的行為，卻不能用來指導他們的行為。

6. 組織的官方目標不一定是它的操作目標。由於實際操作目標的分析既複雜又困難，研究者或許不能正確認清目標。往往官方目標比操作目標受到更大的重視。

二、自然系統模式

因為目標中心模式將組織視為一種理性的封閉系統，忽視組織的動態性質，於是俞其特曼（E. Yuchtman）與希梭（S. E. Seashore）等人乃提出了自然系統模式（Yuchtman & Seashore, 1967），認為組織為「完整的行動體，是獨立自主的，但和環境之間有不可分割相互依存的關係，這種相互依存的關係，主要是來自於資訊和資源互換而來」。所以資源的取得和資訊的交流是達成組織的充要條件。由此可知，自然系統模式重視組織的動態性和開放性，而且組織的需求也不是少數目標所能界定。因此，溝通協調在自然系統模式中扮演著重要的角色，也成為評量組織效能的重要指標之一。

因此，本模式對組織的健康和生存（organizational health and survival）極為重視。所以，為了使組織能夠生存，就必須注意足夠的資源流動、開放而流暢的溝通、高昂的士氣、參與式的問題解決。於是，士氣共識、革新、適應能力即成為評量學校效能的重要指標之一。教職員的素質、整個教學課程、心理氣氛、組織氣氛、人際關係、溝通過程、決定過程、資源和設備、學區和社區的支持等成為本模式組織的重要結構。

一般而言，自然系統模式較目標中心模式複雜且應用不易，因為該模

式所訂的效能指標，並不一定是達成組織目標的因素；再則，該模式過於重視資源的獲得，也可能忽略了學校所要達成的目標——發揮教育功能，培育健全國民。

三、參與滿意模式

本模式是以組織成員之利益與滿足來衡量組織效能，所以組織的活動必須有益於成員的福利，組織所追求的目標才有意義，因此成員的滿意程度，乃成為評量組織效能的重要層面。在人群關係學派中，特別重視組織的成員是否為「社會人」，而不是「經濟人」。易言之，人在社會中的活動與行為，會影響到組織效能。所以巴納德認為人之所以貢獻其心力於組織，主要原因是組織能給他最大滿足，故組織的生存與發展，必須先確定其成員的滿足。此種概念演變為以參與滿意模式來衡量學校效能。

卡梅隆（K. Cameron）曾應用參與滿意模式來評估高等教育機構的效能。他曾以開放式的題目，訪問大學行政主管心目中影響學校效能的重要因素為何；同時，他也請求受訪者評估由文獻中所整理出來的組織效能標準之相關性。最後，整理出九項指標，如表 13-4 所示（Cameron, 1978）。

表 13-4
高等教育機構的效能指標

1. 學生教育上的滿意程度
2. 學生學術上的發展
3. 學生生涯上的發展
4. 學生個人的發展
5. 教學和行政人員的滿意程度
6. 專業發展和教學人員的素質
7. 系統開放的程度與社區間的互動關係
8. 獲取資源的能力
9. 組織的健康情況

從表 13-4 資料得知,在高等教育機構裡所研究出的九項組織效能指標中,前六項(學生教育上的滿意程度、學生學術上的發展、學生生涯上的發展、學生個人的發展、教學和行政人員的滿意程度、專業發展和教學人員的素質)與組織成員的參與有關,而後三項(系統開放的程度與社區間的互動關係、獲取資源的能力、組織的健康情況)則與組織的環境有關。由此可知,卡梅隆所建立的高等教育機構的效能指標,很明顯地偏重組織成員滿意度的衡量。

茲將上列所述學校效能評量的模式,簡列如表 13-5。

表 13-5

學校效能評量的模式

研究模式 類別	目標中心模式	自然系統模式	參與滿意模式
組織的結果	學生在基本技能上的成就	組織的健康和生存	成員的滿意程度
評量	常模或效標參照成就測驗	士氣、共識、革新與適應能力	學校效能的感受量表
效能層面	學生基本能力	1. 教職員的素質 2. 整個教學課程 3. 心理氣氛 4. 組織氣氛 5. 人際關係 6. 溝通過程 7. 決定過程 8. 資源和設備 9. 學區和社區的支持	1. 學生教育上的滿意程度 2. 學生學術上的發展 3. 學生生涯上的發展 4. 學生個人的發展 5. 教學和行政人員的滿意程度 6. 專業發展和教育人員的素質 7. 系統開放的程度與社區間的互動關係 8. 獲取資源的能力 9. 組織的健康情況

第六節　發展有效能的學校

　　學校評鑑的最終目的在於改進學校教育缺失，以提高學校教育績效，換言之，亦即在建立一所有效能的學校。所以，評鑑只是一種方法、一種歷程，最主要目的還在於增進學校效能，因為學校經過評鑑之後，可了解其缺失及問題所在，針對缺失再提出改進或改革之道，則學校也較能達成其所預訂的目標。

　　學校是學生學習的重要場所，它所提供的各種學習環境，直接、間接地影響到學生學習效果和行為表現（吳清山，1990b）。因此，一所有效能的學校，對學生的學習影響相當大。如何發展一所有效能的學校呢？茲從學校組織結構、校長領導風格、學校文化、學校氣氛、學校建築與環境規劃等方面說明。

壹、學校組織結構方面

　　學校是一種正式的組織，它本身具某種程度科層化（bureaucra-tization）的特質，如人員分工、階層體制、依法行事等，但又不完全是科層體制，尤其學校教師是依其專業知識進行教學，而非依層級規則進行，所以很難予以控制。那麼，如何透過組織結構的運作來增進學校效能呢？

一、加強單位間的溝通與協調

　　學校各處室係依法而設置，充分表現組織分工與專門化，由於科層體制並無法完全符合學校特性和需要，故為避免組織過於分化，影響到學校行政效能，就必須加強單位間的溝通與協調，以建立共識，為達成學校教育目標而努力。

二、擴大教職員參與決策機會

　　學校本身具有科層化特性，故教職員無法充分參與決策機會。事實上，在科層體制下，學校教職員仍有參與決策的機會，例如：可透過學校各種會議（如校務會議、學年會議），以及私下諮詢等方式。徵求意見不僅可使學校行政運作符合民主原則，亦能增進教職員對學校的向心力。

三、尊重教師教學專業選擇權

　　學校組織行政運作，並不是以督導教師教學為目的，而是在教師教學過程中，如果遭遇各種困難，給予必要的協助，完全是扮演服務的角色。

　　因此，對於教師對教材、教法、訓導等所做的各種選擇，學校行政單位不應給予過多的干涉，而要給予更多的選擇空間，才能提高教師教學效能。

貳、校長領導風格方面

　　「有怎樣的校長，就有怎樣的學校」，此乃說明學校校長影響學校發展極為深遠。所以在探討學校效能時，領導常視為重要的變項之一。校長如何運用適當的領導風格，來增進學校效能呢？

一、實施人性化的領導

　　校長為學校靈魂人物，一舉一動、一言一行，師生都會受到影響。所謂「人性化的領導」，乃是指身為領導者應多關心部屬、多親近部屬，尊重部屬的人格和尊嚴，讓部屬感受到愛與關懷。這樣部屬才能為組織貢獻心力，發揮個人潛能，提高組織績效。因此，樹立「人性化」的領導風格，實為每位校長所應努力的方向。

二、運用權變式的領導

　　領導者一方面要尊重部屬，一方面也要配合情境，採取不同的領導方式，亦即「權變式」的領導，它可發揮因人、因地和因時制宜的領導效

果。很多研究發現「權變式」領導，可激勵部屬的工作士氣，提高學校行政效能。所以，校長採用「權變式」的領導，對校務發展具有絕對性的影響力。

參、學校文化方面

一般而言，學校文化是學校成員的共有物，它包括了信念、符號、語言、價值、儀式、期望、行為規範等，這些會影響到學校成員的表現，例如：在甲校，校長和老師是風趣且充滿著信心，彼此從工作中找到樂趣，這種樂趣會傳遞給學生，學生將會有良好的表現；反之，在乙校，校長能力不足，老師憂愁滿面，學生信心不足，則學生各項表現必不盡理想。

所以不同的學校文化會影響到學生的表現，因此為提高學校效能，塑造學校獨特有利文化，實屬刻不容緩之事。

一、培養學校一致性的文化價值

日裔美籍管理學家大內（W. Ouchi）著有《Z 理論》一書，曾分析日本和美國有效能的公司之所以成功，即組織內部具有一致性的文化價值，共同分享親密、信任、合作、平等主義等文化氣氛。所以，在學校中，透過各種活動來培養師生共同的文化價值，實有助學校效能提高。

二、建立一套明確具體的學校規範

學校為了激勵成員努力，常訂定各種規範，如各種獎懲規定、獎勵辦法等，這些規範不能過於抽象和籠統，否則會使成員無所適從，影響規範的公信力，阻礙校務發展。因此，建立一套明確的學校規範，強調成員學術努力和成就的價值，會提高學校效能。

三、提供一套有系統的象徵性活動

學校中有各種儀式及慶典活動，它形成了學校獨特文化，這些象徵性活動，對於學生的學習具有一定的價值。目前很多課程專家強調「潛在課程」（hidden curriculum）的重要性，學校各種象徵性活動亦為「潛在課

程」的要素之一。所以，為提高教師教學效能和學生學習效能，應提供一套有系統的象徵性活動，使其具有教育意義和價值。

四、培養教職員生高度的期望

期望是學校文化要素之一。社會心理學家所提的「標記理論」（labeling theory）與「自我應驗的預言」（self-fulfilling prophecy），即在說明個體的行為會受他人期望的影響。張世平（1983）研究發現，教師期望、自我期望會影響到學生的學業成就，此乃顯示，教職員生的期望對學校效能是有正面的影響。因此，培養教職員生高度期望，以激勵其努力、進步和追求成就，實為重要之事。

肆、學校氣氛方面

學校氣氛與學校文化的概念並不盡相同，前者重在個體對學校工作環境的知覺，會受到正式組織、非正式組織、學校成員人格及校長領導方式影響；後者偏重學校組織中所建立的各種行為規範、價值信念、象徵性活動。由於學校氣氛特別重視人與人之間的關係，所以對於學校效能影響亦大，如何建立良好學校氣氛，提高學校效能呢？

一、營造開放型學校氣氛

根據游進年（1990）研究發現，學校氣氛與學校效能具有正相關，學校氣氛裡的「投入」、「支持」及「親密」三個層面與氣氛開放程度，對於學校效能的預測力有 65%。由此可知，開放型學校氣氛有助於學校效能的提高。因此，學校應多安排教師親密和小聚機會，校長時時「以身作則」，並多「關懷」教師的起居生活，尊重教師心理需求，減少教師疏離感，提升教師教學效果。

二、建立良好師生互動關係

在班級教學情境中，建立良好的師生互動關係，有助於學生學習效果的提升。郭生玉（1980）研究發現，教師溫暖的行為是影響學生學業成

績的最重要行為。因此,學校應鼓勵教師參與學生所舉辦的各項活動,而且也要透過各種機會教育學生尊敬老師、感念師恩,則校園才會洋溢著一片溫馨和諧的氣氛,師生相處,其樂融融。

伍、學校建築與環境規劃方面

「學校建築」一詞,有廣狹二種涵義。就狹義而言,是指學校內的校舍;就廣義來說,乃是指擁有全部校舍、運動場、校園及其附屬設備而言(蔡保田,1977)。學校建築不僅象徵整個社會文化的色彩和表現出時代精神,更重要的是具有教育的意義和功能,所以學校建築的規劃、設計、造型與布置,都會影響到教育功能的發揮。筆者研究發現學校環境規劃是學校效能的要素之一(吳清山,1989);湯志民(1991)的研究亦發現,不同的學校建築規劃對學生的學習興趣、參與行為和學習壓力均有影響。

學校建築與環境如何有效規劃,以提升學校效能呢?

一、學校建築規劃兼顧安全與整體

學校建築規劃,應該以「安全第一,整體為先」為原則,因為學生在安全的環境下,才有學習效果可言。所以,學校各項建築,應考慮堅固耐用,具有防火、防震、防颱的功能,同時應避免死角存在;易引起學生危險之處,如遊戲器材,也應指派專人負責;此外,對於學校校區空間的規劃,也要從整體著手,例如:教學區、活動區及庭園區,宜從事適當的規劃,讓校外人士及師生都感受到整體美感。湯志民曾建議校舍、運動場和校園用地的適當比例分配以2:3:5較為理想(引自吳清山,1989),頗有參考價值。

二、學校建築配置兼顧教師教學與學生學習

學校建築各項空間配置,不能以行政方便為考量,而是要考慮到教師教學需求與學生學習需要,例如:教學空間的配置,宜針對教學科目、實驗設備、教學方法之特性予以規劃,同時也要注意採光、通風、噪音等各

種因素；此外，為了因應學生個人不同需求，亦可考慮各種不同的設計，如殘障坡道、殘障用升降梯，對於學生學習必有所幫助。只有利於教師教學與學生學習的建築配置，才能凸顯學校建築的價值。

三、學校環境力求綠化與美化

學校建築可視為硬體的工程，有些學校由於歷史悠久，要改變學校硬體設備是不太容易。因此，最簡單可行且易收效之道，乃是致力於軟體建設，亦即推動學校綠化與美化工作。環境的綠化，可多種植盆景、盆栽、空地植草皮、屋頂綠化、設計花壇、設置教材園等；環境的美化，首先必須保持學校環境的整齊清潔，其次可透過分組或班級的「美化布置」比賽活動，增加學生參與感。

總之，學校效能的高低，是達成教育目標的關鍵所在。建立一所有效能的學校，不僅是學生之福，亦是社會之福。

附　註

註1：CIPP 模式包括背景評鑑（在確認研究對象的長處及缺點，並提供改進方向）、輸入評鑑（為一項變革方案指示行動方針，其方式是尋求各種途徑，並嚴加考察）、過程評鑑（在一個實施中的計畫裡不斷地查核，以供回饋之用）、成果評鑑（在測量、解釋及判斷一個方案的成就）。

教育相對論

中小學生該不該打掃廁所

部分中小學校廁所清潔工作，向來均由學生負責打掃，可是很多學生家長很擔心他們孩子的安全與衛生問題，尤其掃廁所常會使用鹽酸以去除廁所污垢，更是危險；此外，學生們把廁所弄得很噁心，打掃同學不知該如何處理；還有一些同學們也常在廁所打水仗，造成反效果，所以廁所清潔工作不宜由學生打掃，宜委託專業人員處理。

可是部分家長認為打掃廁所是一個很好的生活教育機會，不宜輕言廢除；廁所骯髒不堪，是學生自己造成的；廁所打水仗，應該給予導正；鹽酸使用不當，應該告知正確的使用方法。身為家長應該善盡家庭教育之責，不能把所有責任推給學校。

註：引自灑掃應對進退，從小紮根，向陽，1999 年 10 月 29 日，中國時報，15版。校園廁所清潔，宜委託專業人員處理，閻秀文，1999 年 10 月 28 日，中國時報，15 版。

迷你國小有春天

　　位於苗栗縣大湖鄉鯉魚潭水庫邊的新開國小，在 2016 年因學生數未達 30 人標準，被教育處列入廢校預警名單，而教育處在新開村與家長舉辦座談會，遭致家長連番炮轟，不滿縣府未尊重地方心聲，甚至多次動用警察、戶政等人員對家長威嚇，讓新開瞬間廢校，引發村民數次前往縣府抗議，所幸教育處多方評估後，決定保留新開國小，讓學校未遭致裁併命運。

　　隨後，新開國小積極轉型為一所具有在地特色的有效能學校，特別是在該校鄭校長和教師的努力下，推出食農、雙語、國際和藝術教育特色課程。更值得肯定的是，該校在 2017 年積極推動美育教學，鼓勵孩子接觸音樂，並發展小提琴課程，如今全校 20 多名小朋友都是小小「提琴手」，在偏鄉小校的孩子，的確不容易，總算擺脫先前廢校風波所帶來的陰影。

註：該校面臨廢校風波之後，筆者剛好以「111 教育發展協進會」理事長身分在 2017 年 1 月 6 日到苗栗進行「單槍傳愛偏鄉」活動，當時的新任教育處王承先處長（曾擔任教育部國民及學前教育署副署長）也參加此一活動。先前，我特別建議他：「您剛接任處長，新開國小在半年前因為廢校事件，師生頗受影響，處長能親自到學校為校長、師生、家長和村民打打氣，他們感受會不一樣。」王處長因此也欣然前往，我們到了學校，經過王處長對學校嘉勉和鼓勵，果然振奮人心，如今看到學校的春天，特為此一記。

> **問題討論**
>
> 1. 學校在少子化衝擊下，如何發展為一所具有特色的有效能學校？
> 2. 身為學校教育人員，如何讓學生能夠「適性發展和適性揚才」？

本章摘要

1. 評鑑就其字義而言，係指價值的判斷，後來經過學者不斷研究，發展出下列二種不同看法：(1) 評鑑是實際表現與理想目標相比較的歷程；(2) 評鑑是有系統地蒐集和分析資料，透過價值判斷而進行決策的歷程。

2. 學校評鑑可視為透過有系統的方法來蒐集、分析和解釋學校各種資料，並進行價值判斷，以作為將來改進學校教育缺失、謀求教育健全發展的歷程。

3. 學校評鑑的目的有四：診斷學校教育缺失、改進學校教育缺失、維持學校教育水準、提高學校教育績效。

4. 學校評鑑的原則分別有：客觀性、合作性、完整性、描述性、繼續性。

5. 學校評鑑的方法有：自我評鑑、交互觀摩評鑑、評鑑小組評鑑。

6. 學校效能最初係指學生智育優良的學校，通常以閱讀和數學二科成績為代表，後來發現它是具有許多普遍而共同的特性，因此可視為「是指一所學校在各方面均有良好的績效，它包括學生學業成就、校長領導、學校氣氛、學習技巧和策略、學校文化和價值，以及教職員發展等，因而能夠達成學校所預訂的目標」。

7. 學校效能發展三個階段：因素認定時期、概念架構發展時期、模式建立時期。

8. 學校效能指標的建立頗為不易，依霍伊和米斯格的看法有四：適應力（彈性和革新）、成就、工作滿足和主要生活興趣。

9. 學校效能評量模式有三：目標中心模式、自然系統模式、參與滿意模式。

10. 發展有效能的學校應從下列途徑著手：
    (1) 學校組織結構方面：
        ①加強單位間的溝通與協調。
        ②擴大教職員參與決策機會。
        ③尊重教師教學專業選擇權。
    (2) 校長領導風格方面：
        ①實施人性化的領導。
        ②運用權變式的領導。
    (3) 學校文化方面：
        ①培養學校一致性的文化價值。
        ②建立一套明確具體的學校規範。
        ③提供一套有系統的象徵性活動。
        ④培養教職員生高度的期望。
    (4) 學校氣氛方面：
        ①營造開放型學校氣氛。
        ②建立良好師生互動關係。
    (5) 學校建築與環境規劃方面：
        ①學校建築規劃兼顧安全與整體。
        ②學校建築配置兼顧教師教學與學生學習。
        ③學校環境力求綠化與美化。

評量題目

1. 試說明學校評鑑的目的，並指出當今學校評鑑的缺失及改進之道。
2. 試列三種學校效能評量模式的優缺點。
3. 假如您是某校校長，請問您如何建立一所有效能的學校？

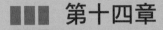第十四章
學校行政的發展趨勢與革新

　　面對社會更開放、文化更多元、科技更發達的未來遠景，教育發展的任務將更為艱鉅，學校行政人員的責任亦將益形繁重。

　　學校行政的發展，也會隨社會的變遷而逐漸調整其功能與策略，是故世界各國不斷進行學校行政的改革，以強化學校行政的功能與運作。

　　因此，本章除介紹學校行政的發展趨勢外，並說明我國學校行政革新的途徑。

第一節 學校行政的發展趨勢

學校行政對教育政策的推動與教育目標的達成,扮演著極為重要的角色,故世界各國進行教育改革時,學校行政的革新常常成為重點項目之一。

綜觀各國學校行政改革及學校行政理論的發展,乃將學校行政的發展趨勢歸納為:學校本位管理(school-based management 或 site-based management, SBM)、資訊化管理、省思性管理、教育績效責任(accountability)。說明如下。

壹、學校本位管理

學校本位管理可說是近年歐美學校行政改革的一股風潮,在英國、澳洲等國,又稱為自我管理學校(self-managing school)。

不管是學校本位管理或者是學校自我管理,它都是一種權力下放的學校管理,所以學校本位管理,增加學校自我管理能力,是學校行政人員、教師、家長、社區人士和學生共同做決定的權力,不僅提高學校校務參與層面,亦可增進學校行政效能(吳清山,1995)。

基本上,歐美各國在實施學校本位管理時,都設有學校本位管理委員會(SBM Council),由學校行政人員、教師、家長、社區人士,甚至於學生(高中生)共同組成,分別就學校經費、人事、政策、教學、學生服務和管理方面做出有關重要決定。

由於學校本位管理,導致學校管理結構和歷程的改變,以前是由州政府和地方學區做決定,現在改由學校人員自己做決定,使得學校行政人員、師生及家長的角色都要做一番調整,這種角色的適應及責任的承擔,無形之中增加學校行政管理推動的困難。

因此,學校本位管理之立意甚佳,惟是否能解決學校所有問題,發揮學校行政應有的功能,目前仍受質疑,所以要探討其實施成效,仍言之過早。

貳、資訊化管理

　　21 世紀是一個資訊化的社會，資訊將會與人類生活緊密地結合在一起，電腦科技的普及，將直接衝擊到學校行政的實施。為了迎接資訊化的來臨，學校行政管理資訊化已是大勢所趨。

　　隨著資訊科技的日新月異，各層教育機構運用資訊科技將日益廣泛，互動範圍也將更形擴大，使學校結構發生了很大的變化，應用資訊技術以提升國家整體競爭能力，已是世界各先進國家共同的目標（教育部，1995）。澳洲的教育改革，即以「學以致用的關鍵能力」為教育改革的重點，他們稱之「為工作、為教育、為生活的關鍵能力」（key competencies for work, education and life），其中第一項能力為蒐集、分析、組織資訊的能力（collecting, analysing and organizing information）；第二項為表達想法與分享資訊的能力（communicating ideas and information）（許芳菊，1996；請參見註 1），為了讓學生具有資訊的能力，學校資訊設備的充實與管理可謂是迫不及待之事。

　　因此，未來學校行政管理走向資訊化，將是不可避免的事實，此不僅有助於學生資訊的學習，更可透過校務行政自動化的運作，讓學校行政與教學等相關服務相互結合，則學校工作的品質與效率將大為提高。

參、省思性管理

　　學校行政是一種專業性的工作，所以必須具備一定的專業能力與知識，但是以所具備的能力和知識，是否足以有效地處理具有不確定性（uncertainty）、複雜性（complexity）和差異性（variety）等特質的學校行政工作，則不無商榷之處。因此，學者們乃提出省思性觀點（reflective-practice perspective）來探討學校行政管理（Sergiovanni et al., 1992）。

　　所謂「省思性管理」係指一位學校行政人員，經過知、行、思的不斷循環過程，利用所累積出的各種新知識、新能力與新方法來處理各種行政工作。換言之，身為一位學校行政人員不能憑其過去所學的知識來處理事

情，他（她）必須在工作情境中，不斷地思考與反省，利用省思後所得到的新知識，作為行政處理的依據。

因此，在省思性管理過程中，一位學校行政人員先具備有理論的知識，然後應用到實際的工作情境，接著開始省思知識的實用性，使自己的知識逐漸擴大與廣博，新知識源源不斷，增加行政人員有效判斷和做決定的能力。

基本上，省思性的觀點仍是相當新的觀點，所以如何有效地應用到學校行政上，仍需不斷地研究，俾建立一套較為實用的理論架構。對於省思性行政管理所持不停的反省、不停的修正，以創造新知識，擴大專業智慧，是值得加以肯定的；亦是未來學校行政有待探究的一塊園地。

肆、教育績效責任

教育鬆綁，讓學校有更多自治（autonomy）的權力，以利學校發展不同特色。然而。在教育權力下放之際，必須思考的議題，就是伴隨而來的責任，亦即學校是否負起教好學生的責任，此即為教育績效責任的意義。換言之，教育行政機關有權課予學校履行責任，表現優異者，給予獎勵；績效欠佳者，施予適當懲處並要求改進，當今所盛行的教育問責、當責、課責的概念，就是此種意思。

為了解學校表現是否達到預定目標，具有一定的績效，以及確保學校教育品質，並能持續改善，在國外可能透過評鑑或品質保證機制等方式，評估學校辦學的實際狀況，可惜目前國內中小學評鑑紛紛暫停或轉型，未來推動品質保證機制，將是值得努力的方向。

基本上，教育品質保證機制仍是以學校績效責任為重要內涵，期望建立品質保證，以實現教育目標。因此，教育品質保證機制所採用的項目或方式，係依據受評單位本身實況，提出證據說明學校品質達成的狀況，透過專業人員提供品質的意見，並確認是否達成績效責任的目標（吳清山，2020a）。

學校行政發展，權力下放是大勢所趨，但學校運作關係到學生的未來發展，不能只享權力而不必負責任，此將有違權責相稱原則。基於學校培

育人才的責任，教育績效責任仍將是未來學校行政所關注的課題。

第二節　我國學校行政革新的途徑

　　學校行政發展在社會變遷及教育政策調整下，必然會受到影響。2010年 8 月 28 日至 29 日第八次全國教育會議召開，隨後教育部於 2011 年 3月發布《中華民國教育報告書：黃金十年　百年樹人》一書，揭櫫新世紀的教育將以追求「精緻、創新、公義、永續」為目標，引領我國教育發展從量的擴張，進步到質的提升（教育部，2011a）；至 2011 年 9 月 20 日行政院核定「十二年國民基本教育實施計畫」，103 學年度正式啟動實施十二年國民基本教育政策；到了 2013 年 7 月 10 日總統公布《高級中等教育法》，確立實施十二年國民基本教育的法源依據，我國教育發展也邁向一個新的里程碑。

　　學校行政面對少子女化、民主化、自由化、多元化、資訊化、法治化、國際化和本土化的挑戰，必須有所因應，才能發揮學校行政功能與效能。未來我國學校行政革新的途徑，主要有下列七項：(1) 重視學生人格權，確保學生受教權益；(2) 確立教育人員權責相稱，提升學校行政效能；(3) 推動學校創新經營，發展學校特色；(4) 強化學校行政人員進修，提高專業知能；(5) 厚實回應社會能力，深化學校行政之政策執行力；(6) 因應少子女化趨勢，追求精緻學校行政；(7) 深化學校行政作為，開拓學生國際視野與在地關懷。茲說明如下。

壹、重視學生人格權，確保學生受教權益

　　學生為教育的主體，任何學校行政作為，當以追求學生最高福祉為優先考量。《教育基本法》第 8 條第 2 項明定：「學生之學習權、受教育權、身體自主權及人格發展權，國家應予保障，並使學生不受任何體罰及霸凌行為，造成身心之侵害。」學校教育人員有責任維護學生之學習權、受教育權、身體自主權及人格發展權，確保學生在校學習不受任何身心之

侵害。

　　教師體罰學生及校園霸凌事件時有所聞，深深影響到學生學習及安全，教育部除了三令五申禁止教師體罰學生外，亦發布《校園霸凌防制準則》，皆在於重視學生人格權，避免受到不當傷害。學校行政人員是推動校務行政的火車頭，維護學生受教最高利益，嚴禁教師體罰學生及有效遏止校園霸凌行為，此乃職責所在。

　　學校管教不當，嚴重傷害學生人格權，必須採取有效防範及事後補救措施，才是重視學生人格權的具體作為。《國民教育法》第45條：「……學生對學校有關其個人之懲處、其他措施或決議，認為違法或不當致損害其權益者，得由其法定代理人或實際照顧者代為向學校提出申訴；不服學校申訴決定，得向學校所在地之直轄市、縣（市）主管機關提出再申訴；……」《高級中等教育法》第54條：「……學生或學生自治組織對學校之懲處、其他措施或決議，認為違法或不當致損害其權益者，得向學校提出申訴；不服學校申訴決定，得向各該主管機關提出再申訴；……」透過學生申訴，亦可遏止學校人員傷害學生人格權。

貳、確立教育人員權責相稱，提升學校行政效能

　　隨著校園民主化和自由化風潮，加上《教師法》公布通過後，賦予學校教師組織教師會之權利，整個學校權力結構大大改變，而《工會法》亦賦予教師籌組工會之權利，教師工會運作也會衝擊到學校發展；此外，教育部亦發布《國民教育階段家長參與學校教育事務辦法》，依該法第3條規定：「家長、家長會及家長團體，得依法參與教育事務，並與主管教育行政機關、學校及教師共同合作，促進學生適性發展。……」家長依法參與學校教育事務，具有其法源依據。

　　由於法令的規範，學校組織運作儼然成為學校行政人員、教師會和家長會的三角鼎立。倘若三者能夠同心協力，共同合作，則校務將會穩定發展、欣欣向榮；反之，三者關係相互拉扯，則校務將會處於停滯狀態，對學生學習或校務發展都處於不利局面。

　　一般社會看法，學校校長必須負有學校成敗之責，可是相關的法令並未授予校長應有的職權，這種權責不相稱的限制，導致校長經營校務有時會遇到困難，無法展現校長的魄力。因此，部分人士推動《中小學校長法》，以明確規範校長的資格、權力、義務、證照、進修等，讓校長有其明確法職權，施展其領導抱負，這是值得思考的學校行政議題。

參、推動學校創新經營，發展學校特色

　　學校處於少子女化及教育資源愈來愈有限的今天，不能「以不變應萬變」的心態經營學校，否則將被時代所淘汰，這絕非危言聳聽之詞。因此，不管是學校校長、行政人員或教師，應共同思考學校未來有效經營策略，以吸引家長願意將孩子送到學校就讀及爭取更多教育資源，才是學校長久發展之計。

　　推動學校創新經營，發展學校特色，乃成為學校行政之重要課題。所謂「學校創新經營」係指在學校環境場域中，採用創意點子，將其轉化到學校的服務、產品或工作方法的過程，以發展學校特色，提升學校效能和達成學校教育目標（吳清山，2008）。

　　為推動學校創新經營，學校可成立「學校創新經營推動小組」，成員包括校長、處室主任、教師代表、家長代表，由校長擔任召集人，規劃學校創新經營事宜。此外，亦可積極從事下列工作，將有助於學校創新經營之推動，包括：(1) 選擇部分學校活動或業務從事創新經營，再擴大全面性學校創新經營；(2) 建立學校創新經營人才庫，有效利用學校人力資源從事創新活動；(3) 建置學校行銷機制，宣導學校各項創新活動與作為；(4) 蒐集學校服務對象的需求及意見反應等相關意見，提供學校創新參考；(5) 鼓勵學校成員相互合作與分享，形塑知識共享與創新文化；(6) 觀摩標竿學校校務經營，激發革新動力，作為學校創新經營參考；(7) 善用校內外資源，有效支援學校從事創新活動；(8) 調整學校行政作業流程，減少阻礙學校創新經營因素；(9) 設立創意小站或學校創意平臺，鼓勵學校成員提供創新點子；(10) 發揮各領域（學科）教學研究會功能，激勵教

師研究與創新；(11) 辦理創新經營講座及相關研討活動，提升成員創新經營知能；(12) 出版或發行教職員生優良作品，累積學校知識資產；(13) 獎勵從事學校創新經營有功人員，激勵人員創新意願；(14) 成立活動檢討與回饋機制，促進學校持續改進與創新（吳清山，2008）。

　　學校行政能夠持續不斷創新，有助於發展學校特色和形塑學校品牌，進而提高學校競爭力。

肆、強化學校行政人員進修，提高專業知能

　　校務要能有效運作，必須建立「人」、「制度」和「環境」三者良性的互動。制度的建立和環境的形塑，必須靠「人」來執行。因此，學校人員在校務發展扮演著相當重要的角色，而行政人員更是促進校務發展的動力，這些人員具有專業和熱忱，可引領學校發展更有活力與績效。

　　為了增進學校行政人員的專業和熱忱，除了提供人員的獎勵等各種激勵方式外，更重要的是要建立行政人員「不斷學習和持續精進」的終身學習態度和行動，隨時自我充電，吸收新知，以強化自己的專業知能，慢慢也會形塑一種學習型行政文化，不僅能夠提升行政人員專業知能，而且亦有助提高學校行政形象和聲望。學校教師和家長看到行政人員這麼專業和用心，也會受到感動，更加支持校務發展。

伍、厚實回應社會能力，深化學校行政之政策執行力

　　學校是社會的一部分，社會變遷與發展都會衝擊到學校發展。身為學校行政人員，必須體察到社會的快速變遷，培養各種因應社會變遷的能力，否則學校將被社會拋之在後，就很難培養學生踏入社會，能夠為社會所用。

　　政府為了回應社會變遷及教育潮流，也提出多項教育政策，例如：推動十二年國民基本教育、實施幼托整合、提升技職學生就業力、強化教師

增能等各項政策,這些都需要學校行政人員配合執行。因此,學校行政人員對政策內涵及其實施方式的了解,就顯得相當重要,如此才能配合政策有效執行。倘若學校行政人員不了解政策,執行政策等於空談,甚至誤導產生反效果。

因此,未來學校行政人員發展,培養人員厚實回應社會能力,深化政策執行力,的確是一項重要課題。

陸、因應少子女化趨勢,追求精緻學校行政

臺灣少子女化的趨勢日益嚴重,從表 14-1 資料得知,在 2006 年時,出生人口數為 204,459 人;可是到了 2022 年,出生人口數已經降至 137,413 人,出生人口數一直有下降趨勢,這種現象都會影響到經濟發展、教育發展和未來人才培育。學校面對少子女化的衝擊,生源日漸減少,超大型學校也將成為歷史,學校慢慢朝向一個合理規模的型態,相對地,學校行政負荷量也會有所紓解。因此,提供學校行政品質及效率,讓每個孩子都能得到最大的照顧與關注,乃是未來學校行政必須努力的方向。追求精緻化的學校行政,將是大勢所趨。因此,行政人員心態和作為,應該有所調整和突破,致力推動優質和精緻的行政作為,以提供師生和家長更好的服務。

柒、深化學校行政作為,開拓學生國際視野與在地關懷

21 世紀是一個全球化的時代,各國人員互動與交流將更為頻繁,逐漸形成地球村的緊密關係,培養學生「國際視野和在地關懷」能力,成為教育重要的任務之一。教育部於 2011 年發布《中小學國際教育白皮書》,提到中小學國際教育的目標在讓中小學生透過教育國際化的過程,了解國際社會,發展國際態度,培育具備國家認同、國際素養、全球競合力、全球責任感的國際化人才(教育部,2011b)。

表 14-1

2006 至 2022 年出生人口統計

年代		總出生人口數	男	女
民國 95 年	2006 年	204,459	106,936	97,523
民國 96 年	2007 年	204,414	106,898	97,516
民國 97 年	2008 年	198,733	103,937	94,796
民國 98 年	2009 年	191,310	99,492	91,818
民國 99 年	2010 年	166,886	87,213	79,673
民國 100 年	2011 年	196,627	101,943	94,684
民國 101 年	2012 年	229,481	118,848	110,633
民國 102 年	2013 年	199,113	103,120	95,993
民國 103 年	2014 年	210,383	108,817	101,566
民國 104 年	2015 年	213,598	111,041	102,557
民國 105 年	2016 年	208,440	108,133	100,307
民國 106 年	2017 年	193,844	100,477	93,367
民國 107 年	2018 年	181,601	93,876	87,725
民國 108 年	2019 年	177,767	92,237	85,530
民國 109 年	2020 年	165,249	85,704	79,545
民國 110 年	2021 年	157,019	81,220	75,799
民國 111 年	2022 年	137,413	71,208	66,205

註：引自現住人口出生、死亡、結婚、離婚登記，內政部統計月報，無日期，https://reurl.cc/a5Dvb4

　　在該白皮書中，特別提到以學校為本位推動國際教育，強調從融入課程、國際交流、教師專業成長、學校國際化四個面向同時進行，以扎根課程、落實教學並深植校園，這些作為都需要學校行政的配合。因此，學校推動國際教育，必須做好規劃、執行與評估工作，才能幫助學生建立更寬廣的國際視野，以成為一位「地球公民」而自豪。後來，教育部（2020）發布《中小學國際教育白皮書2.0》，提出「接軌國際，鏈結全球」的願景，希望在國際教育1.0的基礎上，提升中小學教育與國際化及全球化銜接的優質教育。

　　雖然 21 世紀是一個國際化和全球化的時代，但相對地，隨著本土意識的興起，對於培養學生「在地認同」和「在地關懷」的行為與態度，亦是學校行政不能忽視的重要課題。因此，提供具有本土教育文化題材、鼓勵學生理解所處文化與風土人情、認同與珍愛所生長的這塊土地、願意為所處社區進行服務活動、珍惜與活用臺灣多元文化資源，都是培育學生「在地關懷」的有意義行政作為。

　　學校教育能夠培養學生具有「國際視野與在地關懷」能力，將有助於人類建立永續發展的社會。

　　學校行政人員面對的挑戰，將比以往更為嚴峻，必須秉持「宏觀、專業、熱情、創新、品質」的思維與態度，處理各項行政事務，以提供學生優質學習環境，並有效開啟學生學習潛能，為培育學生成為一位有自信、有教養和有能力的 21 世紀現代國民而努力。

附註

註 1：另外五項關鍵能力分別為：規劃與組織活動的能力、團隊合作的能力、應用數學概念與技巧的能力、解決問題的能力，以及應用科技的能力。

教育相對論　**十二年國民基本教育該不該排富？**

　　103 學年度起實施十二年國民基本教育，是教育發展重大政策之一。前九年國民教育定位在普及、免學費、強迫入學、免入學考試；而後三年高級中等教育定位在普及、有條件免學費、免入學考試為主、非強迫入學。

　　有人主張國民基本教育，屬於國民教育和基本教育的性質，具有免試和免費特性，而且與先進國家推動延長義務教育的旨趣相符。因此，不應該有任何排富措施，所有孩子來自任何家庭，都應該給予免納學費。

　　但有人主張，政府財源有限，教育經費應用在刀口上，包括：改善中小學教育人力、推動教師增能、精進技職教育、縮短城鄉教育落差、強化補救教學等措施，而且有錢人具有一定財力，根本不需要政府補助學費，倘若將政府的經費用於補助富有人家就讀私立貴族學校，也不符合教育公平正義原則。因此，十二年國民基本教育應該有排富措施。

學校行政大未來

　　「學校行政」這門課逐漸接近尾聲，任課老師為了解學生的學習情形，特別請學生用幾句話寫出他們的上課心得：

　　「學校行政這門課，開啟了我對學校行政的組織與運作的了解，同時也增加將來從事學校行政工作的興趣。」

　　「自從上了學校行政的課之後，讓我感覺到學校行政的重要性，將來我擔任教師工作，一定要支持學校行政工作。」

　　「從事學校行政工作很辛苦，必須懂得許多的行政知識，還要有一些行政能力，而且也沒有寒暑假，未來是否從事行政工作，我還要再考慮看看。」

　　「我覺得學校行政人員真是偉大，必須具備十八般武藝，才能讓行政運作順暢有績效，所以行政人員的素養很重要。」

　　「做好學校行政工作，我感覺不只是校長一個人的責任，學校主任、組長、教師、幹事和工友都要負責任，學校發展才會更好。」

　　「校長是學校行政的核心人物，主任是校長的左右手。一所學校要辦好，校長能激勵和肯定師生，營造溫馨的文化，發揮團隊精神，學校才有大未來。」

　　……

問題討論

1. 上完了「學校行政」這門課，說說您的心得或感受。
2. 目前學校教師有志於從事行政工作的意願較低，您覺得需要哪些激勵措施？
3. 您覺得一位優秀的學校行政人員，需要具備哪些素養呢？

本章摘要

1. 學校行政之發展，必須隨社會變遷逐漸調整其功能與策略，才能因應社會發展與民眾之需求。
2. 各國學校行政發展的趨勢，包括：學校本位管理、資訊化管理、省思性管理、教育績效責任。
3. 我國學校行政革新的途徑，包括：(1) 重視學生人格權，確保學生受教權益；(2) 確立教育人員權責相稱，提升學校行政效能；(3) 推動學校創新經營，發展學校特色；(4) 強化學校行政人員進修，提高專業知能；(5) 厚實回應社會能力，深化學校行政之政策執行力；(6) 因應少子女化趨勢，追求精緻學校行政；(7) 深化學校行政作為，開拓學生國際視野與在地關懷。

評量題目

1. 請從學校行政發展趨勢的觀點，提出提升我國學校行政品質的有效策略。
2. 學校創新經營，實為大勢所趨，請提出學校創新經營的重要策略。
3. 國際化和全球化將會衝擊到學校教育發展，而本土意識逐漸高漲，請就學校行政觀點，提出培養學生具備「國際視野與在地關懷」能力的重要作為。
4. 面對 21 世紀的挑戰，身為學校行政人員應該具備哪些新思維，以因應未來學校教育之需求。

參考文獻

中文部分

內政部統計月報（無日期）。現住人口出生、死亡、結婚、離婚登記。
https://reurl.cc/a5Dvb4

方德隆（1986）。**國民中學組織結構與組織效能關係之研究**（未出版之碩士論文）。國立臺灣師範大學。

王加微（1990）。**行為科學**。五南。

向陽（1999 年 10 月 29 日）。灑掃應對進退，從小紮根。**中國時報**，15 版。

行政院（2011）。**全國軍公教員工待遇支給要點**。作者。

行政院研考會（1986）。**長中程計畫作業要領**。作者。

何玉華（2013 年 3 月 6 日）。教師考績設限學年過半才公布引反彈。**自由時報**。http://www.libertytimes.com.tw/2013/new/mar/6/today-taipei1.htm

吳金香（1990）。**國小教務行政**。五南。

吳挽瀾（1989）。**行政學新論**。幼獅文化。

吳清山（1988）。參與管理在學校行政上的運用。**國教研究**，**4**，56-60。

吳清山（1989）。**國民小學管理模式與學校效能關係之研究**（未出版之博士論文）。國立政治大學。

吳清山（1990a）。情境領導理論及其應用。**迎曦**，**2**，36。

吳清山（1990b）。學校環境與學校效能。載於中華民國學校建築研究學會（編），**當前學校建築基本問題研究**（55-73 頁）。臺灣書局。

吳清山（1995）。美國九十年代教育改革的動向。**教師天地**，**78**，17-76。

吳清山（2008）。**教育行政議題研究**。高等教育。

吳清山（2014）。**教育 U 辭書**。高等教育。

吳清山（2020a）。建立中小學「教與學為核心」的品質保證機制之探究。**教育研究月刊，315**，4-23。

吳清山（2020b）。**教育 V 辭書**。高等教育。

吳清山、林天祐（1994）。全面品質管理及其在教育上的應用。**初等教育學刊，3**，1-28。

吳清山、林天祐（2010）。**教育小辭書**。五南。

吳清山、黃旭鈞（2002）。學校推動知識管理方案之建構。**教育研究集刊，48**（2），37-68。

吳清基（1984）。**教育行政決定理論與實際問題**。文景。

吳清基（1986）。**賽蒙行政決定理論與教育行政**。五南。

吳清基（1989）。**教育與行政**。師大書苑。

吳璧如（1990）。**國民小學組織文化與組織效能關係之研究**（未出版之碩士論文）。國立高雄師範大學。

李長貴（1975）。**組織社會心理學**。中華書局。

沈銀和（1979）。**教育人員實用法律**。偉文。

沈銀和（1988）。學生的權利與義務。**現代教育，3**（1），93-99。

林文達（1980）。**教育行政學**。三民。

林文達（1988）。**教育計畫**。三民。

林宜樟（2020 年 4 月 22 日）。**17 人國小恐停辦　18 般武藝學子好傷心**。https://reurl.cc/v5x1jj

林紀東（1989）。**法學緒論**。五南。

林哲雄（1984）。**國中校長行政決定之實際運行**（未出版之碩士論文）。國立臺灣師範大學。

姜占魁（1986）。**人群關係**。正中。

孫效智（2009）。臺灣生命教育的挑戰與願景。**課程與教學季刊，12**（3），1-26。

財政部國有財產署（無日期）。**國有公用財產管理手冊**。作者。

張世平（1983）。**高中生的教師期望、父母期望、自我期望與學業成就**

的關係（未出版之碩士論文）。國立臺灣師範大學。

張竺雲（1986）。組織社會學。三民。

張金鑑（1978）。行政學新論。正中。

張金鑑（1986）。行政學典範。中國行政學會。

張春興（1989）。張氏心理學辭典。東華。

張潤書（1990）。行政學。三民。

教育部（1995）。中華民國教育報告書：邁向二十一世紀的教育遠景。
　　作者。

教育部（2011a）。中華民國教育報告書：黃金十年百年樹人。作者。

教育部（2011b）。中小學國際教育白皮書。作者。

教育部（2020）。中小學國際教育白皮書2.0。作者。

教育部（無日期）。國民中小學校園安全管理手冊。作者。

教育部訓育委員會、臺灣省教育廳、臺北市教育局、高雄市教育局
　　（1986）。國民小學學生事務工作手冊。作者。

許芳菊（1996）。澳洲教育改革：「關鍵能力」，啟動未來。天下雜誌，
　　178，166-172。

郭生玉（1980）。教師期望與教師行為及學生學習行為關係之分析。師
　　大教育心理學，13，113-152。

郭崑謨（1986）。管理概論。三民。

陳至中（2021年1月15日）。中小學生加穿禦寒衣物　教育部：不得規
　　定冷到幾度。https://reurl.cc/bzoR8X

陳義勝（1980）。組織行為。華泰

陳樹坤（1982）。美國大學院校認可制度之研究。教育部教育計畫小組。

曾仕強、劉君政（1989a）。圓通的領導。伯樂。

曾仕強、劉君政（1989b）。圓滿的溝通。駿馬。

游進年（1990）。國民中學學校氣氛與學校效能關係之研究（未出版之
　　碩士論文）。國立臺灣師範大學。

湯志民（1991）。臺北市國民小學學校建築規劃、環境知覺與學生行為
　　之相關研究（未出版之博士論文）。國立政治大學。

華力進（1970）。賽蒙行政學基本理論商榷。東方雜誌，3（7），54。

雲五社會科學大辭典出版委員會（1983）。**雲五社會科學大辭典：心理學**。臺灣商務印書館。

雲五社會科學大辭典出版委員會（1989a）。**雲五社會科學大辭典：行政學**。臺灣商務印書館。

雲五社會科學大辭典出版委員會（1989b）。**雲五社會科學大辭典：教育學**。臺灣商務印書館。

馮觀富（1989）。**輔導與諮商：理論和實務**。心理。

黃昆輝（1980）。**教育行政與教育問題**。五南。

黃昆輝（1988）。**教育行政學**。東華。

黃昆輝等（譯）（1985）。**教育行政原理**。三民。

黃政傑（1990）。**課程評鑑**。師大書苑。

黃炳煌（1983）。**教育與訓練**。文景書局。

楊思瑞（2007）。臺南縣教師考績爭議蘇煥智：絕不讓步。大紀元。https://reurl.cc/a9YAX4

董樹藩（1977）。**現代行政管理學**。黎明文化。

詹士弘（2013 年 5 月 16 日）。古坑陽光學園家教式輔導邊緣生。自由時報，A20。

管歐（1989）。**法學緒論**。五南。

維基百科（無日期）。肢體語言。https://zh.wikipedia.org/wiki/肢體語言

臺北市教師研習中心（1990）。**學校法律實務**。作者。

臺灣中華書局辭海編輯委員會（1986）。**辭海**。臺灣中華書局。

劉建芳（1980）。**國民小學教務工作實務**。民族國民小學。

潘乃欣（2021 年 1 月 17 日）。「安心加外套政府給你靠」　蘇貞昌 1 句話惹怒中小學教師。https://reurl.cc/R6o1Ge

潘慧玲（2016）。**十二年國民基本教育課程綱要普通高中課程規劃及行政準備**。國家教育研究院。

蔡保田（1977）。**學校建築學**。國立編譯館。

鄭美俐（1984）。**國民小學校長行政決定之研究**。復文。

盧宗漢（1976）。**企業組織與管理**。三民。

閻秀文（1999 年 10 月 28 日）。校園廁所清潔，宜委託專業人員處理。

中國時報，15 版。

謝小芩（1988）。好學校的必備條件。**教育資料文摘，126**，4-13。

謝文全（1977）。計畫評核術在教育行政上的運用。**國立臺灣師範大學教育研究所集刊，19**，179-216。

謝文全（1989）。**教育行政：理論與實務**。文景。

瞿立鶴（1988）。教育計畫之理論分析。**理論與政策，2**（3），35。

顏火龍（1985）。**臺北市立國民小學教師參與學校行政決定意願之研究**（未出版之博士論文）。國立政治大學。

魏麗敏、黃德祥（2008）。**諮商理論與技術精要**。考用。

羅虞村（1989）。**領導理論研究**。文景。

龔平邦（1984）。**現代管理學**。三民。

英文部分

American Productivity & Quality Center. (n.d). *Knowledge management*. https://reurl.cc/Gm6OlG

Barnard, C. I. (1938). *The functions of executive*. Harvard University Press.

Beeby, C. E. (1977). The meaning of evaluation. *Current Issues in Evaluation, 6*, 66-78.

Bereday, G. Z. F., & Lauwerys, J. A. (1967). *Educational planning*. Harcourt, Brace and World.

Brookover, W. B. et al. (1979). Elementary school social climate and school achievement. *American Educational Research Journal, 15*, 301-318.

Brooksbank, K., & Ackstine, A. E. (1984). *Educational administration*. Councils & Education.

Burns, T., & Stalker, G. M. (1961). *The management of innovation*. Tavistock.

Cameron, K. (1978). Measuring organizational effectiveness in institutions of higher education. *Administrative Science Quarterly, 23*, 604-629.

Campbell, R. F., Cuningham, L. L., Ngstrand, R. O., & Usdan, M. D. (1975). *The organization and control of American schools*. Charles E. Merrill.

Coombs, P. H. (1970). *What is educational planning?* UNESCO.

Cronbach, L. J. (1963). Course improvement through evaluation. *Teachers College Record, 64*, 672-683.

Daft, R. L. (2011). *Leadership*. South-Western.

Drucker, P. F. (1974). *Management: Tasks, responsibilities, and practices*. Harper & Row.

Dubin, R., & Goldman, D. R. (1972). Central life interests of American middle managers and specialists. *Journal of Vocational Behavior, 2*, 133-141.

Dunham, R. B., & Pierce, J. L. (1989). *Management*. Scott Foresman.

Dye, T. R. (1975). *Understanding public policy*. Prentice-Hall.

Fayol, H. (1916). *General and industrial administration*. Pitman & Sons.

Fiedler, F. E. (1976). *A theory of leadership effectiveness*. McGraw-Hill.

Fiedler, F. E., & Chemers, M. M. (1974). *Leadership and effective management*. Scott Foresman.

Fiedler, F. E., & Garcia, J. E. (1987). *New approaches to effective leadership: Cognitive resources and organizational performance*. John Wiley & Sons.

Fiedler, F. E., Chemers, M. M., & Mahar, L. (1977). *Improving leadership effectiveness: The leader match concept*. John Wiley & Sons.

French, J. R. P., & Raven, B. (1960). The bases of social power. In D. Catwrigh & A. F. Zander (Eds.), *Group dynamics* (pp. 259-269). Row, Peterson and Co.

George, C. S. (1968). *The history of management thought*. Prentice-Hall.

Good, C. V. (Ed.). (1973). *Dictionary of education*. McGraw-Hill.

Gorton, R. A. (1987). *School leadership and administration: Important concepts, case studies and simulations*. Wm. C. Brown.

Griffiths, D. E. (1959). *Administrative theory: Current problems in education*. Appleton-Century-Crofts.

Gulick, L. (1936). Notes on the theory of organization. In L. Gulick & L. Urwick (Eds.), *Papers on the science of administration* (pp. 3-35).

Institute of Public Administration.

Hackett, B. (2000). *Beyond knowledge management: New ways to work and learn.* The Conference Board.

Haimann, T. et al. (1978). *Managing the organization.* Houghton Mifflin.

Hampton, D. R. (1986). *Management.* McGraw-Hill.

Hartley, H. J. (1968). *Educational-planning-programming-budgeting: A system approach.* Prentice-Hall.

Hellriegel, D., & Slocum, J. W. (1989). *Management.* Addison-Wesley.

Hemphill, J. K., & Coons, A. E. (1957). Development of the leader behavior description questionnaire. In R. M. Stogdill & A. E. Coons (Eds.), *Leader behavior: Its description and measurement* (pp. 6-38). Bureau of Business Research, Ohio State University.

Hersey, P., & Blanchard, K. H. (1988). *Management of organizational behavior: Utilizing human resources.* Prentice-Hall.

Hitt, M. A., Middlemist, R. D., & Mathis, R. L. (1986). *Management: Concepts and effective practice.* West.

Hoppock, R. (1935). *Job satisfaction.* Harper.

House, R. J., & Mitchell, T. R. (1974). Path-goal theory of leadership. *Journal of Contemporary Business, 3*, 81.

Hoy, W. K., & Miskel, C. G. (1987). *Educational administration: Theory research and practice.* Lane Akers.

Hoy, W. K., & Miskel, C. G. (2008). *Educational administration: Theory, research, and practice.* McGraw-Hill.

Huseman, R. C., Lahiff, J. M., Pence, Jr. J. M., & Hatfield, J. D. (1985). *Business communication: Strategies and skill.* CBS College Publishing.

Johnson, N. A. (1989). Criteria for assessing the effectiveness of schools and principals. *Education Canada, Summer*, 15-16.

Kast, F. E., & Rosenzweig, J. E. (1963). *Organizations and management: A systems approach.* McGraw-Hill.

Katz, D., & Kahn, R. L. (1978). *The social psychology of organizations.* John

Wiley & Sons.

Knezevich, S. J. (1975). *Administration of public education.* Happer & Row.

Koontz, H., & O'Donnell, C. (1972). *Principles of management: An analysis of managerial function.* McGraw-Hill.

Le Breton, P. P. et al. (1961). *Planning theory.* Prentice-Hall.

Lewis, P. V. (1975). *Organizational communications: The essence of effective management.* Grid.

Lipham, J. (1964). Leadership and administration. In D. E. Griffiths (Ed.), *Behavioral science and educational administration* (pp. 119-141). University of Chicago Press.

Lunenburg, F. C., & Ornstein, A. C. (2008). *Educational administration: Concepts and practice.* Thomson.

Luthans, F. (1973). *Organizational behavior.* McGraw-Hill.

McCloskey, G. (1967). *Education and public understanding.* Harper & Row.

Middlemist, R. D., & Hitt, M. A. (1981). *Organizational behavior: Applied concepts.* Science Research Associates.

Miner, J. B., & Luchsinger, V. P. (1985). *Introduction to management.* Charles E. Merrill.

Miskel, C., Glasnapp, D., & Hatley, R. (1972). *Public school teachers' work motivation, organizational incentives, job satisfaction, and primary life interests: Final report.* Office of Education, Department of Health, Education and Welfare.

Mondy, R. N. et al. (1986). *Management: Concepts and practices.* Allyn & Bacon.

Moonman, E. (1970). *Communication in the expanding organization.* Tavistock.

Morphet, E., & Ryan, C. D. (1967). *Designing education for the future: Planning and effecting needed changes in education.* Citation.

Owens, R. G. (1987). *Organization behavior in education.* Prentice-Hall.

Plunkett, W. R., & Attner, R. F. (1986). *Introduction to management.* Kent.

Powell, J. T. (1983). Listen attentively to solve employee problems. *Personnel Journal, 62*, 580-582.

Purkey, S., & Smith, M. (1983). Effective schools: A review. *The Elementary School Journal, 83*, 427-452.

Schramm, W., & Roberts, D. F. (1971). *The process and effects of mass communication*. The Board of Trustees, University of Illinois.

Scott, W., & Mitchell, T. (1976). *Organizational theory: A structural and behavioral analysis*. Richard D. Irwin.

Senge, P. M. (1990). *The fifth discipline: The art and practice of the learning organization*. Currency Doubleday.

Sergiovanni, T. J., Burlingame, M., Coombs, F. S., & Thurston, P. W. (1992). *Educational governance and administration*. Allyn & Bacon.

Sharte, C. L. (1956). *Executive performance and leadership*. Prentice-Hall.

Simon, H. A. (1960). *New science of management decision*. Harper & Row.

Simon, H. A. (1976). *Administrative behavior: A study of decision-making process in administrative organization*. The Free.

Smith, P. C. (1967). The development of a method of measuring job satisfaction: The Cornell studies. In E. A. Fleishman (Ed.), *Studies in personnel and industrial psychology* (pp. 343-350). Dorsey.

Steers, R. M. (1984). *Introduction to organizational behavior*. Scott Foresman.

Stewart, J. W. (1978). *Bureaucratic structure interpersonal climate, and student achievement* [Unpublished doctoral dissertation]. University of Kansas.

Stogdill, R. M. (1974). *Handbook of leadership: A survey of theory and research*. The Free.

Straughan, R., & Wrigley, J. (1980). *Value and evaluation in education*. Haper & Row.

Stufflebeam, D. L. et al. (1971). *Educational evaluation and decision making*. F. E. Peacock.

Tannenbaum, R., Weschler, I. R., & Massarik, F. (1961). *Leadership and organization*. McGraw-Hill.

Taylor, D. (1965). Decision-making and problem solving. In J. G. March (Ed.), *Handbook of organization* (pp. 48-86). Harper & Row.

TenBrink, T. D. (1974). *Evaluation: A practical guide for teachers*. McGraw-Hill.

Thomas, K. W. (1977). Toward multidimensional values in teaching: The example of conflict behaviors. *Academy of Management Review, 2*, 487.

Tyler, R. W. (1950). *Basic principles of curriculum and instruction*. University of Chicago Press.

Webster's Third New International Dictionary (1986). Merriam-Webster.

Yuchtman, E., & Seashore, S. E. (1967). A system resource approach to organizational effectiveness. *American Sociological Review, 32*, 891-903.

Yukl, G. A. (1987). *Leadership in organization*. Prentice-Hall.

索引

筆記欄

筆記欄

國家圖書館出版品預行編目（CIP）資料

學校行政／吳清山著. -- 八版. -- 新北市：心理出版社股
份有限公司，2021.09
　　面；　公分. --（教育行政系列；41439）
　　ISBN 978-986-0744-21-7（平裝）

　　1. 學校行政

526　　　　　　　　　　　　　　　　110012774

教育行政系列 41439

學校行政（第八版）

作　　者：吳清山
總 編 輯：林敬堯
發 行 人：洪有義
出 版 者：心理出版社股份有限公司
地　　址：231026 新北市新店區光明街 288 號 7 樓
電　　話：(02) 29150566
傳　　真：(02) 29152928
郵撥帳號：19293172　心理出版社股份有限公司
網　　址：https://www.psy.com.tw
電子信箱：psychoco@ms15.hinet.net
排 版 者：辰皓國際出版製作有限公司
印 刷 者：辰皓國際出版製作有限公司
初版一刷：1991 年 10 月
二版一刷：1992 年 10 月
三版一刷：1994 年 11 月
四版一刷：1996 年 11 月
五版一刷：2000 年 11 月
六版一刷：2004 年 9 月
七版一刷：2014 年 1 月
八版一刷：2021 年 9 月
八版二刷：2023 年 9 月
Ｉ Ｓ Ｂ Ｎ：978-986-0744-21-7
定　　價：新台幣 450 元